篮球运动传播

白敬锋 著

北京·旅游教育出版社

策　　划：李荣强

责任编辑：陈　志

图书在版编目（ＣＩＰ）数据

篮球运动传播 / 白敬锋著. -- 北京：旅游教育出版社，2019.3
　ISBN 978-7-5637-3813-7

Ⅰ．①篮… Ⅱ．①白… Ⅲ．①篮球运动－体育文化－文化传播－研究　Ⅳ．①G841-05

中国版本图书馆CIP数据核字(2018)第212445号

篮球运动传播

白敬锋　著

出版单位	旅游教育出版社
地　　址	北京市朝阳区定福庄南里1号
邮　　编	100024
发行电话	（010）65778403　65728372　65767462（传真）
本社网址	www.tepcb.com
E - mail	tepfx@163.com
排版单位	北京旅教文化传播有限公司
印刷单位	北京虎彩文化传播有限公司
经销单位	新华书店
开　　本	710毫米×1000毫米　1/16
印　　张	18.5
字　　数	251千字
版　　次	2019年3月第1版
印　　次	2019年3月第1次印刷
定　　价	55.00元

（图书如有装订差错请与发行部联系）

序　言

我的博士，中国传媒大学体育部老师白敬锋的专著《篮球运动传播》就要出版了。这本专著是在他的博士论文《符号互动视角下的篮球运动传播》的基础上完成的，本书以 NBA 和 CBA 这两个篮球标志性符号为主线，全景展现了篮球运动的历史、文化、技术、传播与产业。本书立意新颖，内容翔实，是一部难得的跨学科研究专著。

本书从符号互动理论的视角，以 NBA 和 CBA 为主线，研究篮球运动的传播，探讨在社会互动中篮球运动符号的形成与发展，解读在消费社会中篮球运动符号在自我认同、文化认同以及社会互动中的更新。通过篮球符号在媒体新闻报道中的互动、NBA 与 CBA 助推篮球运动传播等目前中美篮球职业联赛的符号话题，揭示符号互动理论对篮球运动发展的解释力和对篮球运动传播的驱动力。

符号互动理论认为，人的体育行为通过体育所指的符号被解读或定义，并通过这种体育符号与社会产生互动。体育项目的多样性使体育成为一个由多种符号系统构成的符号体系。体育符号与社会之间的互动是一个动态的过程，随着社会大系统的发展不断发展。体育运动的符号系统在社会互动中逐步确立。人们通过篮球实现社会互动，也使篮球运动符号系统的象征意义日趋丰富，形成具有独特性的符号系统。

传播是社会关系的互动，也是社会关系的体现。体育传播是在体育平台上建立的社会关系的互动。

构建主义认为文化因素在国际秩序重构过程中起到关键作用。文化塑造规范。由于运动项目具有完备的规则，有利于人们确立身份，即认同。认同带有强烈的凝聚力，而运动项目，尤其是集体项目都具有很强的凝聚力。而认同是社会互动过程的结果。

由于体育是一种以身体运动为主要表现形式的文化,因此,体育传播所使用的符号系统与其他传播相比有自己鲜明的特点与规律。以此进一步解释体育符号在运动项目传播中的地位和意义,揭示运动项目传播过程的规律,展示丰富多彩的体育文化的形成与发展尤为重要。

博士生导师、教授

马毅

2018 年 11 月 18 日

目 录

第一章 导论 ··· 1
　第一节 目的与意义 ·· 1
　第二节 理论依据 ·· 5
　第三节 前人研究评述 ·· 9
　小　结 ··· 18

第二章 篮球运动符号释义 ·· 19
　第一节 符号定义和符号互动 ·· 19
　第二节 篮球符号系统的构成 ·· 21
　第三节 篮球运动群体层面的传播 ·· 28
　第四节 篮球运动大众层面的传播 ·· 36
　小　结 ··· 39

第三章 篮球运动传播的对象系统Ⅰ：整体审视 ··· 41
　第一节 篮球运动的起源与发展 ·· 41
　第二节 篮球运动的组织与赛事 ·· 47
　第三节 欣赏高水平的篮球比赛 ·· 57
　第四节 篮球运动的明星介绍 ·· 60

第四章 篮球运动传播的对象系统Ⅱ：内涵解读 ··· 87
　第一节 篮球运动基本知识 ·· 87
　第二节 篮球运动的主要技术 ·· 89
　第三节 篮球运动的基本战术与打法 ·· 111

1

第五章　篮球运动传播的典型符号Ⅰ：NBA 符号 ……………………… 121
第一节　NBA 符号的含义 ………………………………………… 121
第二节　NBA 符号的传播学解读 ………………………………… 122
第三节　NBA 历史上的经典篮球符号 …………………………… 126
第四节　NBA 作为篮球"强势文化"符号的传播学解读 ……… 132
小　结 ……………………………………………………………… 143

第六章　篮球运动传播的典型符号Ⅱ：CBA 符号 ……………………… 145
第一节　CBA 是中国篮球标志性符号 …………………………… 145
第二节　CBA 发展历程中的经典符号 …………………………… 145
第三节　中国特色篮球奇异性绰号 ……………………………… 151
第四节　从八一、广东、北京篮球王者互动看篮球运动在中国的传播 … 153
小　结 ……………………………………………………………… 161

第七章　篮球运动传播的媒介呈现Ⅰ：篮球赛事解说 ………………… 163
第一节　篮球运动的解说评论与经典案例 ……………………… 163
第二节　篮球运动解说评论与经典案例分析 …………………… 171
第三节　篮球运动的电视转播概况 ……………………………… 195
第四节　篮球的新闻报道 ………………………………………… 196
第五节　篮球相关媒体连接 ……………………………………… 199
第六节　篮球运动的解说评论员案例 …………………………… 200

第八章　篮球运动传播的媒介呈现Ⅱ：电视新闻报道 ………………… 235
第一节　传播媒介的发展与符号系统的更新 …………………… 235
第二节　从电视新闻看篮球符号的互动传播 …………………… 239
第三节　符号互动视角下篮球报道的全媒体 …………………… 244
第四节　符号互动视角下篮球报道的大数据 …………………… 248
小　结 ……………………………………………………………… 257

第九章 NBA 与 CBA 的符号互动关系 ………………………………… 260
第一节 NBA 与 CBA 是篮球符号系统的品牌 ……………………… 260
第二节 NBA 与 CBA 联赛职业化水平的差距 ……………………… 262
第三节 NBA 和 CBA 联赛品牌形象构建上的差距 ………………… 267
第四节 NBA 与 CBA 媒体运营模式上的差异 ……………………… 269
第五节 CBA 品牌依托联赛管理和制度建设 ………………………… 271
小 结 ……………………………………………………………………… 273

第十章 篮球运动市场化和品牌创新之路 ………………………………… 275
第一节 中国篮球品牌概况 ………………………………………… 275
第二节 篮球的市场运作 …………………………………………… 277
第三节 中国篮球市场开发的代表——创新中的东莞 ……………… 282

跋 …………………………………………………………………………… 285

第一章 导论

第一节 目的与意义

从符号互动理论的视角,以 NBA 和 CBA 为主线,研究篮球运动的传播,探讨在社会互动中篮球运动符号的形成与发展,解读在消费社会中篮球运动符号在自我认同、文化认同以及社会互动中的更新。通过篮球符号在媒体新闻报道中的互动、NBA 与 CBA 在互动中助推篮球运动传播等目前中美篮球职业联赛的符号话题,揭示符号互动理论对篮球运动发展的解释力和对篮球运动传播的驱动力。

符号互动论的观点认为,人的体育行为通过体育所指的符号被解读或定义,并通过这种体育符号与社会产生互动。① 项目的多样性使体育成为一个由多种符号系统构成的符号体系。人们通过体育符号与社会之间的互动是一个动态的过程,而且随着社会大系统的发展而不断发展。体育运动的符号系统在社会互动中逐步确立。人们通过篮球实现的社会互动,也使篮球运动的符号系统象征意义日趋丰富,形成具有独特性的符号系统。

传播是社会关系的互动,也是社会关系的体现。体育传播是在体育平台上建立的社会关系的互动。②

构建主义认为文化因素在国际秩序重构过程中起到关键作用。文化塑造规范,由于运动项目具有完备的规则,有利于人们确立身份,即认同。认同带有强烈的凝聚力,而运动项目,尤其是集体项目都具有很强的凝聚力。而认同是

---

① 孙方.符号互动理论视角下的帆船运动参与[A].体育社会学与社会变革中的挑战——2014年世界体育社会学大会暨中国体育社会科学年会论文集[C].2014.
② 杜婕,张秀萍.奥运传播与文化[M].北京:北京体育大学出版社,2006:1.

社会互动过程的结果。[①]

由于体育是一种以身体运动为主要表现形式的文化，因此，体育传播所使用的符号系统与其他传播相比有自己鲜明的特点与规律。以此可以进一步解释体育符号在运动项目传播中的地位和意义，揭示运动项目传播过程的规律，展示丰富多彩的体育文化的形成与发展。

一、篮球运动传播具有鲜明的符号特征

在消费社会中，人们以不同的形式参与篮球运动中，通过篮球符号系统的认同，人们遵循同样的规则、场地、器材，通过不同的语言符号和非语言符号编码和解码并通过身体活动体验这项运动带来的愉悦，同时完成自身能力的展现和社会的认同。人们一方面消费篮球运动的符号价值，另一方面又通过对篮球符号价值的消费形成一种文化氛围，实现篮球文化的再生产。在NBA进入消费社会的当今，随着篮球运动的全球化传播，篮球运动已成为突破极限、释放和挑战自我、个人主导与团队合作的符号，并为社会所普遍认可，参与者可以由此获得良好的自我与社会认同和文化认同。

篮球运动全球化传播得益于美国有线电视和卫星电视的普及及新媒体的产生，在崇尚个性化表演的NBA赛场打造出的明星、球队都打上符号的标签。无论是经典的、最具有传播力的NBA符号还是充满生机和活力的CBA篮球符号，NBA和CBA无疑是最好的代表，都在引起全世界范围的关注。飞人乔丹和他的公牛王朝，同样有禅师点化的小飞侠科比和他的湖人王朝以及NBA五佳球展现出的团队合作下的个人表演都具有符号性。同样两队的比赛也打上了符号的烙印，如2012年1月12日体育新闻报道迈阿密热火胜洛杉矶快船队的比赛新闻标题是：波什爆发，热火击沉快船。技术动作、眼神、招牌动作、队徽、球衣颜色、球馆、球迷、啦啦队、组合等等所传递出的信息都以符号的形式呈现，组成一个篮球的符号系统，并且彼此形成互动，传播着篮球带给我们的喜怒哀乐。

[①] 杜婕，张秀萍. 奥运传播与文化［M］. 北京：北京体育大学出版社，2006：5.

二、NBA 符合符号消费时代的消费符号

　　NBA 是在符号消费的背景下形成的现代体育与电视、广告相互作用的产物。在体育商业化、媒体信息化、传播全球化的今天，篮球运动通过社会发展的互动作用，形成了自己独特的符号系统，并打上了"奋斗、成功、上流"的烙印。从上世纪 80 年代开始，电视的加入使 NBA 越来越受欢迎，把篮球提升为一种时尚的运动，吸引了大批忠实的球迷。NBA 令人眼花缭乱的特技效果和其中蕴含的"片段式"后现代美学加快了电视节目的节奏，高度接近的比分使比赛悬念迭出，高潮不断。这也使篮球成为体育娱乐社会的终极运动和媒体文化奇观的主战场。更重要的是，到了上世纪 90 年代，篮球不但是美国人喜爱的体育项目，也成为全球性的体育文化奇观。在上世纪 80 年代的美国，NBA 的比赛在不同的城市之间进行，因此产生的是对群体身份的认同，乔丹和芝加哥公牛队超越了城市本身的荣誉和身份认同，上升为国家的层面，使 NBA 成为国家性的重要体育赛事之一。乔丹的知名度使他成为集体育、文化、球星魅力、商业文化和美国主导的全球化于一身的全球大众文化符号、消费符号。值得注意的是，NBA 作为强势文化符号，但它宣扬的仍然是美国梦和美国的价值观。

三、CBA 是一个开放和包容的符号系统

　　在中国篮球职业化发展进程中，在计划经济时代的社会互动催生了八一称雄，在市场经济背景下的社会互动催生了广东称霸，而在全球化背景下的社会互动催生了依靠外援打天下的北京队的四年三个总冠军，而各个球队在他们各自的兴衰过程中共同打造了以 CBA 为代表的中国篮球的符号系统，并打上了"理想、信念、拼搏"的时代烙印。CBA 是中国篮球在改革开放过程中形成和壮大起来的，虽然有借鉴 NBA 成功的经验，但正如 CBA 的图案一样，CBA 代表着中国篮球联赛要有独特的中国身份，因此借鉴了脸谱的构成方式，将其线条走势与篮球纹理相结合，使标识既有中国文化底蕴，又有时代感。中国篮球职业联赛 20 年来取得较快的发展，CBA 也成为具有影响力和包容性、开放性很强的文化符号。随着新媒体的发展和普及，中国体育改革进入深水区，CBA 也必将迎来新的发展机遇。CBA 也成为传播正能量和社会主义核心价值观的舞台。

四、NBA 和 CBA 是媒体争相报道的品牌

NBA 作为全球最高水平的职业联赛，赛季长，节奏快，充满了戏剧性，运动员在场上对抗激烈、突破分球、跳投绝杀，各种数据对比和慢镜头回放让观众目不暇接，而篮球精彩的比赛画面成为以 MTV 为代表的音乐电视和以 ESPN 为代表的体育电视节目最适宜的播出内容。作为竞技体育集体项目的篮球比赛大多是原汁原味的、扣人心弦的、结果戏剧性的，因此成为电视节目的宠儿。从全球范围来看，NBA 的篮球赛事已成为美国最重要的出口文化产品，以及传播美国价值理念的文化大使。经过 20 年的发展，CBA 在充分吸取 NBA 赛事组织、制度、管理、运营等基础上得到了长足的发展，特别是经过中国主流媒体央视的大力推广，CBA 赛场也是精彩纷呈，高潮迭起，呈现出群雄争霸的局面，成为中国体育职业化改革最成功的范例之一和媒体热捧的品牌赛事。

高密度的 NBA 和 CBA 赛事和媒体的竞相报道使篮球运动成为中美几乎家喻户晓的主流运动。篮球运动全球化传播得益于早期美国有线电视和卫星电视的普及及新媒体的产生。

五、NBA 和 CBA 的互动助推篮球运动传播

NBA 获得巨大成功，受到了全球关注，成功的商业运作为 NBA 注入了巨大的活力。作为新兴的经济体，CBA 正搭乘中国经济的快车和新媒体的快车，成为中国最成功的职业体育赛事之一，而 CBA 图案中国京剧脸谱标识上的 5 种颜色所传达的信息是象征五大洲。让我们能够感受到追赶 NBA 的脚步，CBA 发展的 20 年，正是通过与 NBA 的不断交流与互动，在篮球职业化方面取得较大的进步与提升，同时两国篮球的交流对两国文化认同和传播中华传统文化起到了推动作用。目前，NBA 的季前赛有些场次在中国举行，在联赛形象、赛制、球员转会、管理规章等方面都在不断地完善和创新，CBA 也在探索具有中国特色的篮球发展与寻求最佳的传播效果。

篮球是一项被不同的群体赋予不同的意义的运动项目，是在东西方社会发展中被不断编码和解码的符号系统；在大众传播日益国际化、传播手段日益个性化的自媒体时代，它更是一项重要的、涉及面广泛的社会互动。从符号互动的理论视角，通过篮球运动内部的互动，篮球符号系统构成的篮球组织——

NBA、CBA之间的互动，篮球运动与社会发展的互动，以及中美篮球运动符号的异同与互动，将为这项运动的传播提供强大的驱动力。

第二节 理论依据

一、体育符号的特殊性是本研究传播学的依据

我们在研究体育符号的时候，常常会遇到一个问题，就是某物是符号还是媒介的问题。瑞士语言学家索绪尔（Saussure）剖析了符号的结构，将符号分为"能指（Signifier）"和"所指（Signified）"。能指是符号的形态，可能是某种文字、声音、造型，等等。所指是符号指代的事物。体育符号除具有能指和所指外，还可以成为媒介符号。在体育运动中，乒乓球、羽毛球、篮球、排球、足球等球类运动项目，同时担当着媒介和符号的功能。如篮球本身既是传播符号，同时也是传播媒介。

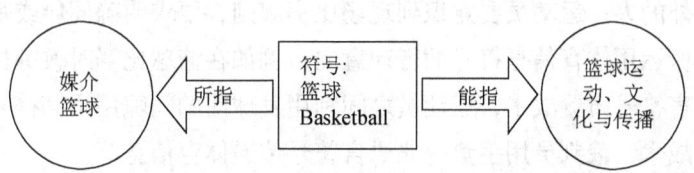

图1-1 符号的能指与所指

这里篮球符号所指是说实实在在用于比赛的篮球，具有媒介功能；能指是指代篮球这项运动以及篮球运动的文化和传播。体育传播首先是一个传播过程，在体育传播过程中，传播者和被传播者也是传播符号的完成者，如比赛时的语言符号、声音符号（大吼）、眼神、肢体语言等；传播媒介同时又是传播符号的载体，如篮球这个符号，指用于比赛的篮球，也指代篮球运动。经由符号链接传播者与传播媒介，再经由符号链接传播媒介与被传播者，通过篮球符号系统来完成传播过程。

二、符号互动理论价值是本研究展开的主要抓手

体育符号与符号互动理论植入体育传播的研究是基于体育符号和符号互动

理论的理论价值，正因为有了以下三方面的价值，才引出符号互动在体育领域中的解释力。体育符号及符号互动理论在身份上的认同感（包括运动项目认同感和体育文化认同感），个体、群体、组织的归属感及媒介功能三方面的价值成为其主要的研究依据。

符号互动理论的观点表明，在人类社会信息传播的形成和发展过程中，人类首先创造了一种表达共同意义的可以交流的符号系统，从而建立了在符号互动基础上的人际传播。而人与人之间经由符号而建立的关系就是人际传播的实质。人际之间的互动、在人际交往中对情境的反应、对通过符号系统形成社会结构的作用，都依赖表达共同意义的符号系统及其应用符号系统的能力。

体育人际传播是一种人与人之间的信息交流过程，其基本特征是体育信息符号互动。构成体育信息符号相互作用的基本内容不是孤立存在的，而是要求彼此经常地联系在一起，组合成一个符号系统。在体育比赛时运动员选择具体行动路线涉及复杂的符号过程，包括运动员首先要考虑比赛现场中同伴要求及他人的期望；担任不同角色的运动员要尽量展示自己的形象，这种形象要适应现场和场外的人；运动员要意识到现场比赛规则，要求明确同伴或裁判员在比赛互动中所运用体育信息符号的行动意向，例如在篮球比赛时教练员在暂停时间运用语言符号布置战术，运动员之间利用发球前的间隙用语言符号或非语言符号调整战术，裁判员用手势等非语言符号传递体育信息等。

在体育人际传播过程中，传受双方互为体育信息传播过程的主体和客体，执行编码和译码功能，就是对体育信息或意义交替往复地进行编码和译码的过程，在这个过程中传者与受者必须对所建立的符号具有共同经验。正如传播学创始人奥斯古特－施拉姆（Osguet Slam）所强调的，传者与受者只有在其共同的经验范围之内才真正有所传通，符号才能为传受双方所共享。

符号互动者关注社会互动，同样也关注运动竞赛赛场内外的互动行为，这些行为既包括教练员、运动员、裁判员、球迷等几类人群之间的微观互动行为，也关注在更大社会发展过程中体育赛事所扮演的关键角色。作为体育信息载体的符号有时还担任媒介的功能，我们称为媒介符号，媒介组织我们通常称为媒体。媒体对体育赛事的报道促进了人们对于运动项目的兴趣；同时，运动项目的普及又保证了媒体对体育的进一步关注。比如，篮球作为一个符号，也可以称为 basketball，无论有多少种叫法，都只是指有严格规格要求的篮球运

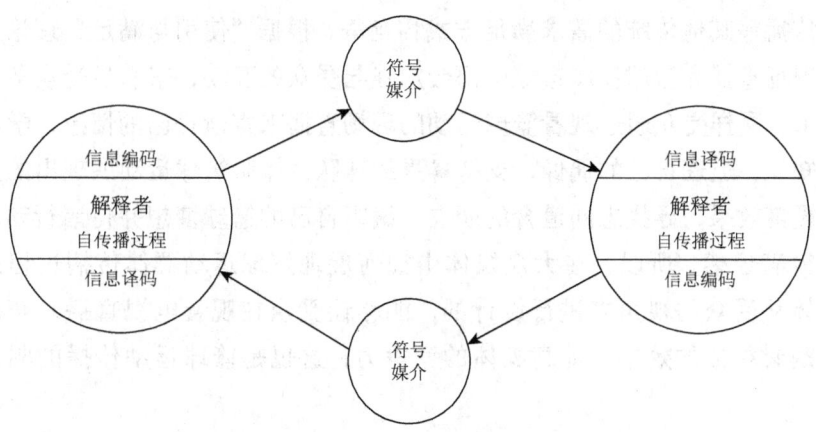

图 1-2　运动符号互动传播过程示意图

根据奥斯古特－施拉姆（Osguet Slam）模式改动（引自胡正荣《传播学总论》：129）

动比赛用球，都有全球通用的赛场及规则及篮球文化，形成了篮球爱好者对篮球运动的认同感和篮球文化的认同感，形成了各级的篮球组织。由于大众传媒的兴起，篮球在全球得到了普及和发展。目前，随着篮球运动职业化进程，篮球的商业价值形成了巨大的篮球产业。篮球在全球的影响力已经超出篮球运动本身。

三、"使用与满足"理论是深化本研究的推手

符号互动理论主要解释篮球运动中群体传播的问题，而篮球符号系统在篮球的百年发展过程中在不断更新。随着职业化、商业化的进程，篮球运动逐步走入大众视野，满足了受众不必亲临现场就能感受到篮球运动带来快乐的需求。而符号互动理论对篮球运动的解释力，通过大众媒体展现在受众面前，受众认可是体现篮球运动传播效果的标志。在传播的内容没有变化的前提下，如何让受众感受到在现场直播和新闻报道中反映出的篮球运动的互动传播效果，如何从受众视角通过媒体手段让受众欣赏到篮球互动传播的魅力也是本研究的内容之一。在传播学中有一个"使用与满足"理论，就是大众传播过程中通过分析受众的媒体接触动机来了解满足了受众哪些需求，以及这些需求对人们心理和行为的影响。"使用与满足"理论有一个经典假设就是大众传播媒体只能满足人类需求的一部分，媒体在满足这些需求上，需要与

人际传播等其他传统的需求满足方式相竞争。根据"使用与满足"理论，在篮球现场直播和篮球新闻报道中都会加强与受众的互动，来满足受众参与者的需求，同样受众通过观看篮球运动的现场直播来宣泄自己的情感，学习篮球的知识，追逐自己的偶像，支持喜爱的球队，体验篮球运动展现出的力与美的震撼效果，寻找志同道合的朋友，编织自己的篮球梦想并付诸行动，从而获得满足感。所以，在大众媒体中如何展现篮球运动群体传播过程是要求媒体从受众的视角来进行设计的，能够让受众在观看电视直播时获得与现场观看相似的效果，提高媒体的竞争力，这也是篮球运动传播的驱动力之一。

四、运用控制论原理解读信息的传播过程

近代信息通信科学是由"三论"组成的。所谓"三论"，指的是三门现代信息技术的基础性理论学科，即信息论、控制论和系统论。

1948年，诺·维纳（Wiener.N.）出版了《控制论》一书，创立了控制论。控制论的基本思想便是运用反馈信息来调节和控制系统双向交流过程的传播模式。而反馈从传播学的视角来看是受传播者在接受信息后做出的对信息的反应。反馈的重要意义在于反馈在传播中发挥巨大的作用，可以检验传播效果，尤其是在体育传播中，信息的流通在瞬间完成，对信息的反馈也要在瞬间完成。传播者还要根据赛场的变化调节和规划及战术的运用，调整自己的心态和提前判断对手的意图，以便更加积极、更加主动地接入传播过程中。根据控制论，解读就是尽可能在系统对信息进行及时反馈时，根据前馈的信息，争取在瞬息万变的赛场上随机应变。从理论上讲，将前馈和反馈回路进行耦合就构成了前馈—反馈系统，这样就能更好地控制体育竞赛和大众传播的效果。

本研究通过研究篮球运动项目传播过程中信息的交流与互动，从篮球运动项目本身也就是从微观层面揭示篮球运动过程中信息是如何进行符号互动、交流的；通过研究体育新闻中NBA和CBA的新闻报道，解读在新闻报道层面篮球运动如何运用符号系统和符号互动进行信息传播，通过研究中美两国职业联赛互动和篮球文化的交流从宏观层面解读篮球运动的信息交流与传播。

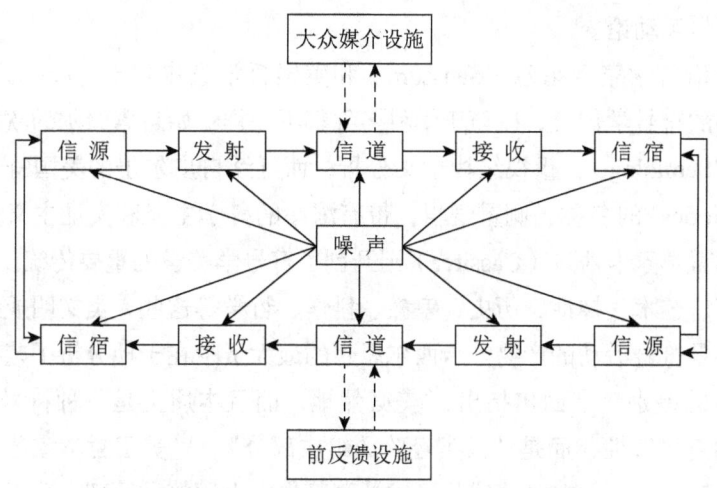

图1-3　德弗勒对申农—韦弗模式的发展：它考虑到反馈

五、项群理论为分析运动项目传播过程提供参照

体育传播过程依据训练学的项群训练理论进行分类，使众多项目的体育运动的传播过程研究变得更加的简单和便利；同时由于同一项群在项目传播过程和文化传播过程中的体育符号的相通性，为研究体育的传播打开了一扇窗。项群理论为分析项目传播特征提供参照。

不同的运动项目具有不同的符号系统，它们共同组成体育符号系统。项群训练理论的分类体系为体育符号体系提供了一个成熟的理论框架，为后续运动项目的传播学研究提供了理论支撑和分类标准。通过对篮球运动传播过程的研究，从微观层面为运动项目传播过程的研究提供范例。

第三节　前人研究评述

一、符号互动理论与体育符号

进入20世纪，随着全球化进程的不断推进，信息的流动大大加强，作为信息交流中介的符号日益引起人们的重视。传播学的研究也非常重视符号这一信息载体的研究，对传播学研究影响至深的有哲学领域的符号学，以及社会学领域的符号互动论。

瑞士语言学家索绪尔（Saussure）和美国哲学家皮尔士（Peirce）分别开创了不同的符号学传统，以至于学科名称都不一样：始自索绪尔的欧洲符号学被称为"Semiolog"，重视结构主义分析；而延续自皮尔士的美国符号学被冠以"Semiotics"的名称，侧重逻辑，带有浓厚的科学主义和实证主义色彩。此外，德国哲学家卡西尔（Cassirer）则开创了符号学美学的重要传统。

语言、艺术、神话、历史、宗教、科学、哲学等这些人类文明成果的具体形式，都是符号活动的产物。卡西尔思想的最大贡献在于他分析了艺术符号与日常符号的差别。卡西尔指出："美必然地，而且本质上是一种符号"，它不是事物的直接属性，而是"人类经验的组成部分"。① 美国哲学家苏珊·朗格（Susanne K. Langer）在《情感与形式》等著作中也用符号原理来分析艺术和审美，对相关的美学问题做了更深入的研究。

（一）符号互动论

符号互动论是由社会学领域中的一个理论流派——芝加哥学派所提出的。② 它的核心观点包括符号是结合人们的纽带。③ 人们对其他人的看法以及他们对自己的信念，是由从符号互动中产生出的个人意义构成。④

简言之，符号互动论强调的是：人类之所以认识自我，形成群体，构成社会，都是通过符号交流而进行的。罗杰斯指出："芝加哥学派的学者构成了一个以人类传播为中心的人格社会化的理论概念体系即后来被称为符号交互论的观点。"⑤ 这对于传播研究来说是非常重要的。

在早期的符号互动主义者的研究视域中，体育一直是一个重要的研究领地，这主要是社会所赋予体育的复杂社会特点所决定的。符号互动理论的开创者米德就曾专门讨论了体育在自我发展中所扮演的角色。

《自我、体育与社会：论符号互动理论在体育研究中的应用》论述了符号互动理论的产生与演进及其对体育社会学研究的影响，对自我与身份认同、社

---

① ［德］卡西尔.人论［M］.甘阳译.上海：上海译文出版社，1985：175.
② ［美］库利.人类本性与社会秩序［M］.包凡一，王源译.北京：华夏出版社，1999：23.
③ ［美］米德.心灵、自我与社会［M］.霍桂桓译.北京：华夏出版社，1999：12.
④ ［美］德弗勒.大众传播学诸论［M］.杜力平译.北京：新华出版社，1990：40–42.
⑤ ［美］罗杰斯.传播学史：一种传记式的方法［M］.殷晓蓉译.上海：上海译文出版社，2005：119.

会互动以及传媒领域中体育权力与斗争等问题进行了分析。①

1. 体育与身份的认定

根据互动理论，体现在行为和与他人的关系中的能力能够帮助我们发展身份认同（Identity），即我们是谁以及我们如何与社会联系起来的感觉。符号是我们用来描述我们的互动的概念或思想。这些概念通过文字或姿势来表达；支持者的表达符号，像旗帜、服装和歌曲等。如在赛场上队友通过服装、体语、手势、语言进行身份的认定，球迷通过旗帜、服装和歌曲进行身份的认定。②

2. 体育与社会的互动

20世纪早期，在帕克等著名的芝加哥学派的社会人类学学者的影响下，社会学者将体育群体及运动员作为有自己独特隐性价值的特殊文化进行研究。体育赛场上的互动行为囊括了所有的体育参与者，这不仅包括现场的运动员、教练员、观众等，甚至赛场之外的一些热心球迷和观众也被纳入了这个庞大的互动网络。体育赛事正处在这张庞大的社会网络中间，通过多层次的互动行为，来影响着社会。

3. 体育与媒体的互动

在电视时代到来之前，体育和媒体的联系就已建立。体育是现代化之前全世界人们和社团生活的重要组成部分。但是伴随着媒体的不断发展，体育和媒体的关系也在发生着质变。体育和媒体间的共生关系的确定，是伴随着电视的出现才逐渐确立的。一方面，体育这种稳定的影响是基于大众传媒提供的广泛关注。另一方面，由于媒体对体育的广泛关注，媒体能够产生流通和广告环节巨额的销售。媒体的关注促进了人们对于体育的兴趣；同时，人们对体育兴趣的不断增强又保证了媒体对体育的进一步关注③。

目前，对体育符号的研究较多，并且比较系统，而在符号互动视角下的论文涉及社会的方方面面，并且在体育领域的符号互动理论的运用目前从文献的查询中较少，但也不乏亮点。张蕾指出奥林匹克教育活动具有"符号性"和

---

① 刘晖. 自我、体育与社会：论符号互动理论在体育研究中的应用 [J]. 武汉体育学院学报，2011（03）．

② 郝勤，陈峰，郭勤. 体育传播论 [M]. 成都：四川科学技术出版社，2008.

③ Lawrence A. Wenner. Media, Sport and Society [M]. London SAGE Publications. Inc, 1989：49.

"互动性"特征,借助创造和使用"符号","主体间性"的互动关系得以体现。体育是互动的基础,德育是互动的实质。奥林匹克教育示范学校促进了互动机制的形成。"同心结"交流活动拓展了互动时空,促进了多元文化交流。①张正民、张驰、张翔等提出利用符号互动理论来教学可以明显提高教学效果,并能够促进学生正确形成真实、完整的自我,对于解决学生形成良好的社会角色有着重要的作用。孙方从符号互动理论视角出发,探讨在社会互动中帆船运动符号的形成与发展,以及当前消费社会中帆船运动符号在自我认同和社会互动中的作用。②

(二)体育符号

1. 体育符号的研究

体育符号研究起源于20世纪50年代,第二代符号学家罗兰·巴尔特（Roland Barthes）等人不仅对体育事件多有评析,也或直接或间接地提出了自己的体育符号思想,这成为了体育符号学发展的重要理论依据。从70年代到90年代末,体育符号学的发展主要集中在欧美国家的体育社会学研究者中。进入21世纪以后,中国开始逐渐出现体育符号研究,而国外体育符号研究则进入了高度发展的阶段。③

在体育符号学家的众多研究当中,如果说对体育符号的研究相对更体系化和规模化,法国符号学家罗兰·巴尔特是要被提及的。他的早期论著《神话学》中《摔跤世界》被巴尔特认为是最重要的一篇论述。④文章从体育符号的视角对摔跤运动员在比赛中的动作、行为、着装、神情等一系列符码进行了描述,通过摔跤对体育运动中的符号进行了符号学论述。巴尔特通过对摔跤手符号能指与所指的论述"让体育符号研究分析有了明确的研究范式和框架"。⑤

周二三运用罗兰·巴尔特的观点和范式,通过能指、所指关系运用,提出

---

① 张蕾.奥林匹克教育与中小学发展——以北京奥林匹克教育实践为视阈[D].北京体育大学,2008.6.

② 孙方.符号互动理论视角下的帆船运动参与[A].体育社会学与社会变革中的挑战——2014年世界体育社会学大会暨中国体育社会科学年会论文集[C].2014.

③ 魏伟.体育符号研究的发展评述[J].武汉体育学院学报,2012:8.

④ Barthes, R. Le Monde ou L on Catche [A].Mythologies [M] Paris: Seuil, 1957: 13-23.

⑤ 任文,魏伟.奇观体育与体育奇观:罗兰·巴尔特的符号学体育赛事观[J].体育科学,2011, 31（11）: 85-93.

了体育是竞技、交往、健康和休闲娱乐的符号，通过这些符号组成的符号系统对体育过程进行宏观的符号学解读。① 何平香的《体育非语言符号探讨》对体育竞赛中肢体语言符号进行了归类和分析，对包括运动员的手势、运动员在比赛中的肢体语言在内的各类符号展开解读，② 但没有从符号互动的视角对符号的社会性和人际传播中的意义进行分析和解读。杨文运、马国强以分析体育明星的符号为视角进行展开，对体育明星的符号属性、体育明星的符号类型、体育明星的符号结构进行分析③，但他们的研究也只是停留在对符号学界定和象征意义展开进行解读。我国早期通过开展个案分析来运用符号学基本原理进行研究。陈伟和郝勤以传播学信息符号理论的角度为出发点，探讨了体育传播学的学科特征，为体育传播学在更加广阔的视野下研究进行探讨，通过目前研究现状分析，指出非语言符号是在体育传播中常用的体育符号，同时他们也指出非语言符号应成为体育传播研究的重要内容。④ 体育传播所使用的符号系统具有显著的特点，其一就是在体育教学活动、运动训练过程、运动竞赛规则、体育活动仪式等传播活动中主要使用非语言符号⑤。郝勤（2004）把非语言符号系统概括为以下4种：体态语言符号（姿势动作、手势体语、眼神表情等）、时空语言符号（哭声笑声、呻吟声、叹息声等）、物体语言符号（服装器械、旗帜标识、色彩徽记、广告创意、建筑设施等）、伴随语言符号（声音的音色、音调、节奏等）。参与体育活动，就意味着进入和使用一个特定的符号系统。在这一符号系统中，有语言符号，但主要使用的是非语言符号。⑥

从国际视野来看，在上世纪80年代中期到90年代后期，巴尔特之前研究的特点在体育符号研究中还在延续。但是无论研究的类型还是研究的视野上都在不断地开拓。人们的研究越来越从对体育符号的研究发展到对专项运动项目符号的研究，同时电视视角下的体育符号也成为研究的对象，运动项目的发展普及与传播加速了体育符号系统的更新。比利时学者威伦·赫斯灵通过对电视

---

① 周二三.当代体育活动的符号学解读［J］.天津体育学院学报，2006，21（6）：547-548.
② 何平香.体育非语言符号探讨［J］.体育文化导刊，2009（1）：74-78.
③ 杨文运，马国强.体育明星的符号学解读［J］.体育学刊，2007，14（8）：24-27.
④ 陈伟，郝勤.体育传播学的学科特征与研究现状——兼论体育的传播特征及其信息符号理论［J］.体育科学，2006（06）.
⑤ 郝勤、陈峰、郭勤.体育传播论［M］.成都：四川科学技术出版社，2008.
⑥ 肖焕禹.体育传播学［M］.北京：人民体育出版社，2013.

体育的图像的研究,以符号学的视角对电视体育符号系统进行了研究,并通过符号互动的视角以足球、网球和自行车为例进行分析。① 美国学者爱德华·阿姆斯特朗同样运用巴尔特的符号能指和所指的理论,对NBA篮球明星迈克尔·乔丹进行了23号球衣符号学研究。②

2. 体育符号消费的研究

杨韵于2011年对体育消费的符号化问题进行研究,对体育消费中的符号进行符号价值方面的分析和探讨。③ 符号消费时代的到来让学者开始关注体育消费的符号化,而符号的价值尤其是体育消费下的体育符号的价值受到研究者的青睐。还有深入到运动项目之中的研究,如张建会和钟秉枢有关高尔夫运动符号的研究,对符号消费进行了深入的探讨。④ 张宇等在体育消费的基础上对符号消费以及分层等进行了论述。⑤

二、体育传播与篮球运动传播

(一)传播的概念

"传播"是传播学的最基本概念,传播学研究首先通过从对"传播"的认识、界定开始才能走进传播学研究领域。⑥ 不同的学者通过不同的认识视角和学科领域对传播做出了自己的解释。"事实上传播是信息在时间或空间中的移动和变化。"(戴元光、邵培仁、龚炜,1988)"从最一般的意义说,传播是社会信息的传递。传播表现为传播者、传播渠道、受者之间的一系列传播关系;传播是由传播关系组成的动态的有结构的信息传递过程;传播是社会性行动,传播关系反映社会关系的特点。"(沙莲香,1990)"传播是信息的双向流通过程,包括人际传播与大众传播两大类型。"(李彬,1993)"传播,即传受信息

---

① Bonde, H.Farmer's Gymnastic in Denmark in the Late Nine-teenth and Early Twentieth Centuries: A Semiotic; Analysis of Exercise on Moral Action [J].The International Journal of the History of Sport, 1993, 10(2): 193-214.

② Armstrong, E.The Commodified 23, or, Michael Jordan as Text [J].Sociology of Sport Journal, 1996, 13(4): 325-343.

③ 杨韵.体育消费的符号化现象及其价值分析[J].南京体育学院学报,2011,25(3):13-16.

④ 张建会,钟秉枢.高尔夫运动的符号消费[J].体育学刊,2009,16(9):36-38.

⑤ 张宇,罗雯,李艳翎.体育消费中的符号消费及体育消费分层[J].体育与科学,2012,33(1):104-106.

⑥ 胡正荣,段鹏,张磊.传播学总论[M].北京:清华大学出版社,2011:79.

的行为。"（张国良，1995）"人们进行信息交流的一种活动称为传播。"（徐耀魁，1990）

1970年美国威斯康星大学的丹斯教授就曾列出学者们给传播下的98种不同定义。这表明西方传播学者对传播的理解和界定与我国学者相互差异非常大。通过对西方学者的定义的分析，可以看出其基本立足点仍然是信息的流动。虽然强调之处有所差异，但有三点中外学者的观点是相近的。

1. 传播强调"互动关系"

"所谓传播是人际关系借以成立的基础，又是它得以发展的机理。就是说它是精神现象转换为符号并在一定的距离得到搬运、经过一定的时间得到保存的手段。"（G. 库利，1909）

"传播可以定义为通过讯息进行的社会的相互作用。"（G. 格伯纳，1967）

2. 传播强调"符号"

"传播就是用言语交流思想。"（J. B. 霍本，1954）

"运用符号——词语、画片、数字、图表等传递信息、思想、感情、技术等。这种传递的行动或过程通常称作传播。"（贝雷尔森和塞纳，1964）传播就是信息的流动过程。[1]

3. 传播强调"效果"

传播之所以称得上传播，在传播的五要素中最重要的要素是要看传播效果。体育传播同样看重效果，同样是篮球比赛，中美篮球都有自己的职业联赛，从传播效果来看是不言而喻的。而在消费主义下体育传播更是花样翻新地追求传播效果以获得大众眼球的关注，因此体育大众传播又打上了商业化的烙印。

董青等对消费社会体育媒体在商业利益的驱动下，通过电视等各种大众传播手段，挖空心思去诱惑、挖掘人们最原始的欲望提出了批评。消费主义主张符号消费，涵化大众意识，通过媒体制造了一轮又一轮的体育文化奇观去吸引观众的眼球，引导受众的消费习惯，成为当今的一大社会景观。对此董青等运用符号学的观点进行了解读和批判。[2] 郭庆光同样表示了对符号消费的担忧，

---

[1] 胡正荣，段鹏，张磊. 传播学总论[M]. 北京：清华大学出版社，2010：11.
[2] 董青，洪艳，崔冬冬. 符号、涵化与景观——批判视野下的消费主义与体育文化奇观[J]. 武汉体育学院学报，2010（10）.

他提出通过电视利用各种文化叙事和视觉艺术手段去构建消费主义文化意识形态、用拟态环境生产出层出不穷的符号和形象时，如果受众长期浸润其中，人们生活方式和价值观念就会发生变化，人们的消费习惯也会随之发生变化，从而受到消费主义的涵化。①

（二）篮球运动传播

上世纪50年代美国进入消费社会时代，也是NBA篮球运动逐步走向兴盛的开端。到了上世纪80年代，乔丹和他所代表的公牛王朝兴起，篮球运动在全球范围内进行广泛的传播，而最具传播效果的NBA成为世界篮球迷的最爱。到了上世纪90年代，中国随着改革开放进程的推进也进入消费时代，也就是在那个时期，我国的篮球步入职业化阶段，CBA联赛应运而生，中美篮球也开始了前所未有的互动，CBA也在中美篮球互动中不断壮大和发展，传播力也在不断增强，对篮球运动在我国的传播起到了推动和引领的作用。作为中美两个篮球运动传播的代表性符号NBA和CBA，正引领着我们走向篮球运动符号消费的时代。

篮球运动起源于美国，而NBA作为篮球"强势文化"符号，已经在世界范围内广泛传播，在职业化高度发达的今天，获得总冠军戒指的运动员无疑会获得更高的商业价值。央视一位著名的篮球评论员说，NBA在中国的传播对推进青少年对篮球的热爱起到巨大的作用。在NBA赛场，获得总冠军戒指是一支球队无上的荣耀，而成为总决赛最有价值的运动员无疑在追求个性化的今天更能成为媒体的宠儿和青少年的偶像。

由于篮球在大众传播中具有广泛的影响力，篮球也逐渐成为一种强势文化符号。而作为篮球发源地的美国，NBA以成功的商业推广、扣人心弦、跌宕起伏的比赛场景，成为全球家喻户晓的文化饕餮盛宴，成为全球最具影响力的传播符号。

在现代组织传播中有一个学派称为文学学派，文学学派将组织看成一种"文化"，这一比喻源于文化人类学的研究。②迪尔和肯尼迪在《企业文化》中提出，商业成功可以通过发展"强势"文化来达到。如果一个企业要适合个人

---

① 郭庆光.传播学教程[M].北京：中国人民大学出版社，1999：224.
② 许静.传播学概论[M].北京：清华大学出版社；北京交通大学出版社，2010：116.

潜能的发挥，该组织就要拥有强势文化，同时强势文化能最大化个人和组织的绩效。他们还提出了强势文化的四个关键成分：价值观、英雄、仪式和习俗、文化网络。

在篮球运动中这些耳熟能详的传播符号，反映出篮球运动本身所具有的巨大的传播力与影响力。篮球，作为美国的传统体育项目，它完美地融入了"个人本位、富于创造"的美国的文化和美国人的价值观。① 同时，NBA作为全球最具影响力的体育组织，要映射出球队、球员、受众、媒体四个方面的诉求，反映他们不同的价值取向。

在美职篮，那些家喻户晓的NBA明星都有一个共同的特点，就是这些明星都与篮球运动中最具震撼力的传播符号联系在一起。NBA是一个英雄辈出的舞台，并且他们都拥有鲜明的技术风格。我们熟知的"三双数据""飞人""扣篮""盖帽""抢断""绝杀"都成为篮球报道的热门篮球符号。美国文化特有的创新精神和崇尚个人表现的文化氛围在NBA球星身上得到了充分的体现，而美国文化中的求异思维，又激励了篮球明星在比赛中的创造欲和表现力，能够打动观众和吸引球迷的目光。②

在NBA的比赛过程中逐渐形成了重大的节日，它们是NBA这个公司组织用来弘扬其文化价值观的仪式，而这些仪式和习俗经由大众传播逐渐成为家喻户晓的经典赛事和文化符号。从众多的仪式和习俗中我们来分享NBA逐渐形成和固化的"强势文化"符号。NBA完善的赛制和成熟的商业运作也是美国竞技篮球文化又一突出的特点。③

NBA作为一个巨大的传播平台，承载着众多的传播符号，给广大球迷制造了无数的惊喜，我们虽然不可能穷尽接受所有的符号，但是却能让受众体会到篮球所带给人们的快乐，让更多的孩子爱上篮球，实现自己的梦想。是这些具有传播价值的传播符号成就了许多伟大的运动员，因为我们可以通过这些符号对他们的成就进行量化。正如美国NBA著名篮球运动员、被称为"空中飞人"的迈克尔·乔丹——在他篮球职业生涯中不断刷新和创造着各项纪录，成为后来者追求的目标和学习的榜样。在NBA历史上，乔丹是第一位拥有"世

---

① 刘玉华.中美篮球文化的差异与中国篮球文化的发展［J］.体育文化导刊，2004（8）.
② 严精华，潘宁，王小安.中美篮球文化比较［J］.体育文化导刊，2004（10）.
③ 贺成华.美国篮球文化特征［J］.宜宾学院学报，2009（6）.

纪运动员"称号的篮球巨星。他的出现和杰出表现将 NBA 推广至全球每个角落，成为家喻户晓的篮球明星，对篮球运动的传播功不可没。NBA 也成为好莱坞以外又一个无可阻挡的美国文化，乔丹的品牌价值为联盟带来 100 亿美元以上的收入，而其商业和广告价值更是无法估算。

NBA 同时也是跨文化传播的平台，中国的篮球明星姚明作为休斯敦火箭队的中锋，2 次登上《时代周刊》亚洲封面，被美国《体育新闻》评选为年度"职业体育最有影响力的 100 人"，被美国《时代周刊》列为"世界最具影响力 100 人"。因此，NBA 也成为一个传播中华文化的平台。

小　结

传播强调互动关系、强调符号、强调传播效果。在体育人际传播过程中，互动双方互为体育信息传播过程的主、客体，执行着相同的编译码功能，就是对体育信息或意义交替往复地进行编码和译码的过程，在这个过程中传者与受者必须对所建立的符号具有共同经验。

目前，体育符号、符号互动和体育传播的研究比较普遍，但研究的进程和范围不尽相同。对体育符号的研究较多，并且比较系统，体育符号研究在前期研究成果的基础上，在研究类型和研究视野上不断开拓和深入，涉及不同的运动项目符号、体育明星符号，研究领域涉及新闻媒体、大众传播、符号消费，等等。体育符号的研究有较为明确的研究范式和框架。而在符号互动视角下的论文涉及社会的方方面面，并且在体育领域的符号互动理论的运用目前从文献的查询中较少，但也不乏亮点。

在体育传播的研究领域，主要从新闻传播的方面着手，对具体的运动项目传播的研究还没有形成明确的研究范式和理论框架。通过以上分析，本研究充分利用前人体育符号研究的成熟范例，从符号互动理论入手，研究篮球运动的传播，在研究框架设计方面以中美篮球发展的时代为大背景，以 NBA 和 CBA 在社会互动中符号的形成与发展为线索，以 NBA 和 CBA 的符号互动展现出中美两国职业篮球运动模式、文化传承和媒体运营的差异和各自的发展及传播路径。

第二章 篮球运动符号释义

第一节 符号定义和符号互动

一、符号的定义

美国社会学家伦德贝格说:"传播可以定义为通过符号的中介而传达意义（的过程）。"

波兰哲学家 A. 沙夫认为:"人类传播过程，虽然在它的进程和作用方面是复杂的，却是一个显而易见的事实：人们是在行动中，即在合作中（因为所有的行动都是社会的行动），经过符号的中介传播明确的意义而进行传播的。"

这两种说法都强调说，符号是传播过程当中的中介。

美国哲学家莫里斯对符号的定义是：一个符号代表它以外的某个事物。

所有这些解释都指出了符号的基本特征：指代性。符号总是代表某一事物，它承载着一定的内容（概念、意义），是传播活动的基本要素。

通过对上述定义的认识，我们认为：符号就是用来指称或代表其他事物的象征物。

从一般意义而言，符号是人类社会独有的，它具有以下基本属性，即胡正荣等在《传播学总论》中提出的符号的三个特性：指代性、社会共有性、发展性。①

符号是人类传播的要素，是实际存在的事物与现象的一种标记，包括语言符号和非语言符号。语言是社会约定俗成的较高级和复杂的符号系统。语言用一定的声音和文字形式标记事物或思想，从而获得意义。非语言符号是指信息

---

① 胡正荣，等.传播学总论[M].北京：清华大学出版社，2011：32.

传播不以有声语言和书面语言为载体，而借助直接打动（刺激）人的感觉器官的各种各样的符号。它包括人的体语（表情、手势、神态、穿着、打扮等）、类语言（各种笑声、哭声、叹息、呻吟、叫声等）和艺术（美术作品、建筑、音乐、舞蹈等）。[①]

二、符号互动

20世纪20年代，美国社会学家G.H.米德等人提出符号互动理论。其主要观点是，人类具有社会的属性，人类区别于其他动物的属性是人能够运用符号。其学生布鲁默在其思想的基础上，建立了符号互动理论的基本体系。其主要观点是：人类社会符号创造了表达共同意义的符号；人们的交流活动是通过对符号的定义与理解进行的，互动中产生了人际关系；通过符号互动建立的人际传播是能动的与可变的过程；符号互动对社会运行与社会结构的变革具有推动作用。体育传播的基本特征是体育信息符号互动。[②] 在体育比赛时运动员选择具体行动路线涉及复杂的符号过程，包括运动员首先要考虑比赛现场中同伴要求及他人的期望；担任不同角色的运动员要尽量展示自己的形象，这种形象要适应现场和场外的人；运动员要意识到现场比赛规则，要求明确同伴或裁判员在比赛互动中所运用体育信息符号的行动意向，例如在篮球比赛时教练员在暂停时间运用语言符号布置战术，运动员之间利用发球前的间隙用语言符号或非语言符号调整战术，裁判员用手势等非语言符号传递体育信息等。

在体育人际传播过程中，传受双方互为体育信息传播过程的主、客体，执行着相同的编译码功能，就是对体育信息或意义交替往复地进行编码和译码的过程，在这个过程中传者与受者必须对所建立的符号具有共同经验。正如传播学创始人施拉姆所强调的，传者与受者只有在其共同的经验范围之内才能真正有所传通，符号才能为传受双方所共享。

篮球符号的互动传播包括球员与球员的互动（如科比与奥尼尔的OK组合）、球员与媒体的互动、球员与观众的互动、球员与广告创意的互动、媒体之间的互动、新媒体与传统媒体的互动交融。每一次符号的互动都为篮球运动

[①] 肖焕禹. 体育传播学 [M]. 北京：人民体育出版社，2013.
[②] 肖焕禹. 体育传播学 [M]. 北京：人民体育出版社，2013.

的传播提供了素材，就如好的大餐需要好的食材一样，让人回味无穷，意犹未尽，欲罢不能。

第二节 篮球符号系统的构成

一、篮球符号

篮球和每一类运动项目一样，都具有一个独立的符号系统。参与者在这个符号系统中进行信息的交流。每一个运动项目的符号系统都代表着其独特的具体的竞赛规则、技战术组成、器材装备、场馆设备以及气候和环境等。由于篮球运动具有其独特的符号系统，并且随着篮球运动的传播在互动中不断进行着符号系统的更新与变革，我们才能看到今天的篮球运动。这也就是现代体育能成为现代人类的"世界语言"的奥秘所在。NBA 球队都有自己独特的颜色，湖人的黄色与凯尔特人的绿色以及公牛队的红色都是球队的符号，有时，干脆就以颜色代表球队，如凯尔特人就叫作"绿衫军"。

在现场和在媒体上我们经常看到的比赛符号是通过肢体语言符号和语言符号来进行传播的，在传统媒体和新媒体传播过程中，电视的出现让我们可以更加直观地感受到篮球魅力。符号的互动对传播起到了关键的作用，因为，篮球独特的符号系统通过大众媒体的传播已经融入到社会生活的方方面面，篮球运动迅速与媒体业、制造业、广告业、食品业等行业进行融合，结果是它们都深深地打上篮球运动的符号。媒体的传播使篮球运动的受众和关注度呈几何倍数地增长，打上明星符号的球衣供不应求，明星代言的广告为产品带来了无限的商机。在篮球运动走过百年的当下，这些符号是文化的积淀，又伴随着篮球运动的发展、媒体的进步而不断地传播，成为经典符号。

二、篮球运动的符号系统

篮球运动具有自己独立的符号系统，NBA 和 CBA 同属篮球运动的符号系统。按照符号具有能指和所指的关系，皮尔斯把符号分为任意符号、图像符号、标志符号、象征符号，就是通过图像、标识和象征来指代符号具有的意义。然而，符号的分类发展也要与时俱进，如目前流行的媒体符号就是大众媒体使用的语言符号和非语言符号，如我们提到的"点赞""任性"都成为大众媒体的流行符号，甚至官方用语。这些大众媒体符号包括表达意义的文字和标识、惯例、代码和叙事结构等。惯例符号是指如看到CCTV-5就代表央视体育频道，听到一段音乐就知道《新闻联播》开始了；代码是指媒体中出现的以一个抽象的代码指代某个球队；叙事结构是媒体表述事物的时间安排，现场直播最能体现体育竞赛的不确定性，最受球迷喜爱，是最常用的叙事结构。

篮球运动在不同的语言环境下有不同的表述，中文称为篮球，英文称为Basketball，日文称为バスケットボール，等等。虽然篮球在不同的语境中读音不同，但由于篮球运动具有自己一套独立发展的符号系统，这个系统对规范篮球运动的开展、促进篮球技战术水平的提高、推动篮球运动的传播都是不可或缺的。虽然，有的符号在延续，有的篮球符号已经退出历史舞台，但随着篮球运动的发展新的篮球符号不断出现，三分线、冲撞区等新鲜符号不断出炉。这些符号通过抽象化和固定化，形成篮球符号。技术动作、眼神、招牌动作、队徽、球衣颜色、球馆、球迷、啦啦队、组合等所传递出的信息都以符号的形式呈现，组成一个篮球的符号系统，并且彼此形成互动。这些篮球符号传播着篮球带给我们的喜怒哀乐，成为经典。NBA和CBA的符号系统也是篮球符号，只是在不同国家文化背景下不同展现。以下从群体传播和大众传播所展现出的篮球符号系统的角度进行归类。

（一）群体传播中的篮球符号系统

表2-1　群体传播中的篮球符号系统

传播类型	符号系统	符号类型	篮球符号系统
群体传播	语言符号系统	文字符号	篮球技战术术语、裁判术语、绰号等
		数字符号	篮球技术数据、比分、号码、禁忌符号
		口语符号	篮球技战术讲解、比赛交流语言、口号语
		体态符号	表情和姿势（首语、手语、姿势语）
		时空符号	篮球声音符号、篮球时空语言符号

续表

传播类型	符号系统	符号类型	篮球符号系统
群体传播	非语言符号系统	仪式符号	开闭幕式、颁奖仪式、球衣、退役仪式等
		标志符号	场馆器材、旗帜、服装、建筑、色彩等
		象征符号	冠军戒指、奖杯、冠军宝鼎、美学符号等

1. 篮球运动的技术符号

传球技术、运球技术、投篮技术、传切配合与突分配合、过人脚步等以及相应的训练方法和手段。

2. 篮球运动的战术符号

如挡拆战术、补防战术、夹击战术、关门战术、盯人防守战术、联防战术等以及相应的方法与手段。

3. 裁判员的符号

篮球裁判员的术语、手势（得分、犯规、违体犯规）、哨声。

4. 篮球明星球队、教练和球员的绰号

篮球运动员、教练员一般都有自己的绰号，来具体和形象化地展现篮球运动员、教练员在篮球运动中的地位和才华，如"红衣主教"奥尔巴赫、"禅师"杰克逊、"大鲨鱼"奥尼尔、八一"五虎"等。

5. 篮球运动的技术数据符号

这些数字化符号全面记录运动员、裁判员在篮球比赛中的全部数据。如运动员全年的比赛场次、球队的总得分、获胜场次及胜率、失利场次及负率等等无以复加地翔实。很多数据的对比彰显出篮球运动的伟大，三双数据、出场次数、助攻次数、三分球次数都是评价球员的重要数据。比如詹姆斯拥有"小皇帝"的绰号，这绝非浪得虚名，他是获得三分数据大满贯的运动员，同时他也是前锋中助攻次数最多的运动员。由于朱芳雨是CBA历史上投进三分最多的运动员，他被誉为"三分雨"的美名，同时他也是CBA球员中首个突破万分大关的现役球员，所以也成为"万分先生"。

6. 篮球运动计分的符号

三分线外投篮记三分，其他计量两分，罚篮记一分。

7. 篮球场上的禁忌符号

在篮球场上对裁判的判罚指手画脚、出中指等都要受到严厉的处罚。当然我们经常看到球员身穿0号球衣，却没有1号、2号、3号球衣，那是因为如果裁判打出1、2、3个手指时代表得1分、2分、3分，为了避免误解球员的球衣才从4号开始。但似乎也有例外，在NBA被称为"风城玫瑰"的公牛球星罗斯就身着1号球衣。

8. 符号系统中的篮球口号

如NBA的口号是：I love this game。CBA早期的口号是"蓄力"，目前的口号是"放飞梦想"。而在CBA赛场上李宁公司的口号是"放开打"。

9. 体态符号

是使用表情、动作和体姿来表达感情、传递信息的非语言符号系统。在篮球运动中体态符号又可分为表情语和姿势语。在篮球运动中运动员、教练员、观众的表情非常丰富，表情转换又非常快，传递的信息非常丰富。篮球运动中的姿势语可分为手语、首语和体姿语。运动员、教练员和裁判员通过手语、首语和体姿语推进比赛进程，传递技战术意图。篮球运动中运动员的假动作、裁判员的裁判手势、教练员的技战术执行手势、各种喜怒哀乐的表情的宣泄与各种眼神的交流都属于姿势语。

10. 篮球场上的声音符号

包括球鞋摩擦地面的声音，当然也有加油声、骂声、歌声、锣鼓声、音乐声等。

11. 篮球时空语言符号

时空语言符号是人们利用时空来表达思想的社会语言，体现人们之间的距离和方位。由于篮球是一项对抗性很强的集体项目，在篮球场上运动员之间的距离是有严格界定的，在裁判法里有明确的规定，违者会以犯规进行判罚，严重的情况视为违体。

12. 篮球仪式符号

包括开幕式、闭幕式、出场仪式、颁奖典礼、篮球嘉年华、全明星周末。在NBA和CBA还有一种仪式称为"球衣退役仪式"，以纪念球员为球队做出的贡献，如公牛的23号球衣，和巨星乔丹一起退役。

13. 篮球标志符号

篮球的队旗、队徽、队歌都是推广和传播篮球运动的符号，当然也包括协会的标识，如 NBA 的标识。为了加强 NBA 在中国的推广，在 2015 年春节期间，NBA 的标识加入了中国元素，即把 NBA 的标识印在了一个中国传统的灯笼上，以增强中国传统节日的气氛。

14. 球衣符号

目前篮球服装的设计与上世纪 80 年代的球衣理念就很不相同，即由紧身到宽松的改变。球衣的文化符号也非常独特，如在 NBA 2014—2015 赛季的中国春节期间，休斯敦火箭队推出中文符号的球衣，以吸引球迷的关注，让这些球迷有了很大的归属感。而 CBA 在本赛季推出了复古风格的球衣，让我们回忆起"八一"称霸的年代。

15. 篮球运动色彩符号

北京首钢的浅蓝、公牛队的火红、湖人队的黄、凯尔特人队的绿都成为球队的色彩符号。

16. 球星的标志性符号

篮球是一项张扬个性的运动，也是展示自己的舞台。光头是乔丹、科比、马布里等的外形标志，闪耀着巨星光芒。吐舌飞身扣篮是乔丹的招牌动作，头戴发带、健硕的肌肉布满文身是詹姆斯的外形标志，长途奔袭、大力灌篮展现出詹姆斯在篮球场上的无穷的活力，当然也有 J 博士等的非洲发型以及各种配饰如长筒袜和眼镜等都为篮球明星们增光添彩。

17. 篮球场地、器材的符号

场地的长宽、篮球架的质量都有严格标准，必须符合安全、准确的质量标准。中圈、罚球区、合理冲撞区都有明确的数字化标准，规范着篮球运动的发展和变迁。

18. 篮球技战术图版符号

这是教练员在现场指挥技战术推演的用具，是一个可以反复使用的微型篮球场图版，教练员通过图版的各种符号指导比赛，布置战术。

19. 象征性符号

包括冠军戒指、冠军奖杯、冠军奖牌、冠军宝鼎等。如 CBA 冠军奖杯是由"帝王之玉"翡翠雕琢而成，CBA 总冠军鼎承载中华文化底蕴，象征至高无上的荣誉。

20. 篮球运动中的美学符号

包括服装设计、篮球宝贝、篮球场馆、篮球运动中呈现出的力与美。

（二）大众传播中的篮球符号系统

表2-2 大众传播中的篮球符号系统

传播类型	符号系统	符号类型	篮球符号系统
大众传播	语言符号系统	文字符号	广告中的篮球符号、新闻标题中的篮球符号
		数字符号	篮球比赛的计时、比分、数据对比符号
		口语符号	篮球评论员语言符号、解说嘉宾语言符号、电视语言符号、网络语言符号
	非语言符号系统	惯例符号	篮球惯例符号、篮球媒体符号
		代码符号	投篮点图形分布符号、数据图表符号
		叙事符号	镜头语言符号、画中画交互转播符号、电影中的篮球符号、篮球图片符号

1. 广告中的篮球符号

就是篮球符号与广告结合的表现形式。如马可波罗瓷砖赞助的CBA中坚力量；在NBA中诸如"八喜啤酒本场最佳球员""锐步中场报道""AT&T赛间暂停"等这样的符号比比皆是。

2. 新闻标题中的篮球符号

球队的名字和球星的名字在篮球新闻报道中经常采用。如2012年1月12日央视体育新闻报道迈阿密热火胜洛杉矶快船队的比赛新闻标题是：波什爆发，热火击沉快船。

3. 媒体中的篮球数字符号

在媒体中篮球直播比赛，人们对比分的关注非常强烈，比赛的进程、激烈程度都与比分息息相关，在屏幕上不断变化的比分、不断跳跃的24秒记分牌都在牵动着观众的神经，而随着比赛进程不断展现出球队、球员的场上数据与平均数据的对比，双方球队和球员的对比，这些都在无形中延伸着比赛时空，传递着令人目不暇接的篮球信息。

4. 篮球评论员语言符号

解读球场技战术，球员、球队之间的胜负、配合关系，通过数字对比，预测比赛结果、制造比赛悬念、加强与球迷的互动。

5. 篮球解说嘉宾的符号

对比赛进行深度解读，对篮球市场、文化、发展进行宏观的、深度的解读。如杨毅提出CBA发展的三个阶段。

6. 篮球惯例符号

在观看篮球直播比赛中看到大胡子哈登就知道是火箭队在比赛，看到CBA标识就知道要播CBA新闻，听到熟悉的旋律就知道央视篮球公园要开始了，看到球员的球衣就知道是哪支球队的球员。

7. 篮球媒体符号

平面媒体有《中国体育报》《体坛周报》《篮球》杂志等；电视媒体有央视体育频道《篮球公园》、《NBA最前沿》等；网络媒体有NBA官网和CBA官网，搜狐、新浪、网易、凤凰等主流门户网站；电视新闻类有《体育晨报》。《体育新闻》《体坛快讯》《体育世界》在NBA和CBA联赛期间，都有篮球新闻，特别是NBA和CBA的新闻中还有《NBA五佳球》；在《体育晨报》的栏目，《历史上的今天》和《晨言网事》栏目中也涉及许多篮球运动传播方面的报道。现场直播拥有漫长赛季的NBA和CBA联赛直播更是让球迷直接进入篮球的世界，在央视频道中国篮球赛事是观众的最爱；在美国TNT和ESPN覆盖全美的有线付费网全天播放体育赛事，特别是篮球比赛是主要的直播项目之一。网络篮球符号如NBA、CBA官网，更是融合多媒体的手段报道篮球赛事。

8. 投篮点图形分布符号

在电视和网络中最常用的就是球员和球队投篮点和投篮得分点的分布图，能够让观众清晰地了解球员和球队得分位置。具有很高的研究价值。

9. 篮球数据图表符号

在篮球比赛的画面上会有大量的数据图表，能够清晰地展现球队球员的表现，并且更具纵向和横向的对比分析。

10. 镜头语言符号

通过镜头的转换、慢动作回放以及特写镜头能够给人带来无穷的回味，充分感受到篮球带来的巨大享受。还能够产生球迷与球星的互动，如詹姆斯暴扣后拍打前胸，观众也起身振臂高呼，通过镜头的切换，形成强烈的共鸣；马布里和朱彦西一个精妙的传切配合绝杀华南虎的精彩瞬间，通过镜头的切换和反复慢动作回放，让北京球迷感慨万千，回味无穷。

11. 画中画交互直播符号

在重大篮球赛事转播中，如果两场比赛具有较大的相关性，胜负关系关乎赛事的结果，并且在同一时间举行，为了增强转播效果便于互动，在直播过程中往往采用画中画的方式进行。

12. 电影中的篮球符号

在我国电影中展现篮球符号最具影响力的是电影《女篮五号》、2000年出品的篮球纪录片《极致乔丹》，还有反映姚明NBA生涯的《姚明年》、展示篮球激情和梦想的《灌篮高手》，等等。

第三节　篮球运动群体层面的传播

符号互动主义者关注社会互动，同样也关注体育赛场内外的互动行为，这些行为包括球员、教练、裁判等几类人群之间的交错的微观互动行为。篮球运动群体层面的传播也可以理解为微观层面的传播，是篮球运动项目本身的传播，就是我们经常所说的篮球运动，主要由运动员、裁判员和教练员在篮球规则下进行的传播过程构成。正如传播过程由传播者、传播内容、传播媒体、被传播者、传播效果构成一样，体育运动的传播过程也具备以上五个要素。在体育运动特别是在体育比赛中，传播效果更加直观和明显。在体育传播过程中，传播者和被传播者也是传播符号互动完成者，任何一个运动项目（项群）都有一个符号群。传播媒体同时又是传播符号的载体，经由符号链接传播者与传播媒体，再经由符号链接传播媒体与被传播者，来完成传播过程。互动也包括传播者与被传播者角色的互换。同时根据控制论的解释，就是尽可能在系统发生偏差之前，根据预测的信息，争取相应的赛场应对措施，排除赛场上噪声的干扰。从理论上讲，将前馈和反馈回路进行耦合就构成了前馈—反馈系统，这样就能更好地控制体育竞赛的效果。

一、基本概念与理论依据

田麦久和他的同事将运动项目的类属聚合命名为"项群"。揭示项群训练基本规律的理论命名为"项群训练理论"。(田麦久1983)[①] 它既是一般训练理论的延伸,同时又是专项训练理论的拓展。

体育传播过程是通过运动参与者与运动媒体的符号互动经由媒体传递比赛信息再由媒体显示信息结果的传播过程。而比赛过程的完成会形成比赛的内容与结果,并产生传播效果。

二、体育项群传播的过程的构成要素

竞技体育的传播过程分内外两个层次:其一是竞技体育的内部传播;其二是竞技体育的外部传播。本研究主要是基于项群理论的竞技体育内部传播过程的研究。包括五个方面的内容:运动竞赛参与者(传播者)、体育竞赛过程的体育符号互动(传播内容)、媒体(场地、设备)、被传播者(所有运动参与者和观众)、传播效果(比赛的结果及显示)。

竞赛组织传播参与者:体育组织传播的参与者,包括运动员、裁判员、教练员、志愿者、赛场保障人员。

竞赛传播者与被传播者:运动员、教练员、裁判员。

在竞赛场上,场地的器材(体现项目符号媒体)、场地的标示线(体现规则符号媒体)、比赛服装及其附属设备(体现项目归属符号)。

体育竞赛过程的体育符号互动包括这些方面的内容:运动员与运动员(本方与对方)、教练员与教练员(本方与对方)、教练员与运动员(本方与对方)、裁判员与运动员、裁判员与教练员等之间通过语言符号和非语言符号来进行信息解码与编码互动。

运动员和教练员通过对比赛符号信息解码和编码进行互动。

传播者与被传播者之间角色的互换。

对运动员、教练员、裁判员传播符号(语言符号和非语言符号)的互动编码与解码。

肢体语言符号和比赛器材符号:肢体语言符号反应的心理表象的信息互动

---

① 田麦久.运动训练学[M].北京:人民体育出版社,2005:21.

编码与解码构成竞赛心理的传播内容，升华为竞赛心理符号。

肢体语言符号和比赛器材符号：在竞赛过程中体现的技术表象、战术表象的信息互动编码与解码构成竞赛技战术的传播内容，升华为技战术符号。

肢体语言符号和比赛器材符号：反映的项目特征（步枪卧射）。

媒体包括用于展示运动的媒体和评价运动的媒体。

比赛媒体：比赛的场地、器材、标志线、标志杆等。

展示媒体：计时器、计分器显示牌、广播等。

宣传媒体：标语、口号。

广告媒体：广告牌、电子广告牌。

传播效果：比赛结果（包括比赛预期、比赛氛围）。

三、体育传播过程

体育竞赛传播过程是符号互动传播过程。

竞赛传播：运动员、教练员、裁判员。

竞赛传播过程是以场地、器材为媒介进行的符号互动产生的比赛内容。

体育比赛信息交流非常快。以篮球为例，在篮球场上共有五个位置、两（目前NBA和CBA都有三名裁判员）个裁判、一名主教练，他们在篮球规则下，共同组成篮球运动的群体传播过程。在篮球场上五个位置分别是1号位（PG）控球后卫（Point Guard），是球场上拿球机会最多的人；2号位（SG）得分后卫（Shooting Guard），以得分为主要任务；3号位（SF）小前锋（Small Forward），小前锋的任务依然是得分；4号位（PF）大前锋（Power Forward）；在场上要承担不同的角色，如抢篮板球、防守、挡拆等，大前锋可以说是一个多功能的角色；5号位（C）中锋（Center），要配合大前锋抢篮板和传球运球，为内线主要得分者。在篮球运动传播过程中，就是通过本方球员之间、本方球员与对方球员之间、球员与教练之间、球员与裁判之间、教练与裁判之间的互动交流信息来完成篮球运动的比赛过程。

篮球比赛的主要符号是篮球。篮球传递的速度很快，传球者与被传球者必须对对方的信息进行解码和编码（内传播过程），以对对方的意图做出正确的判断，同时又要干扰对方的判断，防止对方的抢断。在比赛过程中运动员之间、与对方运动员之间、教练员与运动员之间，以及教练员之间不断进行着组织传播内传播和个体传播,对海量的赛场信息进行解码和编码并通过语言符号和肢体语言等符号进行指令传递和技战术的应对,以期影响比赛的进程。同时,裁判员通过裁判符号与运动员、教练员进行互动,维护比赛的公正、流畅进行。

所以,在体育竞赛中传播者和被传播者角色的互换是很快的,有时同时担任传播者和被传播者的双重角色。比如,篮球运动中,当运动员给本方队员传球时,除接球的运动员要对本方队友的传球的信息进行判断,教练员也要对传球的合理性进行判断,裁判员也要对传球的过程是否违规进行判断,对方运动员也要对传球路线进行判断(为抢断进行信息处理)。对方的教练员也要对对方运动员的传球线路进行归纳,为进行场外指导积累信息。所以,在这个传球过程中,本方球员、对方球员、本方教练员、对方教练员都成为被传播者,都会自身根据自己担任的角色对场上传播效果进行评定,并通过与运动员的互动,决定场外指导的内容也就是技术、战术、心理的运用,以及与对手的技术、战术、心理进行互动。

同时,接球队员在接球的瞬间会完成一个自传播过程,这个过程决定传播的内容(技术、战术、心理的运用),就是决定球是投篮还是把球传给谁。在投篮或把球传给谁行为完成的瞬间,他会再进行一次自传播,来评价这次传播过程的效果。这样的行为会周而复始地进行。

同样,传播效果会更加显性,如果我们把对象扩展到整个篮球比赛场,如果一方球员投篮命中,如果是关键球和绝杀,那更有轰动效果,现场所有的受众都会做出自己的反应,本方的球迷、运动员、教练员、管理人员、工作人员会欢呼雀跃,而对方的球迷、运动员、教练员、管理人员、工作人员会非常颓丧。对于投篮者而言他本身是传播者,同时也是被传播者,整个过程是通过符号的互动来完成的。篮球与篮筐互动的结果(投篮的进与不进)是他这次传播效果的评价。

依决定竞技能力的主导因素分类,运动项目分为体能主导类和技能主导类两个大类,共包括七个亚类。而体育传播过程基于项群训练理论的分类能够比较完整地展现众多运动项目的传播过程规律,为运动传播过程的研究提供参照。

表 2-3　项群与项群传播过程

项群	传播过程（符号与信息内容）	传播者与被传播者	传播过程媒介	传播效果媒介
体能主导类快速力量性	通过符号互动来实现传播媒介传递快速力量信息，再由媒介显示信息结果的传播过程	运动员教练员裁判员	比赛场馆器材，如撑竿、沙坑、海绵包、杠铃	电子计时器计量器显示屏、广播
体能主导类速度性	通过符号互动来实现传播媒介传递速度信息，再由媒介显示信息结果的传播过程	运动员教练员裁判员	比赛场馆器材，如跑道、水道、赛道、接力棒	电子计时器计量器显示屏
体能主导类耐力性	通过符号互动来实现传播媒介传递耐力信息，再由媒介显示信息结果的传播过程	运动员教练员裁判员	比赛场馆器材，如跑道、水道、雪道	电子计时器计量器显示屏、广播
技能主导类表现准确性	通过符号互动经由媒介传递比赛信息并通过媒介展示比赛信息来决定比赛的胜负	运动员教练员裁判员	比赛场馆器材，如枪、子弹、弓弩、箭	靶纸显示屏计时器
技能主导类表现难美性	通过符号互动经由媒介展示比赛信息并通过裁判评定后再经媒介展示比赛信息	运动员教练员裁判员	比赛场馆器材，如球、棒、带跳台、滑道等	计时器多媒体显示屏广播
技能主导类隔网对抗性	通过符号互动来破坏或限制对方使用媒介传播权并通过媒介展示传播效果的运动	运动员教练员裁判员	比赛场馆器材，如球、球拍、球网等	计时器、显示屏球网标志（杆）线鹰眼、广播等
技能主导类同场对抗性	通过符号互动来争夺或限制对方使用媒介传播权并通过媒介展示传播效果的运动	运动员教练员裁判员	比赛场馆器材，如球、球杆、球网等	计时器、显示屏球门、篮圈广播等
技能主导类格斗对抗性	通过符号互动来占用或限制对方使用媒介传播权并通过媒介展示传播效果的运动	运动员教练员裁判员	比赛场馆器材，如拳击手套、剑、头盔等	计时器、显示牌头盔的显示灯等

四、体育项群传播过程

（一）体能主导类项群的传播过程

1. 体能主导类速度力量性项群的传播过程

定义：通过符号互动来实现传播媒介传递快速力量信息再由媒介显示信息结果的传播过程。

运动项目：跳跃、投掷、举重

在速度力量性项群中，比赛开始前运动员会进行一次自传播过程，进行成套动作的运动表象反馈，根据对手的水平制定比赛的战术及进行技术制定与调整，比赛通过运动员体语符号与指代比赛媒介（场地、器械）符号进行互动并通过运动媒介传递竞赛速度、力量的信息，通过身体与器械的符号互动来展示速度与力量的完美结合，来完成比赛的过程。完成成套动作的比赛后，运动员再通过一次自传播过程进行效果评价，通过体语表现出喜怒哀乐的传播效果，并通过裁判裁定经由传播媒介传递比赛效果。

2. 体能主导类速度性项群的传播过程

定义：通过符号互动来实现传播媒介传递速度信息再由媒介显示信息结果的传播过程。

运动项目：短距离跑、短游、短距离速度滑冰、短距离赛、场地自行车

在速度性项群中，比赛开始前运动员会进行一次自传播过程，进行成套动作的运动表象反馈，根据对手的水平制定比赛的战术和进行技术制定与调整，比赛通过运动员体语符号与指代比赛媒介（发令枪声等）符号进行互动并通过身体符号的快速移动展示运动员的速度并通过运动媒介展示速度的信息，来完成比赛的过程。完成比赛后，运动员再通过一次自传播过程进行效果评价，通过体语表现出喜怒哀乐的传播效果，并通过裁判裁定经由传播媒介传递比赛效果。

3. 体能主导类耐力性项群的传播过程

定义：通过符号互动来实现传播媒介传递耐力信息再由媒介显示信息结果的传播过程。

运动项目：中长超长距离走、跑、滑冰；中长超长距离游泳；越野滑雪；中长超长距离公路自行车；划船

在耐力性项群中，比赛开始前运动员会进行一次自传播过程，进行成套动作的运动表象反馈，根据对手的水平制定比赛的战术和进行技术制定与调整及比赛各阶段的体力分配和技战术运用，通过运动员体语符号与指代比赛媒介（发令枪等）符号进行互动开始比赛，并通过身体符号的互动（主要是对手）展示运动员的耐力，通过心理暗示、对手激励来提升自己的竞技状态。并通过运动媒介（跑道）展示耐力信息，来完成比赛的过程。完成比赛后，运动员再通过一次自传播过程进行效果评价，通过体语表现出喜怒哀乐的传播效果，并通过裁判裁定经由传播媒介传递比赛效果。

（二）技能主导类项群的传播过程

1. 技能主导类隔网对抗项群的传播过程

定义：通过运动参与者和运动媒介的符号互动来破坏或限制对方使用媒介传播权并通过媒介展示传播效果的运动。

主要的运动项目：乒乓球、羽毛球、网球、排球

在隔网对抗的球类项目中，球是传递对方技术、战术和心理的媒介，而球显性的表现是球的速度、力量、旋转、弧线和落点，比赛双方通过对来球所体现的速度、力量、旋转、弧线和落点的解码来推断对方技战术和心理，并通过自传播过程做出下一步的行动，在行动结束后，又会对行动的效果进行评价以便进行技战术的调整，从而完成一次传播过程。

在隔网对抗项群中，比赛双方正是通过符号互动来控制或破坏对方使用媒介传播权——球来实现对比赛进程的掌控，并通过展示媒介显示比赛效果。

具体地讲，在隔网对抗项群中，运动员通过传播媒介（球拍等）或直接通过肢体语言符号，对运动的传播媒介（球）传递信息。传播过程是以场地、器材为媒介进行的符号互动产生的比赛内容。

2. 技能主导类同场对抗项群的传播过程

定义：主要通过体语符号互动来争夺或限制对方使用媒介传播权。

主要的运动项目：足球、手球、冰球、水球、曲棍球、篮球

在同场对抗的球类项目中，比赛用球是传递对方技术、战术和心理的媒介，而作为媒介的比赛用球显现球的运球线路、传球线路和准确度等表象，双方球员通过解码来推断对方技战术和心理，并通过自传播过程做出下一步的行动，在回合（完成得分算一个回合）结束后又会对行动的效果进行评价以便进行技战术的调整，从而完成一次传播过程。

在技能主导类同场对抗项群中，比赛双方正是通过符号互动来传递信息，争夺媒介传播权或破坏对方使用媒介传播权——球来实现对比赛进程的掌控。

3. 格斗对抗类项群的传播学特点

定义：通过符号互动来传递格斗攻防转换的信息，实现自身或限制、控制对方使用运动媒介传播权并通过媒介展示传播效果的运动。

主要运动项目：摔跤、柔道、拳击、击剑、武术（散打）

在格斗对抗类项群中，比赛双方通过身体接触或通过运动媒介进行符号互

动,传递对方技术、战术和心理的信息,双方球员通过解码来推断对方技战术和心理,并通过自传播过程做出下一步的行动,在回合(完成得分算一个回合)结束后又会对行动的效果进行评价以便进行技战术的调整,从而完成一次传播过程,并通过裁判裁定经由传播媒介传递比赛效果。

在格斗对抗项群中,比赛双方正是通过符号互动来争夺或破坏对方使用媒介传播权——球来实现对比赛进程的掌控。

4. 技能主导类表现准确项群

定义:通过符号互动经由媒介传递竞赛的准确度信息并通过媒介展示比赛信息来决定比赛的效果。

主要运动项目:射击、射箭、弓弩

在表现准确性项群中,比赛开始前运动员会进行一次自传播过程,根据对手的水平制定比赛的战术和技术的运用,比赛通过运动员体语符号与指代比赛媒介(枪或弓弩)符号进行互动并通过运动媒介(子弹、箭等)传递竞赛准确度的信息,再通过大众媒介显示比赛信息,取得比赛效果,完成一个回合比赛,再通过行动的效果自传播过程进行评价,以便做出下一步的行动,进行心理、技战术的调整,从而完成传播过程,并通过裁判裁定经由传播媒介传递比赛效果。

5. 技能主导类表现难美项群

定义:通过符号互动经由媒介传递比赛难美信息并通过裁判进行评定来进行胜负的裁定再经媒介展示比赛信息。

主要运动项目:体操、艺术体操、技巧、跳水、花样滑冰、花样游泳、冰舞、武术(套路)、自由式滑雪、滑水

在表现难美性项群中,比赛开始前运动员会进行一次自传播过程,进行成套动作的运动表象反馈,根据对手的水平制定比赛的战术和进行技术制定与调整,比赛通过运动员体语符号与指代比赛媒介(场地、器械)符号进行互动并通过运动媒介传递竞赛难美度的信息,通过身体与器械的符号互动来展示美,通过与音乐的契合来诠释美,通过整套动作的编排来创造美,并组成体育艺术的传播内容。完成成套动作的比赛后,运动员再通过一次自传播过程进行效果评价,通过体语表现出喜怒哀乐的传播效果,并通过裁判裁定经由传播媒介传递比赛效果。

第四节　篮球运动大众层面的传播

篮球运动大众层面的传播也可理解为宏观层面的传播，是把篮球运动放在历史、文化、媒体的视角下的传播过程，主要是由大众媒体参与的传播。所谓过程是指事物运动的程序和状态。我们用过程的观点审视体育传播过程，有利于对体育传播的认识走向动态、开放、联系和宏观。

篮球运动是以投篮、上篮和扣篮为中心的对抗性运动项目之一，1891年由美国奈·史密斯博士发明了篮球。1936年，第11届奥运会在德国柏林举行，男子篮球首次被列入正式比赛项目。而正是在这届奥运会上电视媒体加入了报道。[①] 直到1976年，第21届奥运会在加拿大蒙特利尔举行时女子篮球才被列入正式比赛项目。从篮球规则看，从最初奈·史密斯博士制定的13条规则发展到现在的58条规则，篮球运动的技战术也从原来基础的传球、运球、投篮发展到当前的高级水平扣篮以及复杂的战术组合。国际篮联为了促进篮球技、战术进一步的发展，基本上是每隔4年对规则进行一次修改与补充。规则的修改还可以限制粗暴动作，使比赛文明、干净。我们今天看到紧张激烈和富有魅力的比赛与规则的修改是密不可分的。这也是篮球符号系统重要的组成部分。篮球规则的制定奉行公平、均衡、定义、编纂、简短、例外、安全、权力、连续、无利的原则。

体育传播就是一种在体育平台上建立的社会关系的互动。[②] 在篮球运动传播过程中，传播者、受众、传播媒介之间都进行互动和信息的交流，包括本方球员之间的互动与信息的交流，本方与对方球队、球员的互动，球员与教练、裁判、技术代表之间的或多方的互动与信息交流。从更广的社会关系来看，球队与球迷、观众的互动，球队与媒体的等等互动，都会促进篮球运动的传播和文化交流。

---

① 白敬锋.奥林匹克运动与商业化传播［J］.现代传播（中国传媒大学学报），2013（04）.
② 杜婕，张秀萍.奥运传播与文化［M］.北京：北京体育大学出版社，2006：1.

一、篮球运动传播的路径

篮球项目作为一个体育组织同样具有组织文化的属性。组织文化可以从广义和狭义两方面来理解。广义的组织文化包括硬文化和软文化两个方面。[1]

组织文化的形成具有相对稳定性，是一种模式化的群体文化。组织文化的传播也具有自己的特点，就是同样具有模式化的特点，如每年的 NBA、CBA 比赛就是通过不断地重复一套内容和形式进行的，其目的就是要达到组织文化身份识别的效果。

"文化是人们生存的形式和模式。人们根据本国文化所公认为正确的方式学会思考、感受、信仰和追求。""人们的一切行为、行为方式，以及生存和传通方式都是对他们自己的一种反应，同时又是文化对他们的作用。"[2] 也就是说，我们每时每刻都生活在文化之中，它像空气一样，平常感觉不到它的存在，但实际上我们却须臾离不开它。在大众传播时代，篮球就在我们身边，我们时刻都能够感受到篮球文化的气息。

篮球运动起源于美国，经历了跨国传播、跨文化传播，最终实现全球传播。跨国传播又称为国际传播，按照日本学者鹤木真的定义，国际传播就是"以国家社会为基本单位，以大众传播为支柱的国与国之间的传播"[3]。所谓跨文化传播（Cross-Cultural Communication），又称为跨文化交流，是人类社会中不同文化之间的传播活动。拉里·A.萨默瓦等指出："最一般的情况下，当一个文化的成员发出的信息为另一个文化的成员所接受，跨文化交流就产生了。确切地说，跨文化交流是指拥有不同文化感知和符号系统的人们之间进行的交流。"[4]

篮球运动实现跨文化传播具有极为深远的意义。作为一个世界性运动，篮球运动不但是跨国性的传播，更是跨文化性的传播，最终进行全球化传播。塞缪尔·亨廷顿教授认为：文明与文化都涉及一个民族全面的生活方式，文明是

---

[1] 杜婕，张秀萍.奥运传播与文化[M].北京：北京体育大学出版社，2006：5.
[2] [美]拉里·丹·萨姆瓦.跨文化传通[M].北京：三联书店，1988：27.
[3] 郭庆光.传播学教程[M].北京：中国人民大学出版社，2005：237.
[4] 拉里·A.萨默瓦，理查德·E.波特.跨文化传播[M].北京：中国人民大学出版社，2004：47.

放大了的文化。① 文化和文明都包括价值、规则、体制和思维模式。

第二次世界大战后，篮球运动传播由跨文化传播阶段进入了全球传播阶段。所谓篮球运动全球化传播，是指在篮球运动国际化传播和跨文化传播的基础上，最终实现受传者从国家和群体扩展到个人，使篮球运动成为全世界数十亿人共同参与的全球性庆典。

二、篮球运动传播要素

所谓篮球运动传播要素，是指篮球运动传播过程得以实现的关系性因素。传播要素一般是由信源、信宿、信息、媒介、反馈等构成的。

（一）篮球运动传播的信源要素

国际篮球联合会、洲际篮联、国家篮协以及由他们组织的篮球竞赛即篮球传播的信源要素。而媒介的参与使信源的传播更加便利。

（二）篮球运动传播的信宿要素

篮球传播的信宿要素既是受传者可分为地区、国家、民族、群体、个人等多种层次。现代篮球的早期传播受传者主要是欧洲和北美地区的一些国家。随着以电视、互联网为主力的大众传媒的介入，篮球运动的传播已走进大众的生活。

（三）篮球运动传播的信息要素

篮球运动传播的信息要素，也就是篮球运动传播的内容。对于篮球运动传播而言，这是最重要，也是最关键性的传播要素。篮球运动之所以能成为全球性社会运动，主要是由篮球运动传播的内容决定的。也就是说，篮球运动要传播什么，其话语体系与实践活动就包含与反映了什么样的语义与价值，也就决定了篮球运动传播的性质与效果。篮球运动传播的信息要素十分广泛，如篮球运动的规则、章程、仪式、活动、比赛，等等。

篮球运动传播信息的外显形式是篮球比赛。奥运会、世锦赛等是以国家为代表的篮球赛事，而作为高度职业化的篮球运动，美职篮和中职篮是我们关注的焦点。

---

① 塞缪尔·亨廷顿.文明的冲突与世界秩序的重建[M].北京：新华出版社，2002：25.

（四）篮球运动传播的媒介要素

现代篮球运动传播的媒介要素主要分为两类：一类是运动项目自身媒介功能。如 NBA 和 CBA 赛事就是一个超级传播系统。这一系统主要以篮球为媒介，向所有参与者和在场观众传播篮球运动技战术、规则以及篮球运动仪式。另一类是借助大众传媒来传播篮球运动。这也是现代篮球运动传播的主要途径。大众传媒充分利用报刊、电视、广播、网络等媒体，同时电影、书籍、展览、演说也成为篮球运动的传播形式。每逢大赛作为传播手段的标语、徽标、广告、邮票等使篮球运动影响日益扩大，NBA 已发展成为世界上规模最大、影响最为广泛的职业赛事。所有这些共同组成了篮球运动传播的媒介要素。

三、篮球运动传播具有鲜明的仪式传播特征

仪式传播是一种特殊的传播。它体现着"传播即仪式"的理念。詹姆斯·凯瑞指出，传播与参与分享以及拥有共同的理想信念等概念相关。"仪式的观点并不直接关注空间的信息扩展，而是社会在时间上的维持，不是信息的行为，而是共同信仰的表现。"[1]

四、大众传媒是篮球运动传播的主要手段

现代篮球运动传播已经形成一个由报纸杂志、广播电视、互联网以及其他新媒体传播手段组成的超级传播系统。当前，随着新媒体的出现，人们在观看篮球比赛时有了更多的选择，电视作为主要的传播手段依然影响着我们的收视习惯，因为，通过电视直播能让我们第一时间仿佛置身于篮球比赛的现场，感受篮球带给我们的巨大的震撼力；同时，电视直播也能够带来巨大的广告收入，为篮球运动的传播注入巨大的活力。

小 结

通过对符号的定义和符号互动理论的界定、篮球符号和篮球文化的界定，并通过对篮球运动传播宏观层面和微观层面的界定与分析，明确了篮球的符号

---

[1] 丹尼斯·麦奎尔.麦奎尔大众传播理论（第4版）[M].北京：清华大学出版社，2005：46.

篮球运动传播

系统和符号互动理论对篮球运动传播的解释力，确立了本研究的基本概念、基本理论和立论基础。

篮球运动具有一个独立的符号系统。它代表了有别于其他体育项目的具体的规则、技术、战术、器材、设施设备、场（馆）和要求等。所谓篮球文化，广义地说，凡是与篮球有关的人、事、信息都属于篮球文化。

篮球运动的宏观层面的传播是基于历史和文化的视角对篮球运动的传播过程进行界定。运动项目传播多以非语言符号进行。而非语言传播更有利于篮球跨越国界、语言进行全球化的传播。篮球运动传播经历了欧美文化圈内的国际传播、跨文化传播和全球传播三个阶段。篮球运动传播实现的关键，在于确立了一个普世性的价值和原则。篮球运动传播有其独特的规律，在研究传播过程中要把握篮球运动传播的要素与特征。

篮球运动的微观层面的传播是基于运动训练学项群理论对体育传播过程进行归类和分析，来揭示体育传播过程中传播者、传播内容、传播媒介、被传播者以及传播效果之间的内在规律和联系，并对体育传播过程中的类型、体育传播过程的概念进行界定分析。通过对七个项群的传播过程进行表述，提出了体育符号在体育传播过程中起到连接传播者、传播媒介、被传播者的纽带和桥梁作用，并通过符号的互动完成体育信息的流通和显示；提出了体育传播过程中的媒介分为体育传播媒介和体育显示媒介。本章的研究为篮球运动的传播过程奠定了坚实的训练学和传播学基础。

第三章　篮球运动传播的对象系统Ⅰ：整体审视

第一节　篮球运动的起源与发展

篮球是什么？它并不仅仅是一项运动，它还代表着一种特殊的文化内涵。一百多年来，篮球运动在世界、中国都得到了广泛的普及和发展，随着美国NBA的迅速发展，篮球文化也在世界范围内引起了广泛关注，它在政治、经济、文化、外交等人类生活中的影响不断扩大。本章将通过探寻篮球运动的起源、篮球命名的由来、篮球运动的发展，以及对篮球重大事件、重要篮球明星的介绍，展示和彰显篮球文化的丰富内涵。

一、篮球运动的起源

按正式记载，16世纪阿兹特克人在墨西哥的球类运动，是篮球运动的前身。当实心橡皮球投入挂在运动场一边高处的石圈里面时，赢队的球员就有资格获得全场观众的衣服，而输队的队长则要被砍头。

现代篮球运动起源于1891年的美国，它是由美国马萨诸塞州斯普林菲尔德（旧译麻省春田）市基督教青年会（YMCA）训练学校的体育教师詹姆斯·奈·史密斯博士（Dr. James Naismith）发明的。当时美国遇到特大的暴风雪，气候异常寒冷，学生们不愿在严寒的冬季进行室外运动，而又缺乏适合在室内开展的球类竞赛项目，奈·史密斯决心变化一下室内体育课的内容。当奈·史密斯看到工人和儿童在玩用球向"桃子筐"（当地生产桃子，各户备有桃筐）投准的游戏时，便从中得到启发。1891年12月25日，奈·史密斯博士亲自主持了近代篮球运动史上第一场比赛。

起初，他设计将两只桃篮分别钉在健身房内两端看台的栏杆上，桃篮口保持水平向上，桃篮上沿距地面10英尺（1英尺=0.3048米），游戏者以足球为比赛工具向篮内投掷，入篮即得1分，按得分多少决定胜负。由于此项游戏最初使用的是桃篮和球，因此形象地将其定名为"篮球"。1893年铁质球篮取代了桃篮，并在铁圈下方挂上了线网。1895年篮筐开始固定在4英尺×6英尺的篮板上并逐渐深入场内。但由于每次投篮命中后都需要爬梯子将球从篮筐内捞出太麻烦，直到1913年，人们将篮网底部剪开，形成了近似现代的篮板和球篮。

奈·史密斯于1939年逝世。为了永远怀念这位篮球运动先驱，国际篮联在1950年第1届世界男子篮球锦标赛期间举行的第一次中央局会议上，决定把世界男子篮球锦标赛的金杯命名为"奈·史密斯杯"。

为了纪念他对体育和人类文化作出的巨大贡献，美国于1959年在篮球圣地——春田大学，建造了著名的奈·史密斯篮球纪念馆。

最初的篮球比赛规则十分简易，对上场人数、场地大小、比赛时间均无严格限制，只需双方参赛人数相等即可。比赛正式开始前，双方队员分别站在两端线外，裁判员鸣哨并将球掷向球场中间，双方跑向场内抢球，开始比赛。持球者可以抱着球跑向篮下投篮，首先达到预定分数者为胜。1892年，奈·史密斯制定了第一部13条的原始比赛规则，主要规定是不准持球跑，不准有粗野动作，不准用拳击球，否则即判犯规，目的是使该项运动在公平对等的前提下展开。比赛时间规定为上、下半时，各15分钟，中间休息5分钟。上场比赛人数逐步缩减为每队10人、9人、7人，1893年定为每队上场5人。1915年美国制定了全国统一的篮球竞赛规则，并翻译成多种文字，向全世界发行。1932年，刚诞生的国际篮联以美国大学使用的篮球规则为基础，制定了第一份世界统一的竞赛规则。随着篮球运动的发展，场地设备得到改进和完善，规则也不断地增删和变化，现行规则共有61条和57个手势图。

二、篮球运动的发展

由于篮球运动具有丰富的趣味性、健身价值和教育理念，一经发明，便很快在世界各地得到广泛的传播和推广，自1892年起相继传入加拿大、墨西哥、法国（1893）、中国（1895）、日本和波斯（今天的伊朗）等国，1897年传入东欧地区。篮球运动的发展历程主要分为五个阶段。

（一）初创阶段（1891—1930年前后）

这一时期形成了初级阶段的篮球技术（如单、双手低手传球，双手胸前投篮）和战术（长传快攻、盯人防守）。篮球竞赛规则也在这一时期初步形成。

1895年，美国各大学开始将篮球作为一项竞技运动，并于1898年成立了第一个职业联盟。1904年，在美国圣路易斯举行的第3届奥运会上，美国青年会男子篮球队首次对篮球进行了表演展示。此后，篮球运动逐步在全世界开展起来。1908年美国制定了全国统一的篮球规则，并有几种文字出版，发行于全世界。这样，篮球运动逐渐传遍美洲、欧洲和亚洲，成为世界性运动项目。

（二）推广阶段（1932—1940年前后）

1932年6月18日，国际业余篮球联合会（简称国际篮联）在瑞士日内瓦成立，有瑞士、希腊、阿根廷、意大利、拉脱维亚、葡萄牙、罗马尼亚和捷克斯洛伐克8个成员国。篮球运动进入推广时期，并以美国大学使用的篮球规则为基础，制定了第一本国际篮球比赛规则；国际间的比赛不仅推动了篮球技、战术水平的提高，更使篮球运动向世界更多的国家和地区传播和推广。

在1936年第11届柏林奥运会上，男子篮球被列为正式比赛项目，共有来自北美洲、南美洲、亚洲、欧洲和非洲的21支球队参加了篮球比赛，成为当时柏林奥运会团体比赛项目中参赛队伍最多的一个项目，显示了篮球运动的巨大魅力。毫无疑问，篮球项目能登上奥运会竞技舞台，对于篮球运动的发展具有里程碑式的意义。

（三）普及阶段（1940—1960年前后）

世界篮球运动开始形成以美国队为代表的高度与技巧结合的美洲型打法，以苏联队为代表的高度与力量结合的欧洲型打法和以韩国、中国队为代表的快、灵、准结合的亚洲型打法，篮球运动进入普及、发展与提高的新时期。

由于规则的不断修改，促进了篮球攻防战术的变化运用，提高了攻防的速度。进入50年代，世界各强队普遍重视和发展高度，成为这一时期的显著特点。在1952年第15届奥运会篮球比赛中，出现了身高2米以上的高大队员。他们在高空争夺中占有明显的优势，掌握了比赛的主动权。但那时的高大队员灵活性差，技术单调，篮下死打硬攻，因而战术呆板，使比赛速度受到影响。

针对上述情况，国际篮联对规则进行了修改，扩大限制区，增加了 30 秒（后改为 24 秒）和干扰球规则。

1950 年和 1953 年分别举行了第一届世界男篮和女篮锦标赛，以后每 4 年举行一次，每 2 年举行一次各大洲篮球锦标赛。1948 年起，在许多国家的少年儿童中开始出现小篮球活动，受到国际篮联的重视，于 1968 年成立了"国际小篮球委员会"。1976 年第 21 届蒙特利尔奥运会又增加了女子篮球比赛。

（四）全面提高阶段（1960—1990 年前后）

篮球运动的技、战术朝着高技巧、高速度、高强度、多变化、高比分的方向发展，特别是高空技术的进一步发展，显示出当代篮球运动发展的新趋势、新特点。通过进攻时间、犯规罚则、增加 3 分球等条款促使攻、守平衡，使篮球运动向既重进攻又重防守、既重高度又重速度、既重力量又重技巧的方向发展。

20 世纪 60 年代各国在重视发展高度的同时，加强了高大队员技术和灵活性的训练。有些强队，如巴西队，尽管身高相对矮些，但他们以短跑运动员的速度和娴熟的技术，充分发挥快速、灵活的特长，在 1963 年第四届世界男篮锦标赛上夺取冠军，震动了世界篮坛。60 年代中期，美国迪安·史密斯提出攻守平衡的理论，使世界各国开始重视进攻和防守的均衡发展，特别是防守有了新的发展和突破。防守不再是消极的，在防守的选位上改变了过去"以人为主""以区域为主"的观念，而是"以球为主"，使防守具有集体性、积极性、攻击性和破坏性。

20 世纪 70 年代世界强队的身高增长到惊人的程度，参加第八届世界男篮锦标赛的队员，身高 2 米以上的多达 48 人。苏联队平均身高 2.02 米，南斯拉夫队平均身高 1.99 米，美国队平均身高 1.98 米。这些高大队员既有高度，又有速度，能里能外，技术全面，充分体现了"大个队员小个化"的特点。快攻成为各队进攻中首先采用的锐利武器。高空优势体现在篮下的争夺，篮板球的争抢在篮圈水平面之上，投篮技术中出现了空中换手投篮，各种单、双手扣篮。高超的技巧表现在传球、运球动作熟练，运用自如。投篮命中率高达 50% 以上，比分迅速提高，在第八届世界男篮锦标赛全部 59 场比赛中，有 30 场比赛获胜的一方得分超过 100 分。

（五）攀高阶段（1990年以来）

目前，各种篮球联赛已在世界范围内广泛地开展，有着十分完善的联赛制度和职业化比赛的制度，也培养出了许多著名的球星。篮球运动进入了融竞技化、智谋化、技艺化于一体的新时期，整体内容结构和优秀运动队伍的综合智能、技能、能力结构都发生了质的变化，篮球运动正朝着"高、快、全、准、变"和技战术运用技艺化的方向发展。现在的篮球运动对球员的要求更高，不仅是身高上的要求，更看重球员是否具有全面的身体素质、灵活的技战术水平及良好的心理素质。

篮球运动的变化、进步使人感受到篮球竞赛的球场越来越小、竞赛的时间越来越短、球场变化越来越快、攻守队员身体接触越来越近、比分越来越高以及比赛结果越来越扑朔迷离。

三、篮球文化及大事记

（一）篮球命名的由来

起初，奈·史密斯博士设计将两只桃篮分别钉在健身房内两端看台的栏杆上，桃篮口保持水平向上，桃篮上沿距地面10英尺（1英尺=0.3048米），游戏者以足球为比赛工具向篮内投掷，入篮即得1分，按得分多少决定胜负。人们称这种游戏为"奈·史密斯球"或"筐球"，但由于此项游戏最初使用的是桃篮和球，奈·史密斯与同事们经过很长一段时间的反复商定才形象地将其定名为"篮球"。

（二）美国"梦之队"

"梦之队"是人们对1992年西班牙巴塞罗那奥运会以来的美国篮球队的昵称。由于从这届奥运会起，美国NBA职业联赛派出了代表世界最高水平的职业选手参加奥运会篮球比赛，他们的高超球技使其他队可望而不可即，因而被称为"梦之队"。

以前的奥运会是非商业性质的体育赛事，所以很久以来是禁止NBA这种商业联盟下的职业球队参加的。而从1992年巴塞罗那奥运会开始这种禁忌被打破，美国国家男子篮球队组织了那一届由"飞人"乔丹和"魔术师"约翰逊等人领军的美国队。他们技艺超群，所向无敌，使得那年的男篮变成了一场没有悬念的表演。后来，人们称这支球队为"梦之队"。从那以后美国相继组织

NBA 球员成为美国国家队，又有了"梦二""梦三"之说。

（三）中国女篮的辉煌年代

20世纪80年代至90年代，中国女篮在内线拥有了像郑海霞这样无人匹敌的超级中锋，同时外线投篮准确、打法灵活多变、反击快速有效等特点在世界篮坛独树一帜，中国女篮成为世界冠军最有力的挑战者与争夺者。在花样的年华中，实力的累积为郑海霞带来王者的霸气与自信，多少次关键时刻的挺身而出、力挽狂澜不仅使她成为队中的精神领袖，也让对手深深震慑，中国女篮进入"郑海霞时代"。

1992年，中国女篮出征巴塞罗那奥运会，在这片斗牛士的土地上，中国女篮经过艰苦卓绝的搏杀，历史性地闯入决赛。但在决赛中，中国女篮多次错失良机，负于经验老到的独联体女篮。虽然最终与奥运会金牌失之交臂，但她们还是创造了新的历史，取得了中国女篮在奥运会历史上最好的成绩。

1996年亚特兰大奥运会，由于中国女篮过分依赖郑海霞，全队得分手段单一，在强调集体配合、快速多变的世界强队的凌厉攻势下，中国女篮未能进入前八名，最终含恨而归。一个辉煌的"郑海霞时代"，一个中国女篮最强盛的时期，就这样令人感伤地落下了帷幕。但作为绝对主力的郑海霞，拥有四届奥运会、四届世界锦标赛、四届亚运会和八届亚洲锦标赛的参赛纪录。这样的战绩在集体项目运动员中绝无仅有，郑海霞作为中国女篮乃至世界女篮历史上最优秀的中锋，当之无愧地成为中国女篮那个辉煌时代的标志性人物。

（四）男子篮坛三霸主

自1936年第11届柏林奥运会上男子篮球被列为正式比赛项目，至今已举办过15届篮球比赛，其中美国队共获得11次冠军，成为绝对的篮球霸主。苏联自1952年第15届赫尔辛基奥运会开始参加男子篮球比赛之后，曾两次夺冠，并多次获得亚军和季军，也曾是世界上的超级强队之一。南斯拉夫在1980年第20届奥运会上击败了苏联等强队，夺得冠军。除奥运会的篮球比赛之外，在世界男子锦标赛上，自1963年之后，南斯拉夫和苏联几乎囊括了世锦赛的冠亚军。因此，美国队、苏联队、南斯拉夫队被称为这一时期的"世界篮坛三霸主"。

1. 美国

自1936年第11届柏林奥运会起，美国队就连续获得了7枚奥运金牌。篮球运动本身就起源于美国,从篮球发明以来,美国就广泛地把这项运动在世界范围内推广开来了,同时美国也保持着自身在世界篮坛数一数二的地位。

2. 苏联

在苏联男篮的辉煌时期里,不得不提的一位球员便是亚历山大·戈莫尔斯。他是世界篮球历史上最具传奇色彩的人物,他曾率领苏联男篮夺得8个欧洲冠军以及1964年奥运银牌、1968年和1980年奥运铜牌、1988年奥运金牌,被誉为"苏联篮球之父"。1988年,苏联男篮在戈莫尔斯的指导下以82比76击败美国男篮,终结了美国男篮在奥运会上21连胜的惊人纪录,并将他们第一次挡在奥运会决赛的大门之外。这也是一个令所有苏联人引以为荣的战绩。之后,苏联男篮又在决赛中打败当时盛极一时的南斯拉夫男篮,获得苏联历史上第二枚奥运男篮金牌。

3. 南斯拉夫

在20世纪70年代里,南斯拉夫已经打破了苏联一统天下的局面。再后来的几十年间,南斯拉夫将具有创造性的特征融入到其训练体系中,并打败了苏联和他们的战术体系。在1973年、1975年和1977年的欧洲杯中赢得了金牌并跃居欧洲第一强队。在随后几年的世界杯和欧洲杯中,南斯拉夫又多次获得了金牌,巩固了其在欧洲的地位。

第二节 篮球运动的组织与赛事

一、国际篮球联合会

国际篮球联合会(International Basketball Federation,FIBA)是一个国际性的篮球运动组织,由世界各国的篮球协会组成,总部设于瑞士日内瓦。它负责制定国际篮球球例、制定篮球比赛用的篮球场和篮球规格(例如:篮球筐的高度、篮球场的长阔度、禁区的大小、三分线的距离和比赛用球等)、控制球员的调动、颁发可以在国际篮球比赛执法的球证和举办大型篮球比赛。自1932年成立至今,共有213个会员国家。中国篮球协会于1936年加入国际篮联,1958年退出,1974年恢复在国际篮联的会员资格。

(一)历史

自1989年起开始分为五个地区委员会,专责处理该地区篮球事务,五个地区委员会包括:非洲地区委员会、美洲地区委员会、亚洲地区委员会、欧洲地区委员会和大洋洲地区委员会。国际篮球联合会(FIBA)在1932年于瑞士日内瓦成立,刚好在国际奥委会成立的两年后。

(二)用语

国际篮联的正式工作用语为法语、英语、西班牙语、德语。(英语为主要语言,语言冲突时以英语为标准)

(三)机构

国际篮联的机构有代表大会、中央局及其执委会、秘书处和专门委员会。代表大会是最高权力机构,每4年召开一次,每个协会会员可派两名代表与会。代表大会有权通过和修改章程,批准国际篮联的内部细则和各委员会的条例;选举中央局;通过各种总结报告、文件和财务委员会的预、决算;确定每年的经费分配;授予荣誉称号;审批与其他国际体育组织和奥委会有关的决定,吸收和开除会员或暂时中止其会籍;批准或修改比赛规则以及有关场地、器材的规定。

国际篮联的主要比赛有奥运会篮球赛(包括选拔赛)、世界锦标赛(男、女,每4年一届)、世界男子青年锦标赛(22岁以下)、世界男女少年锦标赛、大洲锦标赛(每两年一届)、国际篮联杯赛和其他重要比赛。

(四)国际篮联组织的重大比赛

世界篮球锦标赛。男篮比赛始于1950年,每4年一次,参加比赛的队数和选拔办法经常变更。如1986年的第10届锦标赛共有24个队参加,1990年的第11届锦标赛只有16个队参加。女篮比赛始于1953年,1967年后定为每4年举行一届,参赛队数为14个。

奥运会篮球比赛。男篮于1936年被列为奥运会正式比赛项目,40年后,即1976年,女篮也被列为奥运会正式比赛项目。此项赛事,随夏季奥运会每4年举行一次,男女参赛队各12个。

世界青年男女篮球锦标赛。男篮始于1979年,女篮始于1955年,均各有14个队参加,每4年举办一次。

二、亚洲篮球联合会

亚洲篮球联合会（FIBA Asia）简称亚洲篮联、亚篮联，是国际篮球总会中的一个区域性组织，1958年在日本东京成立，总部设在主席所在城市。现有会员协会44个。

亚洲篮联的宗旨是：促进、发展和管辖亚洲篮球运动；通过比赛，提高亚洲篮球运动水平，增进亚洲国家人民之间的友好关系。亚洲篮联的最高权力机构是代表大会。代表大会每两年召开1次，一般在奥运会、亚运会以及亚洲男子篮球锦标赛期间召开，每个会员协会有1票表决权。代表大会闭会期间，亚洲篮联的日常工作由执行委员会负责。执委会由主席、执行主席、9名副主席、秘书长、联合秘书长兼司库、2名副秘书长和8名执委组成，经代表大会选举产生，任期4年。

亚洲篮联举办的正式比赛有：①亚洲男子锦标赛；②亚洲女子锦标赛；③亚洲青年男子锦标赛。中国篮球协会是亚洲篮球联合会会员。

三、中国篮球协会

中国篮球协会是中国篮球运动的全国性群众组织，成立于1956年6月（另说1949年），简称"中国篮协"；英文名称为Chinese Basketball Association，缩写为CBA。中国篮球协会是具有独立法人资格的全国性群众体育组织，是由各省、自治区、直辖市篮球协会和各行业篮球协会及解放军相应的运动组织为团体会员组成的全国性、非营利性的联合组织，是中华全国体育总会的团体会员，是中国奥林匹克委员会承认的奥运项目组织，是代表中国参加国际篮球联合会和亚洲篮球联合会的唯一合法组织。它的任务是：在全国大力开展群众性篮球运动；举办全国篮球竞赛和教练员学习班，提高篮球技术水平；加强与国际篮球联合会、亚洲篮球联合会及其所属机构的联系，参加国际篮球竞赛与训练等活动；领导和检查全国篮球竞赛、训练、科研等活动；选拔代表国家的篮球运动员、教练员，评定等级称号；修订全国篮球规则及裁判法；组织全国性的裁判员训练班，主持国家级裁判员的考试工作。

四、奥运会篮球赛

篮球比赛，是历届奥运会主要赛事之一。奥林匹克运动会篮球比赛是国际上水平最高的业余比赛，是检验世界各国篮球实力的主要舞台。1904年，在美国圣路易斯举行的第3届奥运会上，美国青年会男子篮球队首次对篮球进行了表演展示。1936年，在第11届柏林奥运会上，男子篮球终于被列为奥运会的正式比赛项目。而女子篮球，直到1976年的第21届蒙特利尔奥运会上才成为正式的比赛项目。

在第11届柏林奥运会上，共有来自北美洲、南美洲、亚洲、欧洲和非洲的21支球队参加了篮球比赛，成为当时柏林奥运会团体比赛项目中参赛队伍最多的一个项目，显示了篮球运动的巨大魅力。

当然，这届奥运会的篮球比赛的水平还不高，最后的总决赛是在美国队和加拿大队之间进行的，两队的比赛结果是19：8，美国队获得了奥运会首届篮球比赛的冠军。

五、世界篮球锦标赛

世界篮球锦标赛是国际篮球联合会举办的国际性的篮球赛事，男子从1950年开始，女子从1953年开始，男、女比赛分别举行。历届比赛某些情况下间隔时间不同，一般是4年一届。从1986年起，男子和女子比赛都在同一年进行，也都按照4年一届的时间举行。

历届的参加办法不完全相同。2010年男篮世锦赛有24支球队参加，奥运冠军和东道主直接获得参赛名额，然后通过资格赛，欧洲产生6支球队，美洲产生4支球队，亚洲和非洲分别产生3支球队，大洋洲产生2支球队，最后再由国际篮联发的外卡中产生最后4支参加球队。

六、亚洲篮球锦标赛

亚洲篮球锦标赛（之前称为亚洲篮球联盟锦标赛）由亚洲篮球总会主办，是亚洲地区最高水平的篮球比赛，也是世锦赛亚洲球队席位的争夺战，每两年举办一次。中国男篮是该锦标赛冠军的主要获得者，1975年参赛以来在参加的19届锦标赛中15次获得冠军，也是现任的卫冕冠军。

七、亚运会篮球赛

亚洲运动会（Asian Games）简称亚运会，是亚洲地区规模最大的综合性运动会，每四年举办一届，与奥林匹克运动会相间举行。最初由亚洲运动会联合会主办，1982年后由亚洲奥林匹克理事会（Olympic Council of Asia）主办。篮球是亚运会的主要项目，其中中国、韩国、菲律宾为亚洲传统强队。

八、美国职业篮球联赛

美国职业篮球联赛全称为National Basketball Association，简称NBA，是美国第一大职业篮球赛事，其中产生了迈克尔·乔丹、魔术师约翰逊、科比·布莱恩特、勒布朗·詹姆斯等世界巨星。该协会一共拥有30支球队，分属两个联盟：东部联盟和西部联盟；而每个联盟各由3个赛区组成，每个赛区有5支球队。30支球队当中有29支位于本土，另外一支来自加拿大的多伦多。

NBA正式赛季于每年11月的第一个星期的星期二开始，分为常规赛和季后赛两部分。常规赛为循环赛制，每支球队都要完成82场比赛。常规赛到次年的4月结束，东西部联盟的前八名，包括各个赛区的冠军，将有资格进入接下来进行的季后赛。季后赛采用七战四胜赛制，共分四轮；季后赛的最后一轮也称为总决赛，由两个联盟的冠军争夺NBA的最高荣誉——总冠军。其中季后赛前三轮的赛程是采用2-2-1-1-1赛制，总决赛是采用2-3-2赛制。（其中就是常规赛战绩好的球队有主场优势）

今天被人熟知的NBA成立于1946年6月6日，成立时叫BAA，即全美篮球协会，是由11家冰球馆和体育馆的老板为了让体育馆在NHL（National Hockey League，国家冰球联盟）比赛以外的时间不至于闲置而共同发起成立的。因NHL为NBA最初的发展提供了一块创业场地，所以NBA也被称为"NHL的小弟弟"。1949年改名为国家篮球协会（NBA）并沿用到现在。协会总部位于纽约第五大道645号的奥林匹克塔大厦，现任总裁为大卫·斯特恩。NBA同时也是北美四大职业体育联盟之一，但是却排在NFL（National Football League，美式橄榄球联盟）和MLB（Major League Baseball，美国职业棒球大联盟）之后位列第三位。

NBA标志是由一位纽约平面设计师阿兰·西格尔设计的，并在1969年首次出现在 NBA 官方的宣传资料上。不过 NBA 官方没有正式公布过标志的设计者。标志的图案是一名侧身控球的篮球员的剪影；整个标志由红、白、蓝三种颜色构成，这与 MLB 的配色一样，西格尔解释说是为了"在两个联盟的标志之间营造一种视觉和谐"。

比赛规则

球场规格

NBA 的球场尺寸是长 94 英尺（28.65 米），宽 50 英尺（15.24 米）。篮筐高度 3.05 米。球场的丈量是从界线的内沿量起，线宽为 2 英寸（5.08 厘米）。球场两端标有长方形的罚球区，长 19 英尺（5.79 米），宽 16 英尺（4.88 米）。球场两端标有 3 分投篮线，划法是：从底线引出两条平行于边线的线（14 英尺），各距边线 3 英尺（0.91 米），与以球篮中心点为圆心，以 23 英尺 9 英寸（7.24 米）为半径的圆弧相交。WNBA（Women's National, Basketball Association，国家女子篮球联盟）的圆弧半径为 19 英尺 9 英寸（6.02 米）。圆圈的半径是 6 英尺（1.83 米）。中圈内圆圈的半径是 2 英尺（0.61 米），一条中线横贯其中。另有 4 条垂直于边线、宽 2 英寸（5.08 厘米）的标志线，各距底线 28 英尺（8.53 米）向场内延伸 3 英尺（0.91 米）。（位置区域和中立区域以及一些短标志线略）

比赛时间

每场比赛分两个半时共 4 节，每节 12 分钟。加时赛为 5 分钟。在第一节和第二节、第三节和第四节之间休息 130 秒。两半场之间休息 15 分钟。在第 4 节和加时赛之间及任何加时赛之间休息 100 秒。在第一节、第二节和第三节的最后一分钟期间，投篮成功后应停止比赛计时钟。在第四节和加时赛的最后两分钟期间，投篮成功后应停止比赛计时钟。

球队

比赛时，每队由 5 名队员组成，场上队员不得少于 5 名。如果队员第六次侵人犯规，而且该队已无有资格的替补队员，该队员应留在场上，并应登记一次侵人犯规和全队犯规；还要判罚该队一次技术犯规。所有后来发生的侵人犯规（包括进攻犯规），应照此处理。如果只有 5 名合格的队员，其中一名队员受伤必须离场或被驱逐，他应由最后一名因 6 次侵人犯规而被取消比赛资格的队员来替换。每一次需要替换受伤或被驱逐的队员时，均应照此倒转的顺序处理。任一被取消比赛资格的队员再进入比赛，应判罚一次技术犯规。

赛事类型

全明星赛

NBA 全明星（All Star Weekend）赛始于 1951 年 3 月 2 日，是美国仅次于 NFL 全明星赛和 MLB 全明星赛的赛事，每年举行一次。该项比赛由观众和教练选举出的 24 名职业篮球运动员（东部联盟、西部联盟各 12 名，其中 5 名先发球员由球迷投票决定，7 名全明星标志替补由当选该全明星队主教练选出），组成东部、西部进行对抗。因此，该项赛事开办以来，吸引了世界广大球迷观赏。至 2011 年，共举办了 60 届全明星赛，其中东部队取胜 35 次。（其中中国球员姚明曾在 2005、2006 年连续两次获得全明星赛选票票王，并且创造了 NBA 全明星投票史上的第一高票数，即 2005 年的 2 558 728 票）

NBA 季后赛

NBA 季后赛（NBA Playoffs）与 NFL、MLB、NHL、MLS（Major League Soccer, 美国职业足球大联盟）、CFL（City Football League, 城市足球联赛）季后赛相似，在每年 4 月下旬开始，东西部各有八支球队获得季后赛资格。东西两个联盟中各个赛区的冠军加上成绩最好的赛区第二名组成前四号种子，这四支球队再按照常规赛的成绩依次排为一到四号种子。剩余四支球队则按成绩依次排为五到八号种子。

季后赛采用七场四胜制，除总决赛外，都采用 2-2-1-1-1 的主场分配方法，拥有四个主场的一方将会在第一、二、五（如果需要）、六（如果需要）场比赛坐镇主场，第三、四、六（如果需要）场则是征战客场。对阵双方的主场优势并非由种子排位的高低来决定，而是由双方在常规赛的成绩（胜率）来决定。因此，如果一个赛区冠军作为四号甚至三号种子，但是常规赛胜率在联盟中却排在五名之后，那么在首轮对阵五号种子或者六号种子的时候将有可能没有主场优势（比较双方成绩）。

经过三轮的淘汰赛，获得东西部冠军的两支球队将进入最后的总决赛。总决赛（NBA Finals）一般在每年的 6 月进行，采用七场四胜 2-3-2 的赛制，双方成绩较佳者将获得第一、二、六（如果需要）、七（如果需要）场的主场权利，作为补偿，成绩较差者将获得第三、四、五（如果需要）连续三个主场的权利。系列赛由一方先赢得四场比赛就结束，获胜的球队将获得NBA联赛冠军。

总决赛MVP

与NFL、MLB、NHL、MLS、CFL相同，NBA联赛亦颁发联赛冠军奖杯。NBA联赛冠军奖杯被称为奥布莱恩杯，总决赛MVP奖杯称为比尔·拉塞尔杯。

1969——杰里·韦斯特，洛杉矶湖人

1970——威利斯·里德，纽约尼克斯

1971——卡里姆·阿卜杜勒·贾巴尔，密尔沃基雄鹿

1972——沃尔特·张伯伦，洛杉矶湖人

1973——威利斯·里德，纽约尼克斯

1974——约翰·哈维奇克，波士顿凯尔特人

1975——里克·巴里，金州勇士

1976——优优·怀特，波士顿凯尔特人

1977——比尔·沃顿，波特兰开拓者

1978——韦斯·昂赛德，华盛顿子弹

1979——丹尼斯·约翰逊，西雅图超音速

1980——魔术师约翰逊，洛杉矶湖人

1981——塞德里克·麦克斯维尔，波士顿凯尔特人

1982——魔术师约翰逊，洛杉矶湖人

1983——摩西·马龙，费城76人

1984——拉里·伯德，波士顿凯尔特人

1985——卡里姆·阿卜杜勒·贾巴尔，洛杉矶湖人

1986——拉里·伯德，波士顿凯尔特人

1987——魔术师约翰逊，洛杉矶湖人

1988——詹姆斯·沃西，洛杉矶湖人

1989——乔·杜马斯，底特律活塞

1990——伊塞亚·托马斯，底特律活塞

1991——迈克尔·乔丹，芝加哥公牛

1992——迈克尔·乔丹，芝加哥公牛
1993——迈克尔·乔丹，芝加哥公牛
1994——黑肯·奥拉朱旺，休斯敦火箭
1995——黑肯·奥拉朱旺，休斯敦火箭
1996——迈克尔·乔丹，芝加哥公牛
1997——迈克尔·乔丹，芝加哥公牛
1998——迈克尔·乔丹，芝加哥公牛
1999——蒂姆·邓肯，圣安东尼奥马刺
2000——沙奎尔·奥尼尔，洛杉矶湖人
2001——沙奎尔·奥尼尔，洛杉矶湖人
2002——沙奎尔·奥尼尔，洛杉矶湖人
2003——蒂姆·邓肯，圣安东尼奥马刺
2004——昌西·比卢普斯，底特律活塞
2005——蒂姆·邓肯，圣安东尼奥马刺
2006——德怀恩·韦德，迈阿密热火
2007——托尼·帕克，圣安东尼奥马刺
2008——保罗·皮尔斯，波士顿凯尔特人
2009——科比·布莱恩特，洛杉矶湖人
2010——科比·布莱恩特，洛杉矶湖人
2011——德克·诺维茨基，达拉斯小牛

选秀方式

与 NFL、MLB、NHL、MLS、CFL 相同，NBA 每年也进行选秀，于每年的 6 月底在纽约的麦迪逊花园广场举行。参加选秀的球员必须年满 19 岁，美国本土球员还必须满足高中毕业至少一年的要求。2002 年 NBA 选秀状元姚明。理论上所有球队每年都会分得两个选秀权，但实际上由于选秀权可以用来交换，往往会造成有些球队在某年选秀大会上成为看客。

选秀大会分两轮，每轮 30 个顺位。第二轮（31～60 顺位）是直接按照球队在常规赛的成绩的倒序来排列的。第一轮后十六个顺位（15～30）是进入季后赛的十六支球队按照常规赛的成绩的倒序来排定；1～14 顺位则属于未能进入季后赛的十四支球队，不过并非是直接按照常规赛成绩来排列，而

是先通过抽签决定了前三个顺位的归属，然后再按成绩顺序排定 4 ～ 14 顺位。也就是说，没有进入季后赛的十四支球队都有机会获得前三号选秀权，只是成绩较差的球队比较好者赢取的概率大。根据规则，常规赛成绩最差的球队将有 25% 的概率获得头号选秀权，成绩倒数第二的球队有 19.9% 的概率，而十四队中成绩最好的球队获取的概率仅有 0.5%。前三号的选秀权的抽签通常在每年的 5 月进行。

球队在选中新秀之后可以选择和他签约，亦可以放弃或者直接交换出去。如果新秀遭到放弃，他将成为自由球员（非受限制），如果是交易的话还没获得合同的新秀与选秀权一样是薪金价值为零的。球队与新秀签约后，60 天内不能把他交易出去。如果新秀不愿意与选中他的球队签约，而球队又不同意交易或放弃他的话，该新秀在一年内将不能和其他 NBA 球队签约，挑选他的球队保留有一年的签约权；该新秀还可以参加下一年的选秀。

九、欧洲篮球锦标赛

欧洲篮球锦标赛（FIBA European Basketball Championship），又称篮球欧锦赛，是由欧洲篮协主办的国家队之间每两年一次的锦标赛。自 1935 年起举办，第四届在 1946 年举办，1947 年起改作逢奇数年举办。

十、中国男子篮球职业联赛（CBA）

中国男子篮球职业联赛是由中国篮球协会所主办的跨年度主客场制篮球联赛，为中国最高等级的篮球比赛，英语是 China Basketball Association（中国篮球协会），简写是 CBA，中文媒体上也多用 CBA 来称呼这些联赛。但在 2010 年国家广电总局下达了隐蔽英文缩写单词的文件，因此现在电视媒体主要将其简称为"中国男子职篮"或"中国男子职篮联赛"。

联赛自每年的 12 月开始至次年的 4 月左右结束，比美国的 NBA 赛程稍短。2001 年曾吸收了台湾的新浪狮队，2002 年香港的香港飞龙队也曾参加联赛，2006 年联赛的队伍扩充到了 16 支，是有史以来参赛队伍最多的一届。联赛 2005 年从中国篮球甲级联赛正式更名为现在的中国男子篮球职业联赛，联赛的规模、管理、运作和受关注程度都堪称是中国最好、最规范的职业联赛，同时也是亚洲地区水平最高的篮球联赛。

第三节 欣赏高水平的篮球比赛

观看激烈的篮球比赛是一种享受，其中乐趣无穷。篮球是一种极具魅力的运动，若想从中体会到更深层次的乐趣，享受更为赏心悦目的比赛，就要在观赏时有一定的侧重。在例如奥运会这种高水平的篮球比赛中，球星的作用是很重要的，观众要特别注意著名球员的举动，要善于发现主力队员的技术特点，以及他们在球队中是如何发挥领袖作用的。对于全队整体配合的观赏也同样重要，比赛中，观众要细心观看对抗双方是如何快速组织进攻和进行防守的，要分辨场上攻守双方所采用的战术形式，是联防、盯人，还是混合防守。将比赛整体局势和各个细节都观察到位，才能够分清攻守双方的打法特点，分析出比赛的整体状况。

在场上出现拉锯战时，要用自己掌握的知识对形势的发展和结果进行客观地分析和预测。结果出来后，再与自己当时分析和预测相对应，不断提高自己的欣赏水平。

在欣赏篮球比赛时，一定的篮球规则和技战术知识储备是必要的。在观看比赛初期，应注意队员的犯规或违例的动作，再看裁判的判决，一段时间后，对于作为旁观者的观众来说，能够对复杂的篮球判罚规则有清楚的认识，一般犯规和违例都会做出正确判断。这样对裁判的水平也会打出一个客观的分数。

此外，还要善于发现教练的作用，看其战略的部署、应变的能力，暂停、换人是否得当和及时。这中间学问很深，观众要有一定水平才能观察到。

有人把观看篮球比赛称为是一种艺术欣赏。运动员们的精湛球技、优美的动作，使人们陶醉，而他们顽强的拼搏精神，更是值得我们学习借鉴。

在观看一场精彩的篮球比赛时，应在以下几个方面做好功课：

一、要了解双方实力水平

欣赏、观看比赛的完整过程为：一，收看比赛实况转播前的准备；二，现场观看或观看实况转播；三，对比赛的探讨和回味；四，观看赛后的相关报道和评论；五，再看比赛重播或录像加深对比赛的印象和理解。通过这一过程，观众可以比较全面彻底地了解一场比赛本身及其相关情况，这样有助于在欣赏比赛时既有对背景全局的把握，又有对赛场细节的关注；既可以了解一场比赛对整体的意义，又可以在运动员的拼搏中体会到体育运动所带来的巨大振奋。

了解双方实力水平是更好地观看篮球比赛的前提条件，通常是在欣赏比赛完整过程的第一、二步中进行，初看比赛阶段也可在第三步之后进行补充了解。

长期关注篮球运动及各项重要赛事的观众，已经对各支球队的实力水平、打法特点有了较为深层的了解，在比赛前、比赛中可以随着比赛的进程，对双方比赛的结果做预测，这样也能够增加比赛的悬念。如果是对球队情况了解不多的观众，可以在平时通过对近期报纸、杂志的研读，对多支球队的实力水平有一个基本的了解，在其中两支队伍将要进行比赛前，可作出一个初始判断，观看时结合现场专家的评论及赛后的媒体评论不断加深自己对篮球运动及各队情况的理解，以便在以后的比赛中提高自身水平。

二、要了解双方主力队员的技术特点及整支球队的战术配合情况

（一）看主力队员的技术

既要看运动员优美的动作，也要看他们运用技术的时机和巧妙之处；既要欣赏运动员精湛的球艺，也要体察他们在球场上的灵感和智慧。有的球员擅长中投、上篮，有的球员擅长盖帽、扣篮、抢篮板，观众要对这些基本的技术打法有基本的认识，提高观看比赛的兴趣。

（二）看球队的战术配合

既要看球队的战术形式，进攻方的战术配合主要有传切配合、长传快攻、进攻半场人盯人防守等，防守方的战术配合则有防守快攻、半场人盯人防守等，同时还要看战术运用的时机、合理性与针对性。既要看战术配合的效果，更应该注意观察队员间的默契和教练员的胆识。

（三）看球员及球队整体的球风

既要欣赏运动员高超的技艺，也要感受他们的球风和内在品质。既要领略球星们的风采，也要体察球队的集体风格。

（四）看比赛的输赢

比赛的胜负是最牵动观众心弦的，因此要想预知谁的胜算更大些，则可以

从各支队以往比赛战绩、目前竞技状态、最近取得的成绩、比赛主客场的情况等角度去了解考虑,从而判断出双方胜算的大小。在判断比赛胜负的时候,还要结合各队水平的发挥情况,既要看两队间斗智斗勇的较量,更应该把成败得失当成一种生活体验。

三、要了解双方的阵容安排

篮球的阵容安排,在 NBA 比赛里主要都是双前锋、双后卫、单中锋,中锋负责篮板和篮下进攻,前锋负责帮助中锋控制篮板和篮下进攻,双后卫一般是一个组织后卫、一个得分后卫,组织后卫主要负责控球,得分后卫负责接应并寻找空当,对防守球队进行致命一击。

如果没有合理的阵容安排及全队默契的配合,单个球员的技术水平再高对于球队取胜也是无济于事的。所以,阵容安排是一支球队能否取胜的核心问题。

四、要了解观赛礼仪

如果是在现场观看比赛,观众在观赛礼仪方面,具体应注意以下几点:

①观众进出场地要有序,一般要提前到达场地,这是对运动员、教练员和裁判员最起码的尊重。玻璃瓶、易拉罐饮料不允许带进赛场,只能带软包装饮料进入球场,但垃圾要用方便袋或者纸袋自行带出。观众最好在比赛的节与节之间或者上、下半时结束后如厕或者买饮料。观看比赛时请不要坐在通道的台阶上。

②观众的衣着要整洁、大方,不能太随便。进入体育馆后,不要吸烟。在比赛中,不要随意走动。手机要关机或设置在振动、静音状态。不能随意使用闪光灯,尤其在队员执行罚球时。

③在比赛入场仪式上,当现场主持在逐一介绍双方比赛队员时,观众要为每一位球员鼓掌。在升参赛国国旗、奏参赛国国歌时,观众应该起立行注目礼。比赛结束后,还可能会进行颁奖仪式,观众应等场内所有仪式全部结束后再离场。

④比赛中,东道国的球队占尽天时、地利、人和,要注意在为己方球队加油助威时,不要使用带有侵犯对方球队的语言。要为双方的精彩表演鼓掌,不

要利用嘘声影响比赛、打压对手。不要冲着啦啦队队员指手画脚，也不要使用带有挑衅性的肢体语言。要想增加刺激性，最佳方法莫过于去做某一队的忠实球迷，例如国家队的球迷。这样的球迷会为他支持的球队进的每一个球而叫好，即使是一次很普通的进攻。但要注意，倾向性不能取代文明举止。

⑤良好的互动是篮球场上必不可少的，它可以激起运动员的热情，使其更好地投入比赛。观赛过程中，可以随现场DJ、体育馆内强烈节奏的背景音乐（如Deffense、Offense）为双方的运动员加油呐喊。

⑥爱护场内公共设施。

欣赏篮球比赛的激烈对抗，欣赏它通过运动所表现的竞争，包括球员之间的敌视。总之，欣赏篮球比赛既是娱乐休闲和享受生活，也是陶冶情操和感悟人生。

第四节　篮球运动的明星介绍

三、国内男篮

（一）姚明（Yao Ming）

出生日期：1980年9月12日

身高：7英尺6英寸（2.29米）

体重：140.6kg

姚明，生于上海，美国NBA巨星，也是中国篮球史上一个里程碑式的人物。他已成为沟通东西方文化的重要桥梁，其意义和价值已经超越了篮球运动，超越了国界。曾效力于上海大鲨鱼篮球俱乐部、中国国家篮球队、NBA的休斯敦火箭队。原中国男篮主力中锋。2002年以状元秀身份被NBA的休斯敦火箭队选中。03~08连续六个赛季入选NBA西部全明星阵容（07赛季因伤成看客，09~10赛季因伤缺席了整个赛季，10~11赛季只打了几场比赛再次因伤缺席剩余比赛，2011年7月20日宣布退役）。2009年7月成为上海大鲨鱼俱乐部老板，成为中国第一位拥有球员和老板双重身份的篮球运动员。2011年7月20日，正式宣布退役。

姚明于14岁进入上海青年队；17岁入选国家青年队；18岁穿上了中国队服。

姚明的表现在18岁入选中国国家篮球队之后进一步成熟起来。在2001年的亚洲篮球锦标赛上，姚明每场贡献13.4分及10.1个篮板和2.8次盖帽，投篮命中率高达72.4%，帮助中国国家队夺得冠军；2000年奥运会期间，姚明平均每场拿下10.5分和球队最高的6个篮板及2.2次盖帽，他平均每场63.9%的投篮命中率也无人能比。

在美国当地时间2002年6月26日的选秀大会上，休斯敦火箭队顺利挑到了中国的中锋姚明，他也成为联盟历史上第一个在首轮第一位被选中的外国球员。

被选中的中国小巨人也成为联盟历史上最高而且是第二重的状元秀。在姚明加盟休斯敦火箭队之后，他成为继王治郅和巴特尔之后第三位登陆NBA的中国球员。

（二）王治郅（Wang Zhizhi）

出生日期：1977年7月8日

身高：2.14米

体重：125kg

王治郅，中锋/前锋。现役球队：中国国家队、八一双鹿火箭队。曾效力球队：中国国家队、八一双鹿火箭队、达拉斯小牛队、洛杉矶快船队、迈阿密热火队。是上世纪末本世纪初当之无愧的中国篮球第一人，被选为中国篮坛50杰出人物和中国申办奥运特使。1999年NBA选秀第二轮被小牛选中，两年后成为中国第一位参加NBA赛事的球员。作为加盟NBA的第一人，王治郅这位中国篮坛当年的追风少年曾被美国球探誉为"世界范围内五十年一遇的天才"，早在1996年亚特兰大奥运会上他就已经进入了小牛队球探的视野。"大鲨鱼"奥尼尔曾说："我最喜欢的中国球员永远是王治郅。"

王治郅的球性、意识、反应、速度俱佳，能强攻，中投、上篮、盖帽、扣篮、篮板等也是他的长项。

个人纪录

1995年、1996年、1997年、1998年连续获得CBA联赛"盖帽王"

1996年、1997年、1998年连续获得CBA联赛"扣篮王"

1996年为第一名入选世界青年明星队的中国籍球员

1996年亚洲青年篮球锦标赛冠军及MVP

1999年国家队、全明星队球员

1998—1999年赛季"最佳防守球员"、八一火箭队"六连冠"主力中锋

1998年中国获得亚运会冠军的主力中锋

1999年中国获得亚洲篮球锦标赛冠军的主力中锋

1999年篮球史上第一位被NBA正式选中的亚洲籍球员

1999年NBA选秀第2轮第7位

2000年入选亚篮协评选的亚洲明星队第一中锋

（三）巴特尔（Bateer）

出生日期：1975年11月20日

身高：2.11米

体重：132kg

蒙克·巴特尔，中国篮球运动员，内蒙古人，蒙古族。巴特尔作为第二位加盟NBA的中国篮球运动员，于2001年与丹佛掘金签约，成为第一个在NBA首发的中国球员。之后效力圣安东尼奥马刺，随队获得年度NBA总冠军，成为第一个获得该项荣誉的中国球员。后又效力于多伦多猛龙、奥兰多魔术、纽约尼克斯及NBDL亨特维尔飞行队，于NBDL效力合同期满后返回中国CBA联赛北京首钢篮球俱乐部打球。和姚明、王治郅合称中国的三大中锋。

特点：身体强壮，作风硬朗，防守出色，篮板球和盖帽突出。

比赛成绩

1992年10月，以主力中锋的身份参加了在北京举行的亚洲青年篮球锦标赛并夺冠

1993年10月，亚洲男篮锦标赛冠军

1994年，世界男子篮球锦标赛第八名

1996年亚特兰大奥运会篮球比赛第八名

1996年全国男子篮球甲级俱乐部联赛第三名

1997年全国男子篮球甲级联赛第九名

1997年10月，上海第八届全运会篮球赛第五名

1998年全国男篮甲A联赛第四名，并获联赛"篮板王"称号

1998年12月，泰国曼谷第十三届亚运会篮球比赛冠军

1999年全国男子篮球甲A联赛第七名

1999年8至9月，日本亚洲男子篮球锦标赛冠军

2000年2月全国男篮甲A联赛第五名

2003年获美国男子篮球职业联赛总决赛冠军

2004年雅典奥运会男篮比赛第八名

2009年、2010年、2011年巴特尔率领新疆广汇队3次夺得中国男子篮球职业联赛亚军，这是该球队历史上最好的成绩

个人荣誉

2001年4月入选全国男篮甲A联赛全明星阵容

2003年6月获美国男子篮球职业联赛总冠军

2009年获得中国男子篮球职业联赛"常规赛最具价值球员"称号

2009年获得中国男子篮球职业联赛"夏季联赛最有价值球员"称号

2009年获得中国男子篮球职业联赛夏季联赛冠军

2010年获得中国男子篮球职业联赛"常规赛最有价值球员"称号

2010年凭借电影《十月围城》提名第三十届大众电影百花奖最佳新人奖

2010—2011中国男子篮球职业联赛常规赛最有价值球员（MVP）

（四）易建联（Yi Jianlian）

出生日期：1987年10月27日

身高：7英尺0英寸（2.13米）

体重：116公斤

易建联，生于中国广东省鹤山市，中国男子篮球队队员，中国职业篮球运动员，可司职小前锋、大前锋及中锋。2002年，15岁的易建联进入CBA，效力于广东宏远队。2004年入选中国国家男子篮球队，2005年成为CBA史上最年轻的MVP。2007年NBA选秀中易建联以第六名的成绩被密尔沃基雄鹿队选中，2008年转会至新泽西网队，2010年6月30日转会至华盛顿奇才队。2011年10月8日，易建联重回CBA为广东效力。2012年1月，易建联签约NBA达拉斯小牛队。他技术全面、动作协调、灵活多变。

技术分析

综合

机动型内线球员，身体条件出色，具备大个球员中不多见的运动能力和投

射手感，中国男篮新生代领军人物。优点：优秀的身体素质与爆发力，宽广的攻击范围，同时具备良好的篮板球和协防能力。缺点：内线取分以及能力不足，跳投手感不稳定，一对一防守能力较差，易受伤。

进攻

较为典型的亚欧内线打法，以空切与中远距离跳投为主，辅以背身单打与篮下强攻。射程远达三分线外，10~15英尺的两翼45°跳投较准，具备一定背身脚步。由于对抗能力不足加上伤病影响，易建联在背打时常常不下到低位，而是在8英尺左右偏翼侧的距离硬吃数回合后选择转身跳投结束进攻，加上他的中远投不稳定，导致命中率（在内线球员中）较低。有一定空切和造犯规能力，是中国本土球员中少有的喜爱扣篮的球员，罚球不错。进攻欲望一般，卡位和无球跑动需要提高。

防守

继承了国际内线球员普遍在防守端"消失"的通病，一对一防守能力离NBA级别尚有相当差距。贴身防守脚步不够熟练，不易控制犯规，虽然身高、臂展和弹跳都很出色，但易建联的盖帽能力并不强。此外他的力量和对抗能力也不足以应付多数NBA内线。从本赛季的表现看来，易建联的协防意识和篮板球能力还基本属于NBA首发内线水平，不过身在"超级鱼腩"网队，这一优势并不突出。

身体素质

作为7尺长人，易建联的身体素质可谓出众，跑跳能力和弹速放在黑人中也属上乘，加上长手臂和极低的脂肪含量，完全是一副有望成长为superstar的身材。可惜，内线球员中较为单薄（进入NBA的前两年尤甚）的身体使得他在对抗中十分吃亏，无力发挥自身优势的同时还成为防守漏洞，伤病也频繁地困扰着他。

位置与其他

作为有三分射程且运动能力出色的大个子，3~5号位都可以胜任，平常打得最多的是大前锋，进攻端担当洛佩斯外的内线又一攻击点和中投手，防守端负责协防与保护篮板球。球场意识尚不够NBA主力级别，策应能力以及与队友的化学反应也不好（仔细观看易建联的比赛可以发现，很多时候他处在擅长的进攻位置却得不到队友的传球，相反常常在防守方干扰明显的情况下接球勉强出手,这也是他命中率低下的原因)。总体上看,易建联作为 NBA 角色球员已经合格,但这显然不是他这位选秀顺位球员的目标。

未来前景

作为姚明之后又一位入选 NBA 乐透区的年轻球员,易建联身上承载着广大中国球迷的希望,他也一直在努力着,但与选秀身份不合的低迷表现加上伤病的困扰、球队糟糕的战绩以及众多极端"易黑"的侮辱诋毁,严重地摧残着他的信心。让我们衷心地祝愿他能进一步苦练自己的投射和对抗能力,在 NBA,早日拾回自己年少成名的自信。未来模板:安德烈·巴格纳尼。

篮球履历

2003 年是易建联在 CBA 联赛的处子秀,随队获得联赛亚军,并获得 CBA 联赛的最佳新人。2004 年,身高已达 2.12 米的易建联开始在广东宏远队成为主力,在第九周两场比赛中平均每场得 24.5 分、13.5 个篮板、3 次助攻、2.5 次抢断,成为第九周 MVP。

2004 年入选国家队,并随队获得奥运会第 8 名的成绩。

2006 年获得 CBA 联赛的总决赛 MVP,以 19 岁的年龄成为 CBA 历史上最年轻的总决赛 MVP,并获得新增设的"年度星锐奖"。

2007 年 6 月 29 日参加 NBA 选秀,身高达到 2.13 米的阿联以第六名被密尔沃基雄鹿队选中。2007 年 12 月 26 日,易建联在 NBA 东部新秀的排名上升至第一位。

2008 年 8 月参加北京奥运会帮助中国男篮取得奥运会男子篮球第八名的成绩。

2010 年 4 月 10 日,新泽西篮网主场迎战芝加哥公牛队,易建联收获 NBA 生涯两座里程碑——篮板总数超过 1000 个,抢断总数突破 100 次。

2010 年 12 月 6 日,易建联投中个人 NBA 第 71 个三分球,一举超越王治郅的 70 个,成为在 NBA 投中三分球最多的中国球员。

(五)李楠(Li Nan)

出生日期:1974 年 9 月 25 日

身高:1.98 米

体重:100kg

现为八一体工大队男篮二队主教练、国家队助理教练,司职前锋。

辉煌战绩

1995—1996赛季CBA联赛总冠军

1996年美国亚特兰大奥运会第八名

1996—1997赛季CBA联赛总冠军

1997年男篮亚锦赛第三名

1997—1998赛季CBA联赛总冠军

1998年泰国亚运会冠军

1999年男篮亚锦赛冠军

1999—2000赛季CBA联赛总冠军

2000年悉尼奥运会第十名

2000—2001赛季CBA联赛总冠军

2001年男篮亚锦赛冠军

2001—2002赛季CBA联赛亚军

2002年釜山亚运会男篮亚军

2003年男篮亚锦赛冠军

2003—2004赛季CBA联赛亚军

2004年雅典奥运会8强

2005年男篮亚锦赛冠军

2005—2006赛季CBA联赛亚军

2006年多哈亚运会男篮冠军

2006—2007赛季CBA联赛总冠军

2007年10月30日,"小李飞刀"李楠迎来职业生涯的难忘时刻。李楠本场并没有交出一份优秀的成绩单,他在19分钟内仅投中一个三分球,但正是凭借这个三分球,李楠在联赛中的三分球总数达到1000个,成为CBA历史第一人。

2008年北京奥运会8强

(六)孙悦(Sun Yue)

出生日期:1985年12月6日

身高:2.06米

体重:98kg

作为组织后卫，孙悦的身高放在 NBA 也具备一定的优势，身材高大，控球能力中上，球场视野非常不错。孙悦善于组织发动快攻，在场上能找到空位中的队友，并准确将球传到位，他的篮球视野以及传球的准确，能让他送出很多精彩的妙传。在个人进攻上，孙悦也非常具有侵略性，他的突破犀利，攻击篮筐的能力与意识都不错，再配上他稳定的中投，能给防守他的队员造成很大的麻烦。

防守方面，孙悦也证明了他的价值，由于他的身高优势，这让他可以防守中锋以外的 4 个位置，而且移动也非常不错。孙悦的弹跳与身高相结合，让他成为了出色盖帽手，出色的防守能力让他在防守中表现得越来越出色。

作为一名后卫，孙悦的身高优势非常明显；同时，他的传球技术也十分突出。这也是他吸引 NBA 球探的主要原因。他有远至三分线的射程，能够通过一系列的变向晃开防守球员。同时，由于身形上的优势，他还可以给对方造成错位防守上的麻烦。

（七）朱芳雨（Zhu Fangyu）

出生日期：1983 年 1 月 5 日

身高：2.01 米

体重：100kg

朱芳雨，现役国家队队员，弹跳力特别好，摸高可达 3.58 米，基本功扎实，动作灵活，打球用脑，善于篮下强对抗是其特点，尤其是远投结合冲抢篮板二次进攻常常令对手防不胜防；三分球更是他的拿手好戏；同时，心理素质好，自信心强，敢打敢拼的顽强作风，也是他的长处。广东宏远队的核心，中国男篮主力，广东宏远队队长。

辉煌战绩

2000 年亚洲青年锦标赛第三名

2001 年世界大学生运动会亚军

2002 年世界锦标赛第十二名

2003 年亚洲锦标赛冠军

2003 年 CBA 亚军

2004 年 CBA 冠军

2004 年雅典奥运会第八名

2005 年 CBA 冠军

2004/2005 赛季总决赛 MVP

2006 年 CBA 冠军

2007 年 CBA 亚军

2008 年 CBA 冠军

2008 年北京奥运会第八名

2007/2008 赛季 CBA 联赛常规赛和总决赛的双料 MVP

2008/2009 赛季 CBA 冠军　总决赛 MVP

2009 年亚洲锦标赛亚军

2009 年第十一届全运会金牌（决赛朱芳雨砍下全队 81 分中的 43 分）

2009/2010 赛季 CBA 冠军

2009/2010 赛季获得总决赛 MVP

2009 年朱芳雨获得了广东省劳动模范称号，并获评五四青年奖章。一年之后，他又将劳模称号晋升为全国级的，在人民大会堂被授予全国劳模称号。

2010/2011 赛季 CBA 冠军

2011 年 12 月 18 日 CBA 得分总数达到 8299 分，超越李楠，排名 CBA 历史总得分榜第二位。

2011 年男篮亚锦赛冠军

2012 年 1 月 1 日 CBA2011—2012 赛季展开第 19 轮争夺，卫冕冠军广东男篮主场迎战江苏男篮。本场比赛朱芳雨职业生涯得分超越刘玉栋的 8387 分，成为 CBA 历史上新的得分王。

（八）刘炜（Liu Wei）

出生日期：1980 年 1 月 15 日

身高：1.90 米

体重：90kg

主要成绩

1996 年亚洲青年锦标赛冠军

1998 年亚洲青年锦标赛冠军，被评为最佳后卫

2000 年亚洲青年锦标赛季军

2001—2002 赛季 CBA 职业联赛冠军

2003 年亚洲男子篮球锦标赛冠军

2004 年雅典奥运会第八名

2005 年亚洲男子篮球锦标赛冠军

2006 年男篮世锦赛十六强

2006 年多哈亚运会冠军

2008 年北京奥运会第八名

2009 年亚锦赛亚军

2010 年男篮世锦赛十六强

2010 年亚运会冠军

2011 年男篮亚锦赛冠军

（九）王仕鹏（Wang Shipeng）

出生日期：1983 年 4 月 6 日

身高：1.98 米

体重：94kg

王仕鹏，中国国家男子篮球队成员，现在效力于广东东莞银行队。曾参加 2006 年日本世锦赛和 2008 年北京奥运会。敢打敢拼，中投准确，攻守意识强。

（十）陈江华（Chen Jianghua）

出生日期：1989 年 3 月 12 日

身高：1.88 米

体重：76.4kg

可以出任得分后卫，组织后卫以及小前锋，拥有惊人的速度和弹跳。2003 年初，身体素质极佳的陈江华入选中国奥运希望队，随后便登上了美国的《纽约时报》，被誉为最有希望成为中国第一个世界级后卫。

二、国内女篮

（一）郑海霞（Zheng Haixia）

出生日期：1967 年

身高：2.06 米

国家女篮优秀中锋，中国篮坛著名"女巨人"，身高 2.06 米。多次代表国家女篮征战国际比赛，她善跑善跳，篮下强攻威力大，曾是国家女篮主要得分手。

1980年被选入武汉部队篮球队，因其身体高大而灵活，很快选入国家女篮青年队，1983年又入选国家女篮队。1982年和1984年代表中国青年女篮，两次获得亚洲青年女篮锦标赛冠军。1983年代表解放军队获第5届全运会冠军，代表国家女篮获世界女篮锦标赛第3名。1984年又获得第23届奥运会铜牌。1986年在第10届世界女篮锦标赛中获第5名，在第10届亚洲运动会中获冠军。她善跑善跳，篮下强攻威力大，是国家女篮主要得分手，在国内比赛中曾被评为全国最佳阵容。1984年在奥运会预选赛中被评为最佳青年选手，1985年在第6届"波罗的海杯"国际女篮选拔赛中获"最佳得分手奖"和"最佳篮板球奖"。1986年在第10届世界女篮锦标赛预赛中获"最佳中锋奖"，在决赛中获"最佳得分手"称号。她还被评为"三八"红旗手和新长征突击手。

郑海霞曾担任重庆、空军女篮主教练。1999年当选中国篮球运动50杰之一。现任八一女篮领队。

1983年世锦赛上，郑海霞随国家队赢得季军；1984年洛杉矶奥运会，17岁的郑海霞即以中国女篮主力中锋的身份参加并取得铜牌；1992年，郑海霞和队友再次获得巴塞罗那奥运会的银牌；1997年，郑海霞参加了美国WNBA的比赛，成为涉足该项赛事的第一位亚洲人；曾效力于洛杉矶火花队，她以灵活协调、能攻善守的特点赢得了美国乃至世界球迷的喜爱。

郑海霞绝对是中国女篮历史上最著名的球星，身高2.04米的这位中锋一直是中国女篮的内线绝对核心。郑海霞曾经随中国女篮出战4届奥运会、4届世锦赛和8届亚锦赛。

（二）宋晓波（Song Xiaobo）

出生日期：1958年

身高：1.82米

宋晓波，优秀篮球运动员，身高1.82米，司职前锋，国家女篮队长。她17岁便成为国手，在1976年第6届亚洲女篮锦标赛上崭露头角。在与三十多个国家和地区进行的一百多场国际比赛中，她多次被评为最佳选手和优秀运动员。她技术全面，擅长过人突破，跳投出手角度多变，底线穿插灵活，是一名攻守俱佳的选手。1979年和1983年代表北京市获第4、第5届全运会冠军，1983年代表中国女篮参加第9届世界女篮锦标赛获第3名。被选入世界女篮最佳阵容，第 3 号最佳投篮手。1985 年参加第 9 届亚洲女篮锦标赛对南朝鲜队和日本队两役，她一人投进 35 分，为夺得亚洲锦标赛金杯立下大功。

她 1985 年出任国家女篮助理教练，1999 年被选为中国篮球运动员 50 杰之一。

（三）丛学娣（Cong Xuedi）

出生日期：1963 年

身高：1.66 米

丛学娣，著名篮球运动员，前中国女子篮球甲级联赛主力组织后卫，身高 1 米 66。其技术特点：控球能力强，运球技术娴熟，传球好，外围投篮准，有较强的组织能力。1981—1993 年先后在上海青年队、上海队、国家队效力。曾获得 1984、1985 年全国女篮甲级联赛亚军，并被选入全国最佳阵容，获得"最佳投手"奖。获得第 23 届、24 届、25 届奥运会第 3 名、第 6 名、第 2 名，并获得过一次奥运会预选赛"最佳后卫奖"。1989 年，丛学娣一度退役，但由于中国女篮出现滑坡，她 1990 年复出，率队于 1992 年夏季奥林匹克运动会上夺得银牌。

第 25 届奥运会上，在中国队与古巴队半决赛中，丛学娣上场共 22 分钟，罚球 3 次，中投 1 次，命中率 63%，最后中国队以 39 分的优势狂胜古巴队。这也是她难以忘怀的一场比赛。在谈到打球的体会时，丛学娣说："一定要学会打巧球。"

1993 年创办丛学娣篮球俱乐部，1995 年至 2002 年任上海女篮主教练，率队获得 1996 年乙级联赛冠军，并重返阔别已久的甲级队。1997 年率队获得全运会第 3 名，1998、1999 年获全国女篮甲级联赛第 6 名、第 9 名。

（四）苗立杰（Miao Lijie）

出生日期：1981 年 6 月 3 日

身高：1.78 米

体重：68 公斤

苗立杰是一匹女篮骏马，长期运动生涯积累了丰富的底蕴。她 1990 年 8 月进入哈尔滨市队，1992 年从事专业训练，入选哈尔滨华龙队，1994 年 9 月进入青年队，1997 年 11 月进入国家队。2005 年她和隋菲菲成为继郑海霞后再次赴美参加 WNBA（Women's National Basketball Association，国家女子篮球联盟）的中国女运动员，签约加盟萨克拉门托君主队。

个人在国家队取得了辉煌的战绩：1996年泰国亚洲青年锦标赛冠军，1997年巴西世界青年锦标赛第七名，1998年日本亚洲青年锦标赛冠军，2001年日本东亚运动会冠军，2002年南京世界锦标赛第六名，2002年釜山亚运会冠军，2004年日本亚洲锦标赛冠军。个人在俱乐部及个人取得了很高的荣誉：2001—2002赛季WCBA（Women's Chinese Basketball Association，中国女子篮球协会）第四名，季后赛MVP、得分王、三分王，2002—2003赛季WCBA第四名，常规赛最有价值球员、得分王，2004—2005赛季WCBA得分王和最有价值球员。

（五）陈楠（Chen Nan）

出生日期：1983年12月8日

身高：1.97米

体重：90公斤

1999年，陈楠第一次入选国家队，司职中锋。她的技术特点是：爆发力强，进攻点多，既能篮下强攻也能中投，擅长篮板球、盖帽。作为现今中国最有杀伤力的陈、苗双核心之一，中国女篮在可预见的未来仍需她压阵。

1999年亚青赛最有价值球员

2002—2003年中国女篮甲级联赛篮板王

2001年第19届亚洲锦标赛冠军

2002年釜山亚运会冠军

2002年第14届世界女篮锦标赛第六名

2003年第22届世界大学生运动会冠军

2004年第20届亚洲锦标赛冠军

2001年全国第9届全运会冠军

2001—2002年全国女篮甲级联赛冠军

2002—2003年全国女篮甲级联赛冠军

2003—2004年全国女篮甲级联赛冠军

2008年北京奥运会第四名，帮助中国女篮取得了世界大赛16年来的最好成绩，在所有场次的重要的比赛中均作为首发主力出场，顽强拼抢进攻，为中国篮球的正名立下了汗马功劳。

2010年广州亚运会冠军，为夺冠功臣；在之前的中韩小组赛中，陈楠一人独得29分，撑起了全场的内线，在决赛中又以最后的关键2+1力克韩国摘冠。

2011WCBA十年最佳阵容当选最佳中锋

2011年日本长崎世锦赛冠军（得分王）

（六）隋菲菲（Sui Feifei）

出生日期：1979年1月29日

身高：1.84米

体重：72kg

1993年至今先后在济南部队青年队、济南部队队、八一队、国家青年队、国家队效力。作为前锋，她身体素质好、速度快、技术全面、有拼劲、有突破杀伤力及快攻超越能力，比赛经验丰富。多次代表国家参加亚洲及世界大赛，是国内优秀前锋之一。曾获得1996年亚洲锦标赛冠军、1997年东亚运动会第三名、1999年20岁以下全国女篮俱乐部联赛冠军。2001年东亚运动会冠军、世界大学生运动会亚军。2002年世界女篮锦标赛第六名、第14届亚运会女篮冠军。在2002—2003WCBA新赛季上，她以92分的最高综合得分获得首位每周最有价值球员，其后还在第八周再次获此殊荣。另外，她还曾远赴美国参加WNBA联赛，帮助萨克拉门托君主队赢得了2006赛季总冠军。

2003年8月与姚明等人一起高票当选中国篮球最佳阵容。

（七）叶莉（Ye Li）

出生日期：1981年11月20日

身高：1.90米

体重：83kg

叶莉，身高1米90。她1998年入选国家青年队，1999年第一次入选国家队，司职中锋。技术特点是对篮板球争抢积极，攻击力强，穿插移动快，中、近距离投篮准。其所获荣誉有：1998年亚洲青年锦标赛冠军，2003年世界大学生运动会冠军，2004年亚洲锦标赛冠军，2005年第21届女篮亚锦赛冠军。

（八）陈晓丽

出生日期：1982年2月20日

身高：1.93米

体重：85kg

陈晓丽，身高1米93，出身于篮球世家。1999年至2002年，陈晓丽即成为国家队的常客。但2003年的一次伤病使陈晓丽步入低谷，甚至萌生退意。此后经过不懈努力，终于在2005年重返国家队，成为场场首发的主力。在2004—2005、2005—2006连续两届WCBA联赛中，陈晓丽蝉联"最有价值球员"称号以及获得WCBA总决赛MVP殊荣。

她的主要成绩有：

2000年全国俱乐部超级联赛冠军

2001年第九届全运会亚军、亚洲女篮锦标赛冠军

2002年全国女篮俱乐部杯赛冠军、世界女篮锦标赛第六名、釜山亚运会冠军

2003年全国女篮俱乐部杯赛冠军

2004年WCBA联赛第三名

2004年全国女篮俱乐部杯赛亚军

2004—2005赛季WCBA联赛亚军

2005年亚洲女篮锦标赛冠军、2005年全国女篮俱乐部杯赛冠军

2005—2006赛季WCBA联赛冠军

2006年多哈亚运会冠军

2007年WCBA联赛冠军

2009年WCBA联赛冠军

2010年广州亚运会冠军

2011年2月26日入选WCBA 10年最佳阵容（中锋陈楠、大前锋陈晓丽、组织后卫宋晓云、得分后卫苗立杰、最佳第六人卞兰）

（九）宋晓云（Song Xiaoyun）

出生日期：1983年12月11日

身高：1.75米

体重：65kg

宋晓云，国家篮球队队员，司职组织后卫，性格开朗活泼。宋晓云在赛场上的冲击力，给对手造成了很大压力。作为组织后卫，很少有人能在她带球的时候断球，所以她发动快攻的成功率名列前茅。其主要成绩有：

2001 年全国第 9 届运动会第三名

2002 年釜山亚运会冠军

2002 年世界女篮锦标赛第六名

2003 年世界大学生运动会冠军

2004 年日本仙台亚洲女篮锦标赛冠军

2005 年 21 届亚洲女篮锦标赛冠军

2008 年北京奥运会女子篮球第四名

（十）卞兰（Bian Lan）

出生日期：1986 年

身高：1.80 米

体重：68kg

1995 年进入无锡市体校，1998 年进入江苏青年女篮，2000 年首次入选国家青年队，2001 年首次入选国家集训队。她作风泼辣，防守积极，颇有男子风范，永远斗志旺盛，拼字当头。卞兰犹如山谷中一株独自芬芳的兰花，有着一种内在的魅力，一种能够不受纷杂信息干扰，却兀自新潮的魅力。从 2001 年首次进入国家队到现在，卞兰经历了许多风风雨雨，但四季更替却没有带走她当初的执着和果敢。她在篮球的路上继续前行，以自己特有的步调。

2005 年亚洲女篮锦标赛冠军，2005 年世青赛季军，2005 年东亚运动会冠军，2006 年亚运会冠军。

2002 赛季中国女篮甲 A 联赛最佳新人，2004-05 赛季 WCBA 联赛抢断王，2005-06 赛季 WCBA 常规赛 MVP，2007 赛季 WCBA 全明星赛 3 分王，2008-09 赛季 WCBA 联赛常规赛抢断王加助攻王。

2004 年，卞兰代表中国女篮首次参加奥运会，但那时，只有 18 岁的她得到的上场机会很少。

2008 年北京奥运会第 4 名，卞兰成为了中国女篮除了苗立杰和陈楠以外的第三得分点。

2009 年，卞兰在印度举办的第 23 届女篮亚锦赛中荣膺 MVP 称号。

2010 年广州亚运会冠军。

三、国外男篮

（一）迈克尔·乔丹（Michael Jordan）（美国）

出生日期：1953 年 2 月 17 日

身高：1.98 米

体重：98.1kg

专业特点：得分、防守、领导力超强

迈克尔·乔丹，美国 NBA 著名篮球运动员，被称为"空中飞人"。他在篮球职业生涯中创造了刷屏般无可枚举的纪录，是公认的全世界最棒的篮球运动员，也是 NBA 历史上第一位拥有"世纪运动员"称号的巨星。被认为是美国职业篮球史上最伟大的球员，被称为穿着 23 号球衣的"上帝"。他将 NBA 推广至全球每个角落，成为好莱坞以外又一无可阻挡的美国文化。他为联盟带来的收入至少在 100 亿以上，也把耐克公司从一家小公司变成闻名世界的超级巨头。

职业生涯主要荣誉：

NBA 总冠军次数：6 次（90-91、91-92、92-93、95-96、96-97、97-98）

总决赛 MVP 次数：6 次（90-91、91-92、92-93、95-96、96-97、97-98）

常规赛 MVP 次数：5 次（87-88、90-91、91-92、95-96、97-98）

得分王：10 次（86-87、87-88、88-89、89-90、90-91、91-92、92-93、95-96、96-97、97-98）

最佳防守球员：1 次（1987—1988 赛季）

抢断王：3 次（88、90、93）

最佳新秀：1985 年

奥运会冠军次数：2 次（1984 年洛杉矶奥运会、1992 年巴塞罗那奥运会）

入选全明星次数：14 次（84-85、85-86、86-87、87-88、88-89、89-90、90-91、91-92、92-93、95-96、96-97、97-98、01-02、02-03）

全明星赛 MVP 次数：3 次（88、96、98）

全明星扣篮大赛冠军次数：2 次（87、88）

入选最佳阵容一队次数：10 次（87、88、89、90、91、92、93、96、97、

98）

入选最佳阵容二队次数：1 次（85）

入选最佳防守阵容一队次数：9 次（88、89、90、91、92、93、96、97、98）

1996 年当选"NBA 50 周年最伟大的 50 位球员"之一

2009 年入选奈·史密斯篮球名人堂

（二）斯科蒂·皮蓬（Scottie Pippen）（美国）

出生于美国阿肯色州的汉堡，是 NBA 历史上最伟大的小前锋之一，身高 203cm，体重 102.5kg。1987 年 NBA 联盟选秀会中被西雅图超音速队以第五顺位挑选，然后立即被交换给芝加哥公牛队。职业生涯与迈克尔·乔丹一起拿到 6 枚总冠军戒指（1991—1993 年、1996—1998 年），获得 1992 年及 1996 年两次奥运会冠军，7 次入选 NBA 全明星赛，1994 年获选 NBA 全明星赛最有价值球员。1996 年成为"NBA 历史上最伟大的 50 名球员"之一。后期曾转到休斯敦火箭队及波特兰开拓者队，在 2004 年 10 月 5 日宣布退役。

（三）科比·布莱恩特（Kobe Bryant）（美国）

出生日期：1978 年 8 月 23 日

身高：1.98 米

体重：93kg

科比·布莱恩特，美国职业篮球运动员，自 1996 年起效力于 NBA 洛杉矶湖人队，司职得分后卫。科比·布莱恩特是前 NBA 篮球运动员乔·布莱恩特的儿子。科比是 NBA 最好的得分手之一，突破、投篮、罚球、三分球他都驾轻就熟，几乎没有进攻盲区，单场比赛 81 分的个人纪录就有力地证明了这一点。除了疯狂的得分外，科比的组织能力也很出众，经常担任球队进攻的第一发起人。另外科比还是联盟中最好的防守人之一，贴身防守非常具有压迫性。有"小飞侠""黑曼巴"之称。

科比是一名得分后卫，同时又具有打小前锋位置的能力。他被认为是 NBA 最全面的球员之一，自从 1999 年以来每一年都入选 NBA 最佳阵容，并且在他参加的最近的 12 届 NBA 全明星赛（2010 赛季全明星赛因伤缺战）中都有不错的表现。2007 年，ESPN（Entertainment and Sports Programming Network，娱乐与体育节目电视网）的体育记者投票评选出了最伟大的得分后卫，结果科比仅次于乔丹排名第二位。

科比是一名高产的得分手，他的职业生涯每场均可以得到25.3分，还有5.3个篮板、4.7次助攻和1.5次抢断（截止到2010—2011赛季常规赛结束）。他是一名有能力为自己创造得分机会的球员，他还与人分享着NBA单场命中12个三分球的NBA纪录。科比经常被认为是NBA最高产的得分手之一，尽管他职业生涯45.5%的命中率很一般。他利用自己的速度和运动能力来躲开防守球员的防守以完成进攻，几乎没有进攻盲区。科比的最佳动作是他的转身跳投，还有他低位单打的能力以及后仰跳投。《体育画报》NBA作家克里斯·巴拉德（Chris Ballard）形容科比的移动为"使用脚步和停顿"，他把他的非中轴脚向前让防守者放松，然后快速启动甩开对手突入篮下。

（四）史蒂夫·纳什（Steve Nash）（加拿大）

出生日期：1974年2月7日

身高：1.91米

体重：81kg

加拿大职业篮球运动员，司职控球后卫，效力于NBA菲尼克斯太阳队，在2005、06连续两年获得常规赛MVP。在队中，纳什是优秀的领袖，有着极高的篮球智商和冷静的气质及完美的球场洞察力。视野广阔，传球直达敌人心脏，投篮极佳，可以在球场任何区域发动攻击。曾经被誉为地球上最伟大的控球后卫。但缺点是，他的防守相当缥缈，失误较多。

纳什获得五届NBA助攻王、两届常规赛MVP，是NBA历史上第九个能够蝉联MVP的人。是自哈基姆·奥拉朱旺之后第一位拿到常规赛MVP的国际球员（奥拉朱旺已加入美国国籍，纳什为自奥拉朱旺之后第一个拿到常规赛MVP的外籍球员）。

作为一名组织后卫，纳什球风快速犀利，传球神出鬼没，投关键球的本领丝毫不逊于那些得分手。自从回到太阳之后，完全成了球队的核心，成功卫冕助攻王和常规赛MVP。职业生涯单场最高得分纪录为42分（常规赛）和48分（季后赛），单场最多助攻为22次（常规赛）和23次（季后赛）。

主要荣誉：

五届NBA助攻王（04-05、05-06、06-07、09-10、10-11）

两届常规赛MVP（04-05、05-06，是NBA历史上第九个能够蝉联MVP

的人，后卫中的第三个，前两个后卫是"魔术师"约翰逊和迈克尔·乔丹）

自哈基姆·奥拉朱旺之后第一位拿到常规赛MVP的国际球员

8次入选全明星阵容

3次入选NBA第一阵容（04-05、05-06、06-07）

2005、2010年两届全明星技巧大赛冠军

太阳队史上第一位三个赛季拿到11+助攻的球员，追平拉里·伯德成为联盟唯一投篮命中率50%+、三分命中率40%+以及罚球90%+的球员

2006—2007赛季，入选联盟最佳阵容一队，追平"魔术师"约翰逊1990—1991赛季创下的得分18+、助攻11+的纪录

2008年4月22日"地球日"推出自己的球鞋促销短片

2007年被"今日美国"评为最有爱心运动员

2005年成为GQ封面人物，老爸约翰曾在南非和英国踢职业足球

2009—2010赛季全明星周末技巧大赛冠军

2009—2010赛季助攻王，场均11.1个助攻

联盟唯一一位生涯四进180俱乐部的球员

2010—2011赛季助攻王，场均11.4个助攻

（五）沙奎尔·奥尼尔（Shaquille O'Neal）（美国）

出生日期：1972年3月6日

身高：2.16米

体重：147.4kg

美国职业篮球运动员，司职中锋，NBA实力最强中锋之一，曾效力于NBA波士顿凯尔特人队、奥兰多魔术队和洛杉矶湖人队、迈阿密热火队、菲尼克斯太阳队以及克里夫兰骑士队。职业生涯中，他是一个名副其实的内线大杀器，曾经获得四次NBA总冠军。大力灌篮与篮下小勾手是其必杀技。场下的"大鲨鱼"奥尼尔总是妙语连珠，热爱街舞，是极富娱乐性的体育明星。2011年6月1日，"大鲨鱼"奥尼尔在推特上宣布告别战斗了19年的NBA。

奥尼尔在1992年当选年度最佳新人，入选梦之二队和梦之三队，获1996年亚特兰大奥运会金牌，他是篮球运动100年历史上出现的最庞大的"大力神"。

沙奎尔·奥尼尔虽然身高2米16，体重超过140公斤，但是却能像短跑

运动员一样冲刺,能像跳高运动员一样腾起,还可以像举重运动员一样在两三个人的重压下跳起扣篮。1992—1993赛季开始前,他被奥兰多魔术队以第一轮第一位选中。20岁的奥尼尔进入NBA后立即掀起一阵狂风巨浪。

在湖人时代(2000—2002年),他是湖人队的绝对核心,也是当今NBA当之无愧的内线霸主,他在禁区里雷霆万钧的扣篮没有一个球员可以阻挡。主要得分方式为挤进内线的扣篮和篮圈正面的小勾手,由于身高体壮,被称为"大鲨鱼"。虽然在内线具有无坚不摧的杀伤力,但是他的助攻能力同样不容小觑,他的盖帽也让无数成名豪杰在禁区内无功而返。他曾经在2000年到2002年三度率领湖人队夺取了NBA总冠军,这也奠定了他的历史地位。

可以毫不夸张地说,"大鲨鱼"奥尼尔是NBA历史上最伟大的中锋之一,他所获得的成就让许多人都可望而不可即,4次总冠军、3次总决赛MVP、1次常规赛MVP、NBA50大球员,一切都是他伟大的标志。性格有些像"大小孩"的奥尼尔十分的谦虚,而且他还会主动地帮助那些需要他去帮助的人们,他会经常参加一些公益活动,有时还会去医院、孤儿院看望病人们和孩子们,复活节和圣诞节的时候,他会买玩具送给那些贫困的孩子。他还会为了让球迷们买到便宜的球鞋而开办了自己的球鞋公司,然后把自己公司生产的球鞋以低廉的价格卖给球迷们。

主要荣誉:

1997年评选为"NBA历史上最伟大的50名球员"之一,是其中最年轻的球员

4次获得NBA总冠军(2000年、2001年、2002年、2006年)

3次获得NBA总决赛"最有价值球员"称号(2000年、2001年、2002年)

1999—2000赛季,荣获常规赛"最有价值球员"称号

8次入选NBA"第一阵容"(1997-98、1999-2000、2000-01、2001-02、2002-03、2003-04、2004-05、2005-06赛季),2次"第二阵容"(1994-95、1998-99赛季),4次"第三阵容"(1993-94、1995-96、1996-97、2008-2009赛季)

3次入选NBA"第二防守阵容"(1999-2000、2000-01、2002-2003赛季)

15次入选"全明星阵容"(1993、1994、1995、1996、1997、1998、2000、2001、2002、2003、2004、2005、2006、2007、2009年)

荣获2000年NBA全明星赛"最有价值球员"称号，得到22分、9个篮板、3次助攻和3次盖帽

荣获2004年NBA全明星赛"最有价值球员"称号，得到24分、11个篮板、2次抢断和2次盖帽

荣获2009年NBA全明星赛"最有价值球员"称号，上场11分钟，得到17分、5个篮板、3次助攻

2次常规赛"得分王"——1994—1995赛季（平均得分29.3），1999—2000赛季（平均得分29.7）

荣获1992—93赛季"最佳新秀"称号，入选"最佳新秀阵容"

荣获1996年奥运会篮球比赛冠军；1994年世界男篮锦标赛冠军

（六）勒布朗·詹姆斯（LeBron Raymone James）（美国）

出生日期：1984年12月30日

身高：2.03米

体重：120kg

美国职业篮球运动员，司职小前锋，效力于NBA迈阿密热火队。詹姆斯是NBA有史以来最为全能的球员之一，其统治力之强大在现役NBA中几乎无人能及。2003年NBA选秀大会上，18岁的詹姆斯以选秀状元的身份被克里夫兰骑士队选中，在之后的7个赛季里一直效力于骑士队，并且打破了联盟一系列最年轻的纪录。2010年，身为自由球员的詹姆斯加盟迈阿密热火队，与同届好友德文·韦德、克里斯·波什并肩战斗。2月3日入选2012年NBA全明星首发阵容。

主要荣誉：

2007、2011年NBA东部联盟冠军

NBA最佳新秀：2004年

NBA最佳新秀阵容第一阵容：2004年

NBA常规赛MVP：2009年、2010年

2次NBA全明星赛MVP：2006年、2008年

7次入选NBA全明星：2005年、2006年、2007年、2008年、2009年、2010年、2011年

5次入选NBA第一阵容（2006年、2008年、2009年、2010年、2011年）

3次入选NBA最佳防守阵容（2009年、2010年、2011年）

1次NBA常规赛季平均得分第一：2008年（30.0分）

2004年雅典奥运会，美国男篮奥运铜牌

2006年国际篮联世界锦标赛、美国男篮世锦赛铜牌

2008年北京奥运会，美国男篮奥运金牌

（七）保罗·加索尔（Pau Gasol）（西班牙）

出生日期：1980年7月6日

身高：2.13米

体重：118kg

出生于西班牙巴塞罗那，西班牙职业篮球运动员，司职大前锋/中锋，效力于NBA洛杉矶湖人队。加索尔是一名典型的欧洲内线选手，他中投准确，篮下脚步扎实，抢篮板硬朗。他的主要得分来源是左右两个禁区角上的跳投，以及本身单打篮下的小勾手。加索尔的罚球比较一般，另外在内线对抗中有时力量处于下风。在防守方面，加索尔是一个盖帽能手，对篮板的保护也不错，但是力量不足让他一对一单防力量型内线是比较吃亏的。

主要荣誉：

荣获2001—2002赛季"最佳新秀"称号，入选NBA"最佳新秀阵容"

荣获"本月最佳新秀"称号（2001年11月、2002年1月、2月）

荣获2006年男篮世锦赛MVP称号

2006年入选全明星

2008年奥运会亚军

2009年入选全明星

2009最佳阵容三队

2008—2009赛季总冠军

2009年欧锦赛冠军

2010年入选全明星

2010最佳阵容三队

2009—10赛季总冠军

2011—12赛季联盟最佳公民奖

（八）德克·诺维茨基（Dirk Nowitzki）（德国）

出生日期：1978年6月19日

身高：2.13米

体重：111kg

德克·诺维茨基，出生于德国的维尔茨堡，德国职业篮球运动员，司职大前锋，效力于NBA达拉斯小牛队。他是NBA最全面球员的代表，三分线外、禁区内、弧顶附近、边角都是他能够投篮得分的场所；三分球、突破上篮、扣篮、中投、勾手，他无一不是练习得娴熟无比。在小牛队，他是绝对的核心，是联盟中顶级的投篮和得分机器，是外籍球员在NBA的成功典范，现在的领导能力已有目共睹，特别是在关键球的处理方面，越来越成熟。在近几个赛季中经常上演绝杀的好戏，在防守方面，也越来越卖力。

主要荣誉：

1998年第一轮第9顺位被密尔沃基雄鹿队选中，随即被交易到达拉斯小牛队

1999—2000赛季，投中116个三分球，列NBA第15位

入选2001年NBA"第三阵容"

入选2002年NBA"第二阵容"

入选2003年NBA"第三阵容"

入选2004年NBA"第二阵容"

入选2005年NBA"第一阵容"

入选2006年NBA"第一阵容"

入选2007年NBA"第一阵容"

入选2008年NBA"第二阵容"

入选2009年NBA"第一阵容"

入选2010年NBA"第二阵容"

入选2011年NBA"第二阵容"

参加2000年全明星周末"新秀挑战赛"

参加2000年全明星周末"投篮大赛"，获第二名

参加2006年全明星周末"投篮大赛"，获得冠军

顶替科比参加2008年全明星周末"投篮大赛"，获得第三名

参加 2011 年全明星周末"投篮之星"比赛，代表得克萨斯队获得冠军

荣获 2007 年常规赛 MVP，成为 NBA 历史上第一位欧洲籍 MVP

在为达拉斯小牛出场的 993 场比赛中得到 22 792 分，列队史第一（截止到 2011 年末）

参加 2002 年世界篮球锦标赛，带领德国队获得第三名，个人荣膺世锦赛 MVP

参加 2005 年欧洲篮球锦标赛，带领德国队获得第二名，个人荣膺欧锦赛 MVP

连续 11 届 NBA 全明星赛经历

2011 年获得 NBA 总冠军

2011 年荣膺 NBA 总决赛 MVP

（九）林书豪（Jeremy Shu-How Lin）（美国）

出生日期：1988 年 8 月 23 日

身高：1.91 米

体重：91kg

美国职业篮球运动员，主打控球后卫。祖籍福建省漳浦县，祖辈移居台湾彰化，父母 1977 年移民美国。林书豪毕业于哈佛大学，带领哈佛大学篮球队取得常春藤联盟分组冠军，进入 NCAA（National Collegiate Athletic Association，全国大学体育协会）64 强，后来与金州勇士队签约，成为自 1953 年后首位进入 NBA 的哈佛大学学生，首位进入 NBA 的美籍华裔球员。2011 年 12 月，先后被金州勇士队、休斯敦火箭队裁掉。2011 年 12 月 27 日，他签约纽约尼克斯队。进入纽约尼克斯队后开始受到瞩目，成为首发球员，职业生涯头 5 场首发共得 136 分，为 1974 年之后 NBA 最佳，并获得 NBA 东部周最佳球员。林书豪的首周表现引起了全美的极大关注，在纽约刮起一股"Linsanity"（林来疯）。

2012 年美国《时代》杂志最有影响力人物百强榜第一。《时代》杂志在评价林书豪的成就时说，他的故事对于世界各地的孩子来说，都是非常重要的一课，他打破了那么多阻止孩子们前进的偏见和刻板印象。有许多人认为亚裔的篮球运动员很难胜任控球后卫的位置，也有人认为"打好球"和"读好书"是相互矛盾的两件事，但是林书豪的出现证明了这些观点不过是些刻板的成见罢

了。因为林书豪是自 1953 年之后首位进入美国 NBA 的哈佛大学学生，也是首位进入 NBA 的美籍亚裔球员。同时《时代》杂志还特别提到，23 岁的林书豪并不是那种一夜成名的幸运儿，相反，他成功的方式非常传统——完全是通过自己的不断努力，他非常刻苦，并且能一直保持谦虚的态度。因此，《时代》杂志认为林书豪可以成为年轻一代的榜样，无论你是什么肤色、哪个族裔，只要你勇敢、正直、严于律己，就有可能打破所谓"魔咒"，获得成功。

四、国外女篮

（一）劳伦·杰克逊（Lauren Jackson）（澳大利亚）

出生日期：1981 年 5 月 11 日

身高：1.96 米

体重：84.8kg

人们都说这个身高 1 米 96、面容姣好、长发飘逸的澳大利亚女孩是当今女子篮球界的第一美女，她也是澳大利亚有史以来最年轻的国手、澳大利亚联赛的 MVP、WNBA 状元秀、WNBA 的 MVP。

主要荣誉：

2004 年雅典奥运会，她场均得到最高的 22.9 分，共计得到 183 分、80 个篮板。

2006 年，她随队赢得世锦赛冠军。

（二）莉莎·埃斯利（Lisa Leslie）（美国）

出生日期：1972 年 7 月 7 日

身高：1.96 米

体重：81kg

场上位置：中锋

（三）提娜·汤普森（Tina Thompson）（美国）

出生日期：1975 年 2 月 10 日

身高：1.83 米

体重：81kg

场上位置：前锋

(四)坎迪斯·帕克(Candace Parker)(美国)

出生日期:1986年4月19日

主要荣誉

进入 WNBA 前主要荣誉:

历史上仅有的三名连续两年获得佳得乐奖的高中生之一

获得约翰·伍登奖

美联社评选出的女子 NCAA 年度最佳球员

2004 年 3 月 31 日,在俄克拉荷马城举行的麦当劳全美扣篮大赛上,战胜了现掘金队 JR.史密斯、现老鹰队乔什·史密斯(2005 年 NBA 全明星赛冠军)、鲁迪·盖伊(现灰熊前锋)等人,夺得了冠军

第十六届 ESPN 最佳大学女运动员奖(田纳西大学)

进入 WNBA 后的主要荣誉:

5 月 17 日 WNBA 赛场上的首次表演中,对阵菲尼克斯水星队,帕克砍下 34 分,创下 WNBA 史上新秀首次上场得分最多的纪录(此前纪录是由 1997 年休斯敦彗星队的辛西娅·库珀创下的)

WNBA 历史上第二位在比赛中完成扣篮的球员(第一个上演扣篮好戏的正是帕克如今在洛杉矶火花队的队友丽莎·莱斯利)

第十六届 ESPN 最佳女运动员奖(洛杉矶火花队)

(五)戴安娜·桃乐西(Diana Taurasi)(美国)

出生日期:1982 年 6 月 11 日

身高:1.83 米

自 2004 年起效力于菲尼克斯水星队,司职得分后卫。桃乐西是 NBA 最好的得分手之一,突破、投篮、罚球、三分球他都驾轻就熟,几乎没有进攻盲区,连续三个赛季摘得 WNBA 得分王就是最好证明。桃乐西的组织能力非常出众,她经常担任球队进攻的第一发起人。桃乐西突破的第一步非常快,身体协调性也很出色,拥有柔和的手感。

主要奖项:

04 年 WNBA 状元

连续 3 届 NCAA 冠军

《洛杉矶时报》的 Cheryl Miller 奖

第四章 篮球运动传播的对象系统Ⅱ：内涵解读

第一节 篮球运动基本知识

任何体育项目的开展都离不开一定的场地和器材，任何体育项目也都有自己独特的技术要求和比赛规则。而任何体育项目的开展也离不开场地、器材、技术、战术、规则、裁判法等要素的不断演变和改进。篮球运动尤其专用的场地和器材条件，也有其自身的技战术和规则要求。正是这些独特的运动要素，决定了篮球运动自身的独特魅力。要领略这种魅力，并在篮球运动中获得无穷的乐趣，须要先从了解和掌握篮球的基本知识和技术规则开始。

一、篮球设备

（一）篮球场地

国际篮联规定的标准篮球场是长28m、宽15 m的长方形，坚实的平面。在我国长26 m、宽14m的篮球场地仍可继续使用。但篮球场地的最低规格，长不得小于24m，宽不得小于13m。

两条长边的界限叫边线，短边的界限叫端线。球场分中线、前场和后场，中线上的中圈和前、后场罚球区罚球线上的两个半圆半径均为1米80。篮圈下面的矩形为限制区，也称禁区。前、后场内的拱形弧线外的地区称三分投篮区，在拱形弧线外投篮命中得三分。

（二）篮板、篮架和球篮

篮板由3厘米厚的坚硬木料或适宜的透明材料（如钢化玻璃等）制成。对于奥运会和世锦赛，它的尺寸应横宽1.80m，竖高1.05m，下沿距地面2.90m。

至于所有其他竞赛都可使用原来规定的横宽 1.80m，竖高 1.05m，下沿距地面 2.75m 的篮板或新规定的篮板尺寸。篮板固定在篮架上，与地面垂直，与端线平行。

篮架分别由球篮、篮板和支柱组成，球篮到地面的距离为 2.75 米，其中支柱在端线外 1 米处。

球篮包括篮圈和篮网，牢固地安装在篮板上。篮圈由实心铁条制成，内径为 0.45m，圈条直径为 0.02m，并应漆成橙色。圈下装设小环，用于悬挂篮网。篮圈呈水平状，离地面 3.05m，与篮板两垂直边的距离相等。篮板面与篮圈内沿的最近点是 0.15m。篮网用白色线绳结成，长 0.40m，悬挂在篮圈上。

（三）篮球

球为圆形，内装橡皮球胆，外壳用皮、橡皮或合成物质制成。球的圆周为 0.749~0.78m，重量为 567~650g。充气后，使球从 1.80m 的高处落到硬木质地板或较硬的地面上，反弹起来的高度不得低于 1.20m，也不得高于 1.40m。

（四）球架

球架的制作材料有水泥制架、金属制架、木质制架。但国际和国内大型各式比赛的球架均按国际标准要求制作。高度和占地、占空面积应符合规定而且能经受得住一定的重量并附有保护性包装。在我国经中国篮协批准的唯一球架，是中国江苏张家港体育器材厂出产的"金陵"牌篮球架。[①]

二、球衣

球衣：12 人大名单中的球衣号码为 4~15 号。

因为篮球比赛中出现罚篮一次、两次、三次的情况时裁判要分别打出一、二、三的手势；球员犯规时，裁判要向记录台示意犯规球员的号码，因此，球员的号码如果为 1、2 或 3 就可能会出现被错误地计为犯规的情况。现在一般已经取消了这个限制。

国际篮联的规则里确实是这样的，为了避免被判犯规产生的罚球次数等小数字与球衣号码混淆不清，场下官员无法准确记录从而影响比赛进程，于是场

---

① 孙民治.球类运动——篮球.北京：高等教育出版社，1989、2001：337.

上球员的号码最小只能是 4 号（另外，FIBA 也不允许穿 0 号）。而在 NBA 里则没有这样的规定，所以就有 1、2、3 号，以及 0 号。

第二节　篮球运动的主要技术

一、进攻技术

（一）篮球运动中的移动技术

移动是篮球比赛中为了改变位置、方向、速度及争取高度等所采用的各种脚步动作的总称。一切攻守技术或战术都要通过各种快速、突然的脚步移动来完成。移动是篮球技术的基础，也是比赛中运用最多的一项基本技术。

移动技术是通过各种快速、突然的脚步动作，达到进攻时摆脱防守，防守时防住对手，以争取攻守主动的一种手段。移动技术和掌握及运用各项攻守技术都有密切关系，是篮球技术的基础。

1. 移动技术的基本特点

队员在球场上需要保持一个既稳定又便于移动的站立姿势，以利于迅速、协调地去完成各种攻守技术。走、跑、滑、转，主要是由前脚掌内侧蹬地、碾地动作来完成。跨步急停则是用前脚的跟部先着地，用力加以制动，然后上步控制重心，维持身体平衡。动作完成后，要迅速恢复基本站立姿势，以便转换下一个动作。

①行动距离短，方向莫测，比赛中攻守矛盾相互转化。运动员的行为受到这对矛盾的制约，因此，攻守双方必须随着攻守节奏的变化而变化，有时要在短暂的时间内做出迅速反应。

②动作间变化的频率快。由于距离短，变化多，攻守双方都在积极利用脚步动作进行制约与反制约的活动，以达到攻守目的。

③由于临场在动态中完成各种动作，因此身体重心要在动态中保持平稳。[1]

---

[1] 孙民治. 球类运动——篮球. 北京：高等教育出版社，1989、2001：100.

2. 基本技术分析

（1）基本站立姿势

基本站立姿势是队员在起动前的基本准备姿势，是队员在球场上经常保持的一种既稳定又能突然起动的站立姿势。

动作要领：两脚前后或左右开立，距离与肩同宽，两膝稍屈，身体重心支撑点落在两脚前脚掌，上体稍前倾、抬头、收腹、含胸、两臂稍屈肘自然置于体侧，注意场上情况，以便及时向球场任何方向移动。

（2）起动

起动是队员在球场上由静止状态变为运动状态的一种动作，是获得位移初速度的方法。突然快速地起动，可以使进攻队员有效地摆脱防守，使防守队员抢占有利位置，看住对手。

动作要领：向前起动是用后脚的前脚掌短促有力地蹬地，重心前移，上体迅速前倾，手臂协调地摆动，充分利用蹬地的反作用力，迅速向前迈步。向侧起动是用异侧脚的前脚掌用力蹬地，同时上体迅速向起动方向侧转并前倾，重心跟随移动，迅速向跑动方向迈步。

起动后的前两三步，两脚的前脚掌要短促用力地蹬地，并配合以快速的摆臂动作，使之在最短的时间内充分发挥速度。在比赛中，起动多与跑结合运用，但有时为了抢占有利位置的移动，常用上步、撤步、转身等动作完成。[1]

（3）跑

跑是为了完成攻守任务而争取时间的脚步动作。比赛中常用的跑有以下几种：

①变向跑。变向跑是队员在跑动中突然改变方向的一种脚步动作。

动作要领：以从右向左变向跑为例，队员跑动中最后一步用右脚前脚掌制动，同时脚内侧蹬地、屈膝、脚尖稍向内扣、腰部随之左转，重心左移，上体稍前倾，同时左脚向左前方跨出一小步，右脚再迅速向左腿的侧前方跨出一大步，加速跑动。

动作要点：变向时，前脚掌内侧用力蹬地，另一脚步迅速朝变向方向迈出第一步。

---

[1] 孙民治.球类运动——篮球.北京：高等教育出版社，1989、2001：102.

②侧身跑。跑动时为了观察场上情况，并随时准备接侧后方传来的球而经常采用的跑动方法。

动作要领：脚尖和膝盖对着跑动方向，头和腰部向球的方向扭转，侧肩。跑动时，既要保持奔跑速度，又要保持身体平衡，上体和两臂放松，随时观察场上情况。

动作要点：上体自然侧转，脚尖朝前。

③变速跑。变速跑是队员在跑动中利用速度变化完成攻守任务的一种方法。

动作要领：由慢跑变快跑时，上体前倾，用前脚掌短促有力地向后蹬地，同时迅速摆臂，前两三步要小，加快跑的频率。由快变慢时，上体抬起，步幅加大，用前脚掌抵地，减缓冲力，从而降低跑速。

动作要点：由慢跑变快跑，步频加快；由快跑变慢跑，步幅变大。

易犯错误：变速的快、慢节奏不明显。

（http://www.9inba.com/lanqiujishu-9878.html）

（4）急停

急停是队员在跑动中突然制动速度的一种动作方法，是衔接其他技术动作和摆脱对手的有效方法。急停包括跨步急停和跳步急停两种。

跨步急停动作要领：急停时第一步跨出稍大，脚跟先着地过渡到前脚掌撑地，脚尖由向前方转为向侧方，同时重心下降，并先落在后脚上，身体稍向后坐，以减缓向前的冲力。第二步着地时，前脚掌内侧用力蹬地，脚尖稍向内转，两膝弯曲并内收，上体稍前倾，重心落在两脚之间。两臂屈肘张开，帮助控制身体平衡。

跳步急停动作要领：队员在跑动时用单脚起跳，两脚同时落地，前脚掌用力蹬地，两膝迅速弯曲，重心下降。两臂屈肘张开，保持身体平衡。

（5）转身

转身是一脚做中枢脚进行碾地旋转，另一脚随之转动来改变身体原来的方向。这种动作在比赛中运用广泛，经常与其他脚步动作结合使用。转身可分为前转身和后转身。

前转身：移动脚向中枢脚脚尖方向跨出，改变身体方向为前转身。转身时，中枢脚前掌用力碾地，移动脚蹬地并迅速跨步，同时转腰转肩并保持身体平衡。

后转身：移动脚向中枢脚脚跟方向移动为后转身。转身时，中枢脚碾地旋转，移动脚蹬地并向自己身后撤步；同时，腰胯主动用力旋转，身体重心随之转移，保持身体平衡。后转身可在原地或行进间运用。

（6）滑步

滑步是队员防守时的主要移动方法，分为侧滑步、前滑步和后滑步三种。

①侧滑步。滑步前，两脚左右开立，膝弯曲，上体稍前倾，手臂向两侧张开。向左滑步时，右脚前脚掌内侧蹬地，左脚向左跨出一步，落地的同时，右脚迅速随同滑行，然后依次重复上述动作，眼要注视对手；向右滑步时，动作相反。

②前滑步。由前后站立姿势开始，向前滑步时，后脚前脚掌内侧蹬地，前脚向前跨步，着地后，后脚紧随着向前滑动，保持前后开立姿势。注意屈膝降低重心。

③后滑步。与侧滑步相同，只是向侧后方向移动。

（7）后撤步

后撤步是前脚向后撤步的一种方法。

做后撤步时，用前脚的脚前掌内侧蹬地，同时腰部用力向后转动，后脚碾蹬地面，前脚快速后撤，紧接滑步调整防守位置。

前脚蹬地后撤要快，后脚碾地扭腰转髋要猛，后撤角度不宜过大，身体不要起伏。

（二）篮球比赛中的传、接球技术

传球、接球是篮球运动中一项最基本的技术，它是连接各项技术的枢纽，也是组成一切进攻战术所必须具备的技术。传、接球是篮球队员们配合的保证，一个球队的传、接球技术过硬的话，球队夺冠的机会就越大。全面地、熟练地掌握传、接球技术，能充分发挥集体力量，是实现战术配合的具体手段。

传球是队员将球越过防守人，传给另一个同队队员。所以传球应有一定的目的性，既能安全地被同队队员接住，又能为接球后顺利地完成下一个攻击动作提供方便。因此，传、接球技术必须贯彻快速、隐蔽、及时、到位的要领，才能打乱对方的防御部署，创造更多、更好的投篮机会。

1. 传球动作方法

（1）双手胸前传球

双手胸前传球是一种最基本的常用传球方法，这种传球方法迅速有力，可在不同方向、不同距离中使用，而且也便于衔接其他技术。

动作要领：两手五指自然分开，两大拇指成八字形，用指根以上部位持球，手心空出。两肘自然弯曲于体侧，置球于胸前部位，身体成基本姿势站立，脚分前后。传球时，目视传球方向，两臂前伸，手腕由下向上转动，再由内向外翻，急促抖腕；同时拇指用力下压，食、中指用力弹拨，将球传出。出球后手心和拇指向下，其余四指向前。远距离传球，则需加大蹬地和腰腹手协调用力。

（2）单手肩上传球

单手肩上传球是最普通的一种传球方法。这种传球灵活性大、出手快、力量大、飞行速度快，对中远距离传球更为有效。

动作要领：（以右手为例）双手胸前握球，两脚前后站立，左脚在前，左肩对传球方向，将球引至右肩，右手执球，肘关节外展，右手腕后仰，指根以上托球，掌心空出，重心落在右脚上。传球时，右脚蹬地，转体，前臂迅速向前挥摆，手腕前屈，通过拇指、食指、中指拨球，将球传出。球出手后身体重心应随之移到左脚上。

（3）单手体侧传球

单手体侧传球是一种近距离隐蔽传球的方法，这种方法在外围队员传给内线队员时经常运用。与跨步、突破等假动作结合效果较好。

动作要领：双手胸前持球，两脚开立。右手传球时，左脚向左跨出半步，右手引球至身体右侧呈右手单手持球。出球前的一刹那，持球手的拇指向上，手心向前，手腕后屈，小臂稍向前摆，急促用力向前扣腕，手指用力拨球，将球传出。

动作要点：跨步与传球的配合要协调、迅速，腕指急促用力拨动，小臂摆动幅度要小。

（4）双手头上传球

这种传球方法出球点高，适合于身体较高的队员，并能与篮下投篮相结合，这种方式多用于抢篮板球后第一传和外线队员转移球及传给内线队员。

动作要领：双手持球举于头上，两肘稍屈，持球手法与双手胸前传球相同，传球时小臂前挥，手腕前扣外翻的同时，拇指、食指、中指用力拨球。传球距离较远时，加脚蹬地，腰腹用力，全身协调发力，将球传出。

2. 接球动作方法

接球是篮球运动中一项必须重视的基本技术，是掌握球权、争取主动的主要因素。接球分双手和单手接球两种。不论哪一种接球，眼睛都要注视球，肩臂放松，手臂要半屈迎向球，手指自然分开、放松。当手指触球时，手臂立即随后引缓冲来球力量，将球握于胸前，保持身体平衡，并做好投篮、传球、突破的准备。

动作说明：

①当球传来时，两臂伸出迎球，十指放松，微张，准备接球。

②接球前的刹那，精神集中，十指开始紧张，准备触球。

③触球后手指立刻用力握紧球，同时上臂后收，向胸前收球。收球时肘关节贴近体侧。

④继续向胸前收球，同时重心稍微向后移，并逐渐移至后腿。

注意事项：

①接球时要主动迎球，主动抓球，并在触球后以最快速度将球收至腹前，以便衔接下一个进攻动作。

②握球时，两手略微偏后，以防漏球。

（1）双手接中部位的球

动作方法：两眼直视来球方向，两臂伸出迎球，双手手指自然分开，两拇指成"八"字形，其他手指向前上方伸出，两手成一个半圆形。当手指触球时，双手将球握住，两臂顺势屈肘引缓冲来球的力量，两手持球于胸腹之间，成基本站立姿势。

动作要点：伸臂迎球，在手接触球时手臂后缓冲。

（2）双手接高部位的球

这种接球方法与接中部位高度的球相同，但要求两臂必须向前上方迎球伸出。

（3）双手接低部位的反弹球

动作方法：接球时要及时迎球跨步，上体前倾，眼睛注视来球方向，两臂向前下方伸出，掌心斜对来球的反弹方向，五指放松自然张开，手指触球后，两手握球顺势将球引至于胸腹之间，成基本站立姿势。

动作要点：及时迎球跨步，手臂下伸要快。

（4）单手接球

动作方法：原地单手接球时，接球手向来球方向伸出，五指自然分开，掌心正对来球，手腕手指放松。当手指触球时，顺球的来势迅速收臂。将球置于身体前方或两侧，另一手迅速扶球，保持身体平衡，做好下一进攻动作的准备姿势。在移动中接球时要判断来球的时间和落点，及时向来球方向跨步移动，接球后迅速降低重心。

动作要点：手指分开伸臂迎球，触球后引球要快，另一手及时扶球。

（三）投篮

投篮是在比赛中，队员运用各种专门、合理的动作将球投进对方球篮的方法。是篮球赛中得分的手段。投篮是篮球运动中一项关键性技术，是唯一的得分手段。进攻队运用各种技术、战术的目的，都是为了创造更多更好的投篮机会并力求投中得分；防守队积极防御都是为了阻挠对方投篮得分。随着篮球运动的发展，运动员身高、身体素质及技术水平的提高，促使投篮技术不断发展，出手部位由低到高，出手速度由慢到快，投篮方式越来越多，命中率不断提高。

1. 投篮的技术分析

投篮技术动作包括两个方面：其一是投篮时的身体姿势；其二是持球手法。

（1）身体姿势

原地投篮时，要两脚前后自然开立，两膝微屈，上体稍前倾，重心落在两脚之间。这样，既便于投篮集中用力，又利于变换其他动作。移动中接球跳投、运球急停跳投或行进间投篮时，跨步接球与起跳动作既要连贯衔接，又要迅速制动，使身体重心尽快移到支撑面的中心点上，以保证垂直起跳。身体姿势正确就能保证身体重心移动与投篮出手的方向一致，就能保持身体平衡。控制身体平衡是保证出球方向准确的基本条件。

（2）持球手法

单手持球：以原地单手肩上投篮为例，持球时五指自然分开，掌心空出，用指根以上部位托球的后下方,手腕略向后仰,球的重心落在食指和中指掌指关节处,肘关节自然下垂,要求球置于同侧肩的前上方。

双手持球：以原地双手胸前投篮为例,两手手指自然分开,拇指相对成八字形,用指根以上部位握球的两侧后下方,手心空出,两臂自然屈肘,肘关节下垂,置球于胸与颚两侧。

原地投篮是最基本的投篮方法,是行进间投篮和跳起投篮的基础。原地投篮易于保持身体平衡,便于全身协调用力,比较容易掌握。一般在中、远距离投篮和罚球时运用较多。

2. 投篮的动作方法

（1）原地单手肩上投篮

动作要领：以右手为例,右手五指自然分开,手心空出,用指根以上的部位持球,大拇指与小拇指控制球体,左手扶球的左侧,肘关节自然下垂,置球于右肩前上方。两脚左右或前后开立,两膝微屈,重心落在两脚上。投篮时,下肢蹬地发力,右臂向前上方伸直,手腕前屈,食、中指用力拨球,通过指端将球投出。球出手时,身体随投篮动作向上伸展,脚跟微提起。

（2）原地双手胸前投篮

这种投篮虽然出球点较低,但出手前稳定性好,出手力量大,便于与传球、突破相结合,多用于远距离投篮。

动作方法：双手持球基本同双手胸前传球。两肘自然下垂,将球置于胸前,目视瞄准点。两脚前后或左右开立,两膝微曲,重心落在两脚之间。

投篮时,两脚蹬地,腰腹伸展,两臂向前上方伸出,两手腕同时外翻,拇指稍用力压球,食指、中指拨球,使球从拇指、食指、中指指端飞出。球出手后,脚跟提起,身体随投篮出手方向自然伸展。

动作关键：投篮时,蹬伸踝、膝、髋,双手用力均匀,手腕外翻,手指拨球。

（3）行进间单手肩上高手投篮

动作方法：以右手投篮为例,右脚向前跨一大步的同时接球,即为"一大"；接着迅速上左脚蹬地起跳,即为"二小"；双手举球于右肩前上方,腾空后,上体稍后仰,当身体接近最高点时,右臂向前上方伸展,手腕前屈,食、中指用力拨球,通过指端将球投出,即为"三跳"。

（4）行进间单手肩上低手投篮

动作方法：以右手投篮为例，右脚跨出一大步的同时接球，接着左脚跨一小步并用力蹬地起跳，右腿屈膝上抬，身体重心前移，双手向前上方举球。当身体接近最高点时，左手离球，右手外旋，掌心向上托球，并充分向篮球上方伸展，接着屈腕，食、中指用力拨球，通过指端将球投出。

动作要点：腾空时身体向前上方充分伸展，投篮出手前保持单手低手托球的稳定性，指腕上挑动作要协调。

（5）原地跳起单手肩上投篮

动作方法：以右手投篮为例，两手持球于胸前，两脚左右或前后开立。两膝微屈，重心落在两脚之间。起跳时，迅速屈膝，脚掌用力蹬地向上跳起，同时双手举球到右肩上方，右手持球，左手扶球的左侧方，当身体接近最高点时，左手离球，右臂向上方充分伸展，手腕前屈，食、中指拨球，通过指端将球投出。落地时屈膝缓冲。

动作要点：右前脚掌对准投篮方向，起跳垂直向上，起跳与举球，出手动作应协调一致，在接近最高点时出手。

（6）双手头上投篮

这种投篮出球点高，不易封盖，便于与头上传球相结合。但是重心高，不便与运球和突破相结合。

动作方法：双手持球于头上，肘关节自然弯曲，两脚前后开立，两膝微屈，重心落在两脚之间。投篮时，两臂随下肢的蹬伸向前上方伸出，两手腕同时外翻，拇指、食指稍用力下压，用指端拨球，使球通过拇指、食指、中指指端飞出。球出手后，脚跟提起，身体随投篮出手方向自然伸展。

动作关键：手腕外翻，双手用力均匀。

（7）接球急停跳起投篮

动作方法：在快速移动中接球，用跨步或跳步急停，急停的同时，突然向上起跳，两手持球迅速上举，当身体接近最高点时前臂向前上方伸直，手腕前屈，食、中指拨球，通过指端将球投出。

动作要点：接球急停与起跳衔接要好，第一步要克服向前冲力，蹬地、起跳快速有力。

（8）运球急停跳起投篮

动作方法：在快速运球中，用跨步或跳步急停，突然向上起跳，两手持球迅速上举，当身体接近最高点时前臂向前上方伸直，手腕前屈，食、中指拨球，通过指端将球投出。

动作要点：运球急停跳起投篮技术的关键是在快速运球中急停的步子要稳，连接起跳技术要协调，身体腾空和投篮出手协调一致。

（四）运球

运球是有球队员在原地或移动中，用单手连续拍按或双手交替拍按由地面反弹起来的球。运球是篮球比赛中个人进攻的重要技术。它不仅是个人攻击的有力手段，而且是组织全队进攻战术配合的桥梁。有目的的运球可以突破防守、发动进攻、调整位置、寻找有利时机进行传球和投篮，尤其是进攻、紧逼、人盯人防守的有力武器。盲目地运球会贻误战机，造成被动。随着篮球技术的不断发展，运球的技巧有了很大的提高，其特点是重心低，侧身护球隐蔽性大，手臂控球范围广，手腕手指翻转时球停留手中的时间稍长，运球方式变化多，使运球技术更具有保护性、突然性和攻击性。

1. 运球的技术分析

运球动作是由身体姿势、手臂动作、球的落点、手脚协调配合四个环节组成。运球技术的关键是手对球的控制支配能力、脚步移动的熟练程度以及手、脚、身体三者的紧密配合。

（1）身体姿势

运球时应保持两脚前后自然开立，两膝微屈，上体稍前倾，头抬起，眼睛平视。非运球手臂屈肘平抬，用以保护球。脚步动作的幅度和下肢各关节的屈度随运球速度和高度的不同而有所变化。

（2）手臂动作

手臂动作包括球接触手的部位、运球时的动作、拍按球的部位和力量的运用。

运球时，五指自然分开尽量扩大控制球面，用手指和指根部位控制球，掌心不触球。低运球时，主要以腕关节为轴，用手腕、手指的力量运球；身前高运球和变向高运球时，主要以肘关节为轴，用前臂和腕、指的力量运球；体侧或侧后的提拉式高运球主要以肩关节为轴，用上臂、前臂、腕、指的力量运球。拍按球时，手应随球上下迎送，尽量延长控制球的时间，这样有利于保护球和根据场上情况改变动作。

拍按球的部位是由运球的方向和速度来决定的。拍按球的部位不同，使运球的入射角和球反弹起来的反射角也不同。原地运球时，拍按球的上方。向前运球时，拍按球的后上方。

（3）球的落点

运球时应控制球的落点，使球完全保持在自己所能控制的范围内，以便随时利用自己的上体、臂、腿来保护球；而且也要便于技术运用。例如：运球向前推进无防守时，球的落点应控制在身体的侧前方，并根据推进速度保持适当距离。在对手紧逼防守时，应使球远离对手，采用侧对防守的运球方法，将球的落点控制在身体的侧后方，以便更好地保护球和及时抓住战机变换运球方法突破防守。

（4）手脚协调配合

运球时既要使移动速度和运球速度协调一致，又要保持合理的动作节奏。能否保持脚步动作和手部动作协调一致，关键在于拍按球的部位、落点的选择和力量大小的运用。脚步移动越快，按拍球的部位越靠后下方，落点越远，按拍球及反弹起来的力量就越大。运球时，手拍按球和脚步动作要保持一定的比例关系及节奏。直线运球，一般拍一次球跑两步。

2. 运球的动作方法

（1）高运球

运球时，球反弹的高度在腰、胸之间的叫作高运球。它是进攻队员在没有防守队员阻挠的情况下，为了加快向前推进的速度和在进攻中调整进攻速度及攻击位置时，所采用的一种运球方法。其特点是拍按球的力量大，反弹高度高，便于控制，进行速度快。

动作方法：上体稍前倾，抬头看前方，以肘关节为轴，用手拍按球的后上方，把球的落点控制在身体侧前方。手脚协调配合，使球有节奏地向前运行。

动作要点：手拍按球的部位正确，手脚协调配合。

（2）低运球

运球时，球反弹的高度在膝关节以下的运球叫作低运球。当受到对手紧逼或接近防守队员时，常采用这种运球方法保护球和摆脱防守。

动作方法：两膝迅速弯曲，重心降低，抬头看前方，上体前倾，靠近防守队员一侧，用上体和腿保护球。同时，用手腕、手指力量短促地拍按球，以便更好地控制球和摆脱防守，继续前进。

动作要点：两膝弯曲迅速，降低重心，上体前倾；拍按球短促有力，手脚协调配合。

（3）运球急停急起

运球急停急起是运球时利用速度的突然变化来摆脱防守的一种方法。多用在对手防守较紧的情况下，在快速运球中突然停止前进，迫使防守队员被动减速停住，趁其重心不稳时，再突然加速起动运球，摆脱防守。

动作方法；运球急停时，用手快速拍按球的前上方；同时，两脚做跨步急停，并转入低运球，用臂、上体和腿保护球。运球急起时，后脚用力蹬地，同时拍按球的后上方加速超越对手。

动作要点：拍按球部位正确。停得稳，起得快。

（4）侧身体前换手变向运球

侧身体前换手变向运球是运球队员利用突然改变运球方向来突破防守的一种运球方法。这种方法多于对手堵截运球前进路线时运用。

动作方法：以运球队员右手运球向对手右侧突破为例。先向对手左侧快速运球，当对手向左侧移动堵截时，运球队员突然变向，用右手拍按球的右侧后上方，并靠近身体向左侧送拍球，使球落在身体的左侧前方反弹，右脚迅速向左侧前方跨出，上体左转并前倾探肩，换手拍按球的后上方，加速运球突破。

动作要点：拍按球的部位、方向正确，同时要及时跨步、侧身护球和加速超越对手。

（5）侧身体前不换手变向运球

当运球队员与防守队员接近时，为了摆脱和突破对手，运用上体的虚晃和左、右拨球动作不换手变向突破防守的一种运球方法。

动作方法：将球从身体的右侧拨到体前中间位置，当防守队员重心向右侧移动时，突然将球拨回右侧，左脚向右侧跨出，借以摆脱防守，继续运球前进。

动作要领：身体重心转移迅速，拍按球部位要正确、熟练。

（6）运球转身

运球转身是运球队员被防守堵截运球的一侧并且距离较近时，运用后转身改变运球方法，借以突破防守的一种方法。

动作方法：以右手运球为例。运球转身时，侧对防守，左脚在前做中枢脚，将球控制在身体右侧，右手按球的右侧上方，随着后转身右脚蹬地后撤的同时，将球拉向身体后侧方落地反弹，即换左手运球，从对手的右侧突破。

动作要点：转身时要加力运球，以加大球的反弹力，增加手控制球的时间，利于拉引球动作的完成。运球转身时，使上臂紧贴躯干来减小球的转动半径，同时运球手臂提拉球的动作和脚的蹬地、跨步、转身动作紧密结合。

（7）体后变向运球

当对手堵截运球一侧，距离较近，不便运用体前变向运球时，运球队员可采用背后运球，改变方向突破防守。

动作方法：以右手运球为例，变向时，用右手将球控制到身后，拍按球的右侧上方，使球拍至左脚的侧前方，并立即换左手运球，右脚迅速向左向前跨出，用左手运球突破对手。

动作要点：拍球的方法正确，变化迅速，跨步及时，重心跟上。

二、防守技术

防守技术是队员在防守时为了阻挠和破坏对手的进攻，达到夺球反攻的目的所采取的各种专门动作方法的总称。

在篮球运动实践中，防守技术在不断发展，攻击性强、破坏性防守变被动为主动，极大地提高了篮球运动的对抗性和观赏性。防守技术是防守战术的基础，因此，新的防守技术和策略的不断出现，丰富了防守技术和战术。

当代篮球防守技术的发展，对每个篮球队员的防守意识、身体和技术都提出了更高的要求。因此，提高防守技术和能力，成为当代篮球运动员必须解决的问题。

防守基本分为防守移动、防守有球队员、防守无球队员。

（一）防守移动

1. 防守移动技术分析

防守移动技术的动作结构主要包括以踝、膝、髋、腰为轴的各种运动动作。防守移动技术主要由以下三个环节构成：

（1）准备姿势

任何步法的防守移动都要保持屈膝、弯腰、降低重心的基本姿势，以便于及时移动，并在移动中保持身体的稳定性和易变性，去完成各种防守技术动作。

（2）控制身体重心

各种防守步法都是通过前脚掌用力蹬、碾地面或是用脚着地时的抵地制动动作来完成的。因此，腿部必须保持一定的弯曲，以便控制好身体重心，保持身体平衡，顺利完成移动技术动作的衔接和变换。

（3）身体各部位协调配合

各种防守步法的主要动力虽是靠脚对地面的作用力和地面的反作用力来实现的，但同时还必须有身体其他部位协调用力地配合来加强这种作用力，特别是腰胯用力地配合，它对带动上体、使动作协调配合、调整或转移身体重心，都起着很重要的作用。并且，上肢应协同动作，以保证各种步法的协调性、快速性和实效性。

2. 防守移动的动作方法

防守移动的动作方法有起动、滑步、攻击步、交叉步、后撤步、碎步、绕步等组成。

（1）滑步

滑步是防守移动的一种主要方法。常用来阻截对方的移动路线，调整自己的防守位置。滑步分为侧滑步、前滑步、后滑步三种。

①动作方法。

a. 侧滑步。

由两脚平行站立姿势开始，向左侧滑步时，左脚向左（移动方向）迈出的同时，右脚蹬地滑动，跟随左脚移动，并保持屈膝降低重心的姿势，上体微向前倾，两臂（根据进攻者的情况）张开，抬头注视对手。注意身体不要上下起伏，两脚不要交叉，重心要保持在两脚之间。

b. 前滑步。

由前后站立姿势开始，向前滑步时，后脚前脚掌内侧蹬地，前脚向前跨步，着地后，后脚紧随着向前滑动，保持前后开立姿势。注意屈膝降低重心。

c. 后滑步。

与侧滑步相同，只是向后滑动。

②动作要点。

蹬跨协调，身体平稳，两臂伸展。

（2）后撤步

后撤步是变前脚为后脚的一种防守移动方法。

动作方法：当进攻队员从自己前脚外侧持球突破或摆脱防守时，为了保持有利的防守位置，常用后撤步，并与滑步、跑等结合运用。后撤步时，用前脚掌内侧蹬地，腰部用力向后转动，同时后脚的前脚掌碾地，后撤前脚，紧接滑步，保持防守姿势和位置。后撤角度不宜过大，动作要迅速，身体不要起伏。

动作要点：前脚蹬地后撤要快，后脚碾地扭腰转髋要猛。

（3）攻击步

攻击步是防守队员突然向前跃出，进行抢、打、断球的一种防守移动方法。

动作方法：做攻击步时，后脚要猛力蹬地，前脚迅速向前跨出逼近对手。落地时重心偏在前脚上，前脚同侧手前伸做干扰和抢截性防守动作。

动作要点：蹬跨突然，落地平衡。

（4）绕步

绕步是用以抢占有利防守位置、阻挠、紧盯对手，破坏中锋接球的一种防守移动方法。绕步分为绕前步和绕后步两种。

①动作方法。

a. 绕前步（以从右侧前防守为例）。

右脚向右斜前方跨出半步，左脚迅速蹬地绕过对手向左跨出或跃出，两臂要根据防守的需要做相应的动作（阻挠、伸展、挥摆）。

b. 绕后步。

绕后步多用于恢复、调整防守位置时。绕后步的动作方法与绕前步相同，只是向后方跨步绕过。

②动作要点。

腰、胯用力，跨绕迅速，两臂协同配合。

（5）碎步

碎步是一种能保持较大的防守面积和具有机动性的防守移动方法，多用于外线平步防守时。

动作方法：碎步移动时，两脚平行开立，两膝保持弯曲，不停顿地以脚前掌蹬地，用小而快的步法向左、右、前、后移动，如同滑跳一样，以阻挠进攻队员行动。如向右滑时，右脚借助蹬地力量向右滑动半步，左脚紧跟向右滑动半步，保持平步防守。

动作要点：移动步幅较小，衔接轻快，屈膝蹬移时重心平稳。

（二）防守有球队员

1. **防守有球队员技术分析**

防守有球队员由防守有球队员的位置与距离、防守姿势、移动步伐和抢、打、断球等环节组成（以人盯人防守为例）。

（1）防守的位置与距离

防守有球队员时，防守人应站在对手与篮球之间，使对方、自己和篮球保持在一条直线上。一般对手离篮近，则防守者应离对手近些，离篮远则离对手远些。还应根据对手的进攻技术特点以及防守战术的需要调整防守距离。

（2）防守姿势

防守姿势分为平步防守和斜步防守两种。平步防守：两脚平行站立，两手臂侧伸不停地挥动。这种防守姿势占据面积大，攻击性强，便于向左右移动，适合于防守运动、突破。斜步防守：两脚同侧手臂向前上方伸出，另一手臂侧伸。这种防守便于前后移动，对防守投篮比较有利。

（3）移动步法

防守有球队员的脚步动作与对手接球时所处的位置有直接关系。如果持球队员距球篮较近，要快速前滑逼上，举手防守其投篮；如果持球队员距离球篮较远，要迅速跟上，采用平步防守其持球突破，并随时准备运用攻击步、后撤步、交叉步等。对中锋队员防守主要采用绕前、绕后、滑步堵截等。

（4）抢、打、断球

运用抢、打、断球技术可以把控制球权从对方手中夺过来，反守为攻。

①抢、打、断球的技术分析。

抢球、打球、断球是攻击性很强的防守技术，它是积极性防守战术的基础。抢球、打球、断球由准确的判断、快速的移动、合理的手部动作三个环节组成。必须保证正确的防守位置，即使不成功，也要尽可能快地恢复正常的防守位置，防止对手突破。准确判断是基础，快速移动是为了占据有利的位置，而合理的手部动作则是减少犯规的重要保证。手部击球时的动作幅度要小，速度要快，要善于发挥出手腕和手指的动作速度。

a. 准确的判断。

准确的判断是有效地抢、打、断球的前提。首先应看准球所在的位置、球的移动路线以及球的速度和球到的位置，了解对方的配合、意图及习惯动作，然后不失时机地、准确地出击。

b. 快速的移动。

起动要突然，移动的步频要快。不管抢球、打球或断球，突然性很重要，它是抢、打、断球成功与否的关键。突然跃出，才能使对方猝不及防。

c. 合理的手部动作。

手部动作正确与否，是获得球的重要因素。手臂的伸、拉、挡、截，手腕和手指的拍击、点拨、扭转、封盖等动作要迅速果断。手臂动作幅度不要太大，身体用力不要过猛，要控制身体平衡，以免犯规。

②抢、打、断球的动作方法。

a. 抢球。

抢球是从进攻队员手中夺取球的方法。多在防守者离持球者近，而且持球者保护球不好时运用。

动作方法：当进攻队员停止运球、接球或抢到篮板球落地刚持球时，防守者趁其保护球不当出其不意地将球抢掉。抢球时动作要快而狠，果断有力，当手指接触球或控制住球后，利用拧、拉和身体扭转力量，同时手臂要迅速向腰腹回收，将球抢夺过来。抢球的手法一般是一手在上，一手在下直握。

动作要点：出手要快，动作有力，扭拉要突然。

b. 打球。

打球是指击落对方手中球的方法。包括打原地持球队员的球、打运球队员手中的球和打行进间投篮队员手中的球三种情况。

i. 打原地持球队员手中的球。

动作方法：有自上往下和自下往上两种打球方法。打球时一般采用与持球队员动作相反逆向迎击，这样可借助反向合力增大击球力量，易于将球击落。

动作要点：手臂出击动作要快，判断要准确。

ii. 打运球队员手中的球。

动作方法：以右手运球为例，当运球队员向前推进时，防守者应在左脚向左滑步抢位堵截的同时，在球从地面弹起的瞬间，突然用左手，以短促的力量从侧面将球打出，并及时上前抢球。在防运球突破时，当运球者处于即将超越防守者的瞬间，为了弥补防守失误，可从后面打球；如运球队员从防守队员左侧突破时，防守者以左脚为轴做前转身，迅速向对手运球的侧后方跨步的同时，利用手臂、肩和腰的伸展动作，用右手从运球者的后方抄打球。

动作要点：选择好时机，上步快速，打球后迅速抢球。

iii. 打行进间投篮队员手中的球。

动作方法：进攻队员运球上篮时，防守者侧身跟随运球队员，当对方起步上篮跨出第二步，把球由体侧移到腰腹部位的瞬间，防守者可用（右）左手自上往下的斜击方法将球打落。为了避免犯规，打球的手臂要迅速从对手身旁撤离。

动作要点：跟随移动快，找准时机，迅速出手，手臂撤离要快。

c. 断球。

断球是截获对方传接球的方法。根据传球方向和防守队员断球前所处的位置，一般分为横断球、纵断球和封断球三种。

i. 横断球。

是从侧面跃出截获进攻队的传球。

动作方法：断球时，重心迅速向断球方向移动，以短而快的助跑，单脚或双脚用力蹬地跃出，身体伸展，两臂前伸，用双手或单手将球截获。

动作要点：蹬地有力，跃动迅猛，两臂快伸。

ii. 纵断球。

是从接球队员身后或侧后方突然用绕前防守步法跃出，截获进攻队的传球。

动作方法：当防守者要从对手右侧绕前断球时，右脚先向前跨第一步，然后侧身跨左脚绕到对手身前，同时重心前移，左脚（或双脚）用力蹬地向前跃出，身体伸展，两臂前伸，将球截获。

动作要点：侧身绕前，跨步要迅速有力，手部前伸突然。

iii. 封断球。

是在封堵持球队员传球时截获球的动作。

动作方法：当持球队员暴露了自己的传球意图或传球动作较大时，防守者可在对方球出手的一刹那，突然起动，伸臂封盖或将球截获。

动作要点：判断传球意图，封球伸臂突然。

d. 盖帽。

"盖帽"是指篮球比赛中，队员原地或跳起用单手或双手将球举起试图投篮，在球离手的一刹那，或者球出手后向上飞行的过程中，防守队员跳起用手臂封堵，干扰和破坏了球的正常飞行，有效地阻止了投篮得分，通常人们把这种动作称为"盖帽"。

动作方法："盖帽"前要根据进攻队员的投篮动作和身高、弹跳等特点，降低重心，迅速移动，选择有利位置，准确判断对手起跳及出球时机；当对手起跳投篮时，立即跟随起跳。此时身体和手臂充分伸展，当对手举球到最高点或球刚出手的一刹那，迅速而果断地用离对于手近侧手臂的手腕、手指力量向侧或向前点拨球，将球打落。打球动作要小而突然，前臂不要下压，要尽量避免接触对手的身体，以免造成犯规。

动作要点：判断准确，起跳及时，盖打后注意收腹以免犯规。

2. 防守有球队员的动作方法

（1）防持球

在篮球比赛中，球是攻守双方争夺的焦点。持球队员可以直接投篮得分、突破和传球，为了有效地制约对方的进攻，一旦对手接到球，防守者要及时调整与对手的位置、距离，保持合理的姿势，尽力干扰和破坏其投篮，堵截其运球突破，封锁其助攻传球，并积极地抢、打、断球以争取控制球权，而在防守中恰当地运用一些防守假动作，将收到很好的效果。

（2）防投篮

在篮球比赛中运用防守投篮假动作时，应根据临场实际情况，在熟悉对手的技术特点和习惯动作的前提下，准确判断进攻者的真实意图，做出相应的防守动作。例如，进攻队员持球时，经常以投篮的假动作诱使防守队员起跳封盖，在防守队员开始下落时，进攻队员就及时起跳投篮，这是有效地利用了攻守的时间差。根据这一规律可以运用相应的防投篮假动作，防守队员的准备姿势是两脚的前脚掌着地，屈膝适当降低重心，两臂前上举，上体稍前倾，靠近进攻队员。在进攻队员以投篮的假动作进行引诱时，防守队员迎合做出双臂直举、挺直上体、抬头并辅以面部表情等一系列动作进行反引诱,在进攻队员感到时机已到而投篮时,防守者由于脚不离地,两膝弯曲,就可以随时进行起跳封盖,避免时间差,以达到防守的目的。

(3) 防突破

防突破假动作可分为防持球突破假动作和防运球突破假动作。在篮球比赛中,进攻队员的持球突破动作一般是左晃右突、右晃左突、左晃右晃左突、瞄篮变突破等,此时防守队员运用假动作要根据防守原则,占据合理的防守位置,在了解对方习惯动作的基础上,准确判断进攻者的真实意图,从而采取相应的防守假动作。例如,当进攻队员做瞄篮假动作而实际准备突破时,防守队员应根据防守原则,采取合理的防守姿势,相应地做双臂直举、挺直上体的封盖动作,但两腿应弯曲,重心仍保持在两腿之间,注意力集中在对方突破的路线上。这样,一旦持球者突破,防守队员便可轻而易举地封堵路线,破坏其持球突破。目视对方,并且不停地走碎步,靠近运球队员,造成一种积极防守的态势,给运球队员带来一定的心理压力,使之不敢贸然突破,随之防守队员做出上步打球的攻击性假动作,放松其进入夹击区的路线,引诱对手进入夹击点,达到在夹击区形成以多防少、伺机抢断的目的。

(4) 防传球

在比赛中运用防传球假动作时,要集中注意力,观察持球者面部表情、眼神及手臂动作,判断其传球的意图,把自己抢断球的欲望隐藏到防守中去。一旦对手传球,防守者便在判断准确的基础上把球断走。例如,外线队员向内线队员传球时,防守者故意把手放在腰部位置上,给持球者造成可以通过头上传球的错觉,待持球者从头上传球时再突然伸出双臂把球断下。再如,防守者故意加强一侧防守,放松另一侧,待持球者从这侧传球时,突然跃出断球,从而达到夺球反攻的目的。在完成这一动作时,防守者要及时判断持球者的传球方向和时机,同时调整自己的防守位置、距离和防守姿势。

(三) 防守无球队员

1. 防守无球队员的技术分析

防守无球队员由防守的位置与距离、防守姿势、移动步伐、断球等环节组成 (以人盯人防守为例)。

（1）防守的位置与距离

防守无球队员时，防守队员必须根据球和自己防守的对手所处的位置确定和调整自己的防守位置。防守者的位置始终要位于对手与球篮之间，偏向有球一侧，与球和所防对手三者要成钝角三角形，防守者与对手的距离要和对手距离远近成正比，做到对手近球则近，远球则远，人、球、区三者兼顾，控制对手接球。根据球和对手所处的位置，防守无球队员可分为强侧（有球侧）防守和弱侧（无球侧）防守。

强侧防守：当防守的对手处在强侧时，因其临近球，随时都有接到球的威胁。为了全力封锁对手接球，同时又能控制对手向篮下切入，防守者应站在球与自己所防守对手的传球路线的内侧位置，逼近对手，采用面向对手侧向球的斜前站立姿势。靠近球侧的脚在前，屈膝，重心在两脚之间；与前脚同侧的手前伸，拇指朝下，手掌处于球与对手的假想连接线上，切断对手的传接球路线；离球远的手臂弯曲，用手轻摸对手的腰部，以便感觉对手的动向；眼睛要既看到人，又能兼顾到球。

弱侧防守：当对手处于弱侧时，因其距球较远，威胁相对较小。为了协助同伴共同加强对有球侧的防守，并便于控制篮板球，应向球和球篮方向靠拢，采用松动防守。经常采用面向球或侧向对手的站立姿势，即两脚开立，两膝稍屈，两臂伸于体侧，密切观察球、人的动向。

（2）防守姿势

正确的防守姿势能扩大控制范围和及时向不同方向移动。采用何种防守姿势，应根据对手是处在强侧还是弱侧，以及防守者与对手和球的距离远近来选择。

（3）移动步法

防守时，防守队员要根据球和人的移动，合理地运用脚步动作来保证及时占据有利的防守位置，争取主动。防守无球队员常用的移动步法有滑步（前、后、横滑步）、撤步、碎步、快跑和转身等。

2. 防守无球队员的动作方法

在比赛中，防守队员绝大部分时间是在防无球队员，多数情况下无球队员的移动是组成进攻配合的关键。要有效地制约对手的进攻，提高防守的主动性、攻击性，必须提高防守无球队员的技能。在遵循防守无球队员原则的基础上，适当运用一些假动作，也可以收到很好的效果。

（1）防摆脱

在比赛中，进攻队员主要是采用变速、变向和转身的动作达到摆脱防守的目的，防守队员在掌握住一般规律后，要通过观察判断估计到对手的摆脱假动作，从而采用相应的防守动作。

（2）防接球

在比赛中运用防接球假动作时，在一定情况下，也可明显地放开对方的接球路线，制造假象而获取球权。例如，当前锋经底线向有球一侧移动时，按正常情况的防守要求，防守者要紧跟不放，防止对手接球，但为了断球，防守者可在跟防中故意稍拖后上点，表现出消极防守的神色，使传球人误认为防守人出现漏洞而传球时，在其毫无防备的情况下突然加速，跃出将球断掉。再如，防处于强侧的前锋队员时，防守的主要任务是不让或少让在其攻区接球，这时防守队员可采取面向对手、侧向球的斜前站立姿势，近球侧的脚在前，同侧手封锁对方接球的路线，两眼平视，做到人球兼顾。同时，后脚不动，前脚不断做前跨、缩回动作，重心控制在两脚之间，随时保持身体平衡，并把注意力放在对方反跑上。这样，若进攻者反跑，防守者便可通过及时的移动，减少其接球的可能性，所以进攻者要想接球必须移动摆脱，在距篮筐较远的地方接球，这样对防守的压力便减轻了，同样达到了防守的目的。

三、争夺篮板球

（一）争夺篮板球的概念

攻守双方争夺投篮未中的球被称为争夺篮板球。它是获得球的最主要手段之一，是篮球比赛中攻守转换的标志和核心。控制好篮板球意味着终结对手的攻击或自己又一轮进攻的开始。

（二）篮板球的分类

篮板球分为争夺进攻篮板球和防守篮板球，也被称为争夺前场篮板和后场篮板。

（三）争夺篮板球的主要方法及特点

①防守队员争抢篮板球，深色队服者为防守队员。当进攻队投篮后，防守者不要立即转身冲向篮下，而是应该先观察对手的意图，并积极阻止对手的行

动。当对手想冲向篮下时，要积极上步转身，紧贴对手并将其挡在身后，始终用背部感觉对手并用脚步移动阻止对手绕出，看准来球后及时起跳控球，也可以根据实际情况将球点拨给位置更好的队友。

②进攻队员争抢篮板球，浅色队服者为进攻队员。在队友投篮瞬间，攻方队员由于受到对手的严密堵防，因此先向右侧虚晃，诱使对手偏离正常位置而后突然变向从左侧加速超越对手，并迅速将对手压在身后以抢占有利位置，准备起跳争夺篮板球。

第三节 篮球运动的基本战术与打法

篮球战术是比赛中队员的个人技术的合理运用和全体队员相互协调配合的组织形式和方法。一切战术的目的都是为了争夺控球权而投篮得分。篮球战术对比赛胜负有重要影响，战术对发挥本队专长、抑制对手之短有积极作用，它可以掌握主动，去争取比赛的胜利。篮球战术主要分为两大类：进攻战术和防守战术。而进攻战术又分为进攻基础配合和进攻全队战术；同样地，防守战术也分为防守基础配合和防守全队战术。

一、进攻战术

（一）进攻战术基础配合

指在篮球比赛中，进攻队员两三人之间有目的、有组织、相互协同行动的配合方法。进攻战术基础配合包括传切、掩护、策应和突分配合。

1. 传切配合

传切配合是两三名进攻队员利用传球、切入动作组成的简单配合，它是进攻战术的基础配合。它包括一传一切和空切配合。

要求：①切入队员首先要掌握切入时机，根据对方的防守情况，利用假动作摆脱，及时、快速切入篮下，并准备随时接球。

②传球队员要利用假动作吸引、牵制对手，并采用合理的传球方法及时、准确地将球传出。

2. 掩护配合

掩护队员采用合理的行动，用自己的身体挡住同伴防守者的移动路线，使同伴借以摆脱防守，或利用同伴的身体和位置使自己摆脱防守的一种配合方法。

要求：①掩护要符合规则的规定。

②掩护队员动作要突然，被掩护队员要用假动作吸引自己的防守队员，不让对方发现同伴的掩护意图。

③掩护时同伴之间的配合时机非常重要，掩护配合时队员配合要默契，注意动作果断，并根据临场变化，争取第二次机会。

3. 策应配合

指进攻队员背对篮筐或侧对篮筐接球，由他作枢纽，与同伴空切相配合而形成的一种里应外合的方法。

要求：①策应队员要及时抢位要球，两手持球护于胸前或头上，接球后结合转身、跨步等动作协助同伴摆脱防守或个人进行进攻。

②外围传球队员要根据策应者的位置和机会，及时准确地将球传给策应队员，做到人到球到，传球后迅速摆脱对手切入篮下，创造进攻机会。

4. 突分配合

持球队员持球突破后，主动地或应变地利用传球与同伴配合的方法。

要求：①队员突破时要快速、突然，在突破过程中要随时观察场上攻守队员位置的变化，及时准确地传球。

②接球队员要把握时机，及时摆脱对手，迅速抢占有利位置接球投篮。

（二）进攻全队战术

1. 快攻

是由防守转入进攻时，进攻队以最快的速度、最短的时间，将球推进至前场，争取造成人数上和位置上的优势，以多打少，果断、合理进行攻击的一种进攻战术。

（1）快攻的组织形式

①长传快攻：指队员在后场获球后，立即把球长传给迅速摆脱对手的快下队员。

②短传快攻：指防守队员获球后，立即以快速的短距离传球的方式，直逼对方篮下进攻的一种快攻形式。

③运球突破快攻：指防守队员获球后，利用运球技术超越防守，自己投篮

得分或传球给比自己投篮机会更好的同伴进行攻击的方法。

（2）快攻发动的时机

①抢到后场篮板球时发动快攻。

②掷后场界外球发动快攻。

③抢、断球后发动快攻。

④跳球时发动快攻。

（3）组织快攻战术的基本要求

①全队要有强烈的整体快速反击意识，不放过任何一次发动快攻的机会。

②拿球后队员要迅速有组织、有阵型、有层次地合理分散。

③发动、接应、阵型分散快下和跟进的整体行动要始终保持纵深队形，扩大攻击范围，增加攻击点。

④在整个快攻过程中，个人和整体行动都要避免延误时机，尽量缩短推进的时间。

⑤快攻结束时，动作要果断、快速、隐藏，不要降低速度，要果断投篮和抢进攻篮板球，减少限制区内的不必要传球。

⑥在展开快攻反击过程中，要善于把握和调整进攻的节奏，避免盲目性，同时要重视由攻转守的部署。

2. 进攻区域联防

指进攻一方转入防守时，迅速退回后场组成的一种防守阵式。如二一二联防、三二联防、二三联防、一三一联防等。防守队员按分工各自负责一定的区域，并把各个区域有机地联系起来。防守队员根据球的转移而移动，相互协同配合，并运用换位、补防、人盯人护送、夹击等方法扼制和破坏对方的进攻。

要求：

①多组织快攻。

②根据区域联防的队形，有针对性地落位，重点攻击薄弱地区。

③通过多传球、快传球、突破分球等打乱防守队形，寻找战机。

④多运用中远距离的投篮逼其扩大防守范围，争取篮下空间。

⑤积极组织前场篮板球，争取二次进攻机会，并注意保持攻守平衡，及时退守。

二、防守战术

(一) 防守战术基础配合

篮球比赛中两三人之间为了破坏对方进攻配合所组成的简单配合。防守战术基础配合包括抢过、穿过、绕过、关门、夹击、补防和交换防守配合等。

1. 补防配合

指防守队员当同伴出现漏洞时立即放弃自己的对手，去补防那个威胁最大的进攻队员，而漏人的防守队员及时换防的一种协同防守方法。

要求：补防时，动作要迅速、果断，其他防守队员要及时换防威胁最大的进攻者。

2. 挤过配合

防守者在掩护队员临近自己时，要积极向前跨出一步，贴近自己的防守对手，从掩护者前面挤过去，继续防住自己的对手。

要求：抢过时要贴近对手，向前抢步要及时，动作要突然，防掩护的队员要相互提醒。

3. 穿过配合

当进攻队员进行掩护时，防守去做掩护的队员要及时提醒同伴并主动后撤一步，让同伴及时从自己和掩护队员之间穿过，以继续防住各自的对手。

要求：运用穿过时，要及时提醒同伴并主动让路，调整防守位置和距离。

4. 绕过配合

当进攻队员进行掩护时，防守做掩护的队员主动贴近对手，让同伴从自己的身旁绕过，继续防住各自的对手。

5. 交换配合

这是为了破坏进攻队员的掩护配合，防守队员之间彼此及时地相互呼应交换自己所防守的对手的一种方法。也称"轮防"战术，是一种可以弥补单纯盯人技术的不足的灵活战术手段。

要求：防守掩护者的队员要主动发出换人信号，双方准备换防。两防守队员要到位，及时换防。

6. 关门配合

两名防守队员靠拢协同防守突破的配合方法。

要求：防守队员应积极堵截突破的移动路线，临近突破一侧的防守者要及时向同伴靠拢进行关门，不给突破者留有空隙。

7. 夹击配合

两名防守队员有目的地同时采取突然的行动，封堵和围夹持球者的一种配合方法。

要求：

①首先要选择好夹击的位置和时机。

②运用夹击时，贴近对方身体要适度，不能犯规。

③已形成夹击后，其他队员要随时轮转补位，严防对方近球区队员接球，远球区的防守队员要以少防多，选好断球位置。

（二）防守全队战术

1. 防守快攻

指比赛中由进攻转入防守时，用于阻止和破坏对方组织快攻的防守战术。

防守快攻的方法：

（1）提高投篮命中率，拼抢前场篮板球

提高进攻成功率，可减少对方抢篮板球发动快攻的次数，减少失误，避免被抢断球，控制对方发动快攻的次数。通常抢篮板球后发动快攻的次数最多。因此，进攻队任何一个队员投篮，其他队员都应积极拼抢篮板球，减少对方发动快攻的次数，为本队防守快攻争取时间。

（2）封堵快攻的第一传和接应

有组织地堵截快攻的第一传和接应，是制止对方发动快攻的关键。当对手获球转为进攻时，近球的防守队员要迅速上前封锁对手的传球路线，伺机夹击防守干扰其第一传；同时，其他队员切断接应路线，伺机断球，延缓其进攻速度，争取时间布防。

当对方发后场端线球快攻时，一方面防守队员要迅速退防，防止其偷袭；另一方面阻挠发端线球，延缓其进攻速度，组织好防守阵式。

（3）控制对手的推进

当对方发动快攻后，前线防守队员不能消极地后撤，而应与对手保持一定的距离，边撤边防，控制对手推进速度，以便达到及时组织防守阵式的目的。

（4）防守快下队员

由攻转守时，除积极拼抢篮板球、封堵第一传与接应外，在后场的防守队员要迅速退守控制后场，在退守过程中要控制好中路，要对快下的队员严加防范，切断对方长传快攻的路线。

（5）以少防多

当对方发动快攻成功，出现以少防多的不利局面时，防守队员要积极移动选位，重点保护篮下，运用假动作干扰其传球，制造进攻队员左右为难的局面，迫使对方失误或延缓进攻速度，为同伴争取退守时间。

2. 人盯人防守

指以盯人为主兼顾球位，做到人球兼顾，每名防守队员都积极盯住自己的进攻对手，并与同伴进行共同协防的全队防守战术。又可分为：

（1）半场人盯人防守

半场人盯人防守战术，是在篮球比赛中由进攻转入防守时，全队有组织地迅速退回后场，在半场范围内进行盯人防守的一种全队战术。它是篮球运动中各种防守战术的基础。半场人盯人防守战术，是以个人防守为基础，综合运用挤过、穿过、换防、关门、夹击等防守基础配合所组成的全队战术。

①要求：

a. 由攻转守时，每个队员都要快速退回自己的后场，找到对手，组成集体防守。

b. 根据对手、球、球篮，选择有利位置，有球紧，无球松；近球紧，远球松；积极移动，控制对手。

c. 要做到球、人、区兼顾，与同伴协同防守，破坏对方进攻配合，加强防守的集体性。

d. 防守时应以人（各自防守的对手）为主，人球兼顾，时刻注意人、球、对手、篮圈等的方位，随时调整自己的防守位置，并注意协助同伴防守，干扰和破坏自己附近的球和进攻队员。

e. 全队要有良好的配合意识，思想统一，配合默契，前后呼应，行动迅速，积极抢占有利位置，争取在气势上占据主动。

f. 防守无球队员时，以防止或减少对手接球为主，特别要防止对手在有威胁的区域内接球，人球兼顾，及时准备补防和断球。

g. 防守持球队员时，首先要防止对手的投篮和突破，干扰其传球。对手运球时，要迫使其向边、角方向移动并使其停球。对手停球后，要立即贴近进行紧逼防守，封堵传球。在整个防守有球队员的过程中，要积极利用抢、打、封、抹、盖等技术和各种假动作，破坏和夺取对方的控球权。

②半场盯人防守运用时可分为半场松动（缩小）人盯人防守和半场紧逼（扩大）人盯人防守。

a. 半场松动（缩小）人盯人防守

ⅰ. 半场松动（缩小）人盯人防守战术的作用

这是一种加强内线防守的方法。它防区较小（一般在7m左右），防守移动距离较短，容易进行协防，便于控制篮下区域和争抢篮板球，争取内线防守的主动权，组织快攻反击。一般用以对付内线攻击力较强，而外线攻击力较弱的对手。

ⅱ. 半场松动（缩小）人盯人防守的方法

在有组织退回后场进行防守时，首先要控制持球队员，主动迎前防其投篮、传球和持球突破。防无球队员要按"球—我—他"的选位要求来控制其接球，特别要加强对中锋队员的控制。全队在防守上要始终做到有球上、防守紧；无球缩、防守松；近球紧、近篮紧，远球、远篮缩。密切协同配合，控制篮下区域，加强防守的伸缩性和攻击性。由于进攻人盯人防守战术，一般都是采用各种掩护、策应、传切和突分等配合，因此，半场人盯人防守应在正确选择防守位置的基础上，针对进攻方法，积极运用挤过、穿过、交换、补防等配合，来完成集体防守任务。

b. 半场紧逼（扩大）人盯人防守战术的作用

这是一种扩大外围防守面的方法，它防守范围较大，用以对付中、远距离投篮较准，内线攻击力较弱，不习惯向内线突、切和穿插的对手。有时也用于"制外防内"，即加强对外围队员的控制，切断内外联系，以达到削弱对方内线攻击的目的。其优点是主动性强，能给对手造成较大的压力，容易形成抢断，可以主动加快比赛节奏，增加比赛强度，消耗对方体力，破坏对方的习惯打法，争取主动。但由于防区扩大，如协防不及时，容易产生漏人现象，还容易造成本队犯规增多。

（2）全场人盯人防守

是由攻转守时每个队员立即看守住邻近的对手，并在全场范围内紧紧盯住对手，以个人积极的防守和全队的协同配合，破坏对方进攻，达到转守为攻的目的的一种攻击性、破坏性很强的防御战术。这种战术防守移动面宽，争夺激烈，速度快，强度大，配合意识要求高，能充分发挥队员的特长和有效地制约对方活动，打乱对方部署和习惯打法，造成对方心理紧张和技术失误，从而取得竞赛的主动权。因此它在现代高水平篮球比赛中被视为一种杀伤力最强、谋略运用效果较好的篮球防守战术体系。

要求：

①由攻转守时，全队思想、行动要一致，要有压倒的声势，要迅速找人，紧逼各自的对手，在全场范围积极展开防守。

a.每个队员要抢占有利的位置，紧逼自己的对手，人球兼顾，积极阻挠对手移动、接球、运球、投篮等进攻行动，严密控制，使对手被动或造成失误、违例。

b.全队要相互呼应，前后、左右照应，充分利用堵截、夹击、换防、补防等配合，及时破坏对方的进攻配合，要近球紧逼，远球稍松。

②统一思想，统一行动，积极主动加强协作。

a.由攻转守，要迅速就近找人抢占有利的防守位置，紧逼自己的对手，同时注意场上情况，及时协队。

b.防守无球队员时，以控制对手接球为主，要及时抢占有利的防守位置和距离迫使对手向远离球的方向移动。当同伴被突破时要果断地进行堵截和补防。

c.防守运球的队员，首先不让对方突破，若被对方突破，也要尽量做到守中放边，迫使对手沿边线运球并在边角伸球制造夹击机会。防掩护配合时，力争抢过和穿过，防守尽量减少交换防守。

d.要设法诱使对手长传或高吊制造抢断球机会。

3.**区域联防**

指进攻转入防守时，全队队员迅速退回后场，按区分工各自负责防守一定区域的进攻对手，形成一定的防守阵势，把每个防守区域有机地联系起来，并随球进行协同防守的一种全队防守战术。依据防守队员的站位形式，常把区域联防分为 2-1-2 联防、2-3 联防、3-2 联防、1-3-1 联防及对位联防等几种。其中 2-1-2 联防是最基本的区域联防。

要求：

①根据区域联防的形式和队员、对手的特点等合理分配防守区域，最大限度地发挥队员在各自防区的作用。

②由攻转守时，除积极阻止对方的攻势外，应有组织地快速退守和及早落实好防守位置。

③每个队员必须认真负责各自的防守区域，积极阻挠进入该防区的进攻队员的行动，并根据球的方位调整队形进行联合防守。

④对有球队员应按盯人方法紧逼防守，其余防守队员应积极移动，调整队形进行协防或补防，做到人球兼顾。

⑤对无球队员的穿插移动，要根据其离球的远近和队友的位置积极抢位、堵截和护送，并及时与队友呼应联系，不让对手向有威胁的区域移动或接球。远离球的防守队员应起指挥作用。

⑥进攻队员投篮后，每个防守队员都应该积极堵位和抢位，有组织地争抢篮板球，并及时发动快攻。

4. 区域紧逼

它把区域联防和人盯人防守两种战术融为一体，比人盯人防守更具有集体性、比区域联防防守更具有针对性。

（1）防守形式

包括全场区域紧逼、半场区域紧逼和四分之三场区域紧逼。以下是全场区域紧逼防守方法示例。

（2）防守基本要求

①由攻转守时，防守队员都要迅速按分工的防区落位，并就近进行盯人防守。

②防守时，要以球为主，兼顾盯人，向球移动，控制中区，逼走边角，体现近球区以多防少、远球区以少防多的原则。

③前线的防守队员要堵中路、放边路，迫使对方把球传向或运向边线，与临近的同伴进行夹击。

④后线的防守队员要根据前线的防守情况和意图，积极调整防守位置，做到人球兼顾和随时协防夹击。

⑤如果球传向后场并越过自己的防区，应以最快的速度、最短的路线向后场回防，准备堵防或抢断球。

第五章　篮球运动传播的典型符号Ⅰ：NBA符号

第一节　NBA符号的含义

NBA标志是许多人熟知的符号。图案主体是一名篮球队员，他正在侧身控球，色彩只有红、白、蓝三种颜色。NBA标志的设计原型是杰里·韦斯特，可以说他是NBA的代言人。由于他的篮球动作非常标准和规范，所以他的控球动作成为NBA的标志。韦斯特是NBA历史上最伟大的后卫之一，致命的跳投以及牛皮糖般的防守使他在NBA所向披靡。他的职业生涯曾效力于洛杉矶湖人队，1978年，他退役两年后，作为主教练重新回到湖人队。1979年，韦斯特入选美国篮球名人堂。1980年，NBA 35周年纪念日，韦斯特入选NBA最伟大的球员之一。1982年，他出任湖人队总经理，在这个位置上他同样出色，建立了雄霸整个80年代的"湖人王朝"。

NBA起初只是模仿棒球和橄榄球的小项目，上世纪70年代，在大卫·斯特恩的带领下，NBA品牌价值不断提升。电视在美国家庭的普及让NBA走上了电视。1973年，NBA与哥伦比亚电视公司签订了为期三年、总计270万美元的转播合同。虽然当时的技术不能够支撑现场直播，只能播放录像，但这对NBA来说，技术的革新依然使NBA品牌走进百姓家庭，成为迈向世界的开端。在NBA的收入中，电视转播权的销售是最大的一部分。绝大多数球迷还是通过电视转播来收看NBA比赛。NBA的电视转播权是由总部统一销售，目前的电视转播合同，是从2008年至2016年。NBA从ABC电视台、TNT电视台和ESPN体育台一共获得超过74亿美元的电视转播费用。[①]湖人刚把本队

---

① 翟维佳.NBA的媒介奇观化传播研究［D］.苏州大学，2014.

电视转播权卖给了时代华纳，25年50亿美元，这样的收入对于国内的CBA来说甚至对于国内的其他比赛项目而言都是一个天文数字。20世纪90年代，NBA成了拥有29支球队，并且风靡全世界的一项体育运动。1995年，NBA收入达30亿美元，全球无以匹敌。1992年，NBA"梦之队"又横空出世，夺得奥运会金牌和世界男篮锦标赛冠军。迈克尔·乔丹和他的芝加哥公牛队是那个时代杰出的代表，在世界的舞台上展示了NBA的品牌能量。[①]

第二节 NBA符号的传播学解读

一、NBA传播主体：NBA与电视媒体的融合

在美国橄榄球、棒球和篮球是美国人最喜爱的体育项目，这三大球类项目体现了美国社会经济不同阶段的特征。起源于19世纪的棒球将个人才能和创造力与团队精神和集体协作融为一体，这与资本主义发展初期的企业家精神是不谋而合的。这种成功的企业家精神崇尚个人成就与荣誉和竞争。橄榄球则是通过大工业流水线生产模式来进行组织的，强调团队的合作；而职业篮球着力展示的是超级明星的个人能力，球技出众、外形俊朗的篮球明星无疑是电视体育节目最理想的吸引观众眼球的项目之一。NBA作为全球最高水平的职业联赛，赛季长，节奏快，充满了戏剧性，运动员在场上对抗激烈，突破分球，跳投绝杀，各种数据对比和慢镜头回放让观众目不暇接，而篮球精彩的比赛画面成为以MTV为代表的音乐电视和以ESPN为代表的体育电视节目最适宜的播出内容。2000年，NBA总干事大卫·斯特恩指出："体育正成为电视最重要的来源。"由于篮球比赛大多是原创的、激动人心的、戏剧化的、高度娱乐性的和引人入胜的，融时效性、观赏性和戏剧性于一炉，因此成为电视节目的主要内容之一。从全球范围来看，体育正成为美国最重要的出口商品之一以及传播美国偶像、产品和价值理念的文化大使。

Turner Network Television，简称TNT，时代华纳旗下的付费电视网，全天24小时播出NBA等美国四大职业联赛和各种其他体育赛事。1989年，另一

---

① 道格拉斯·凯尔纳.媒体奇观——当代美国社会文化透视[M].清华大学出版社，2003：80.

个体育台 ESPN 开播，ESPN 是"娱乐体育节目网"的英文缩写，同样通过有线电视网全天 24 小时播出。作为传媒巨头之一的 ESPN 这个名字本身就意味深刻，代表着电视时代体育与娱乐的结合。这两个体育与娱乐巨头通过激烈的市场竞争，不断地推陈出新，它们联手通过对体育明星、美国价值观和体育比赛的偶像化、戏剧化的展示，一步步地把美国变成一个痴迷体育的国家。同时他们通过不间断地体育赛事播出来加深这种偶像化、戏剧化的展示，把成千上万的电视观众编织进这个庞大的体育娱乐消费网络中不能自拔。

篮球运动是融速度、力量和技巧于一体的激烈对抗的体育项目，电视技术通过镜头快速剪接和切换、变焦及特写等多种电视特有的手段将篮球运动进行包装，把篮球比赛演绎成一场展示爆发力的令人眼花缭乱的奇观，这也顺应了当代社会越来越快的生活节奏的发展趋势。同时在竞赛规则方面也反映出 NBA 适应这一趋势，制定迫使参赛选手加快比赛节奏、24 秒必须出手投篮的规则。此外，慢镜头回放突出球星出色的个人技术，而特写镜头符号强化了运动员的喜怒哀乐等各种各样的表情符号，缩短了他们与观众感情上的距离，容易与观众形成互动与共鸣。更有趣的是篮球被电视包装成为性感的展示，半裸的着装、健美的体型和发达的肌肉变成了展示男性魅力的角逐。与全副武装、身着铠甲球衣的橄榄球选手和穿着始于 19 世纪的覆盖全身的球衣的棒球运动员相比，NBA 选手简直就是展示肌肉和性感的健美先生了。

二、NBA 传播客体：观众对 NBA 符号的消费的特征

伴随着后工业化社会的来临，社会发展的重心也由生产转向了消费，传统意义上的消费已转向为符号消费，出现了消费主义的倾向。消费主义文化作为 20 世纪在西方出现的一种文化思潮，是一种以推销商品为动力，进而无形中使现代社会普通大众都被裹挟进去的消费至上的价值系统和生活方式。[1]

在上世纪中期，随着资本主义经济的迅速发展，物质财富极大丰富，消费观念和热情发生了巨大的变化。通过媒体的渲染，消费逐步从满足需要变为满足欲望，媒体不断刺激和制造着人们的新的欲望，人们被鼓励消费，甚至挥

---

[1] 陆林.现代消费主义文化的符号化特征[J].新闻世界，2009（9）：81-82.

霍浪费。① 由于消费对象所具有的象征意义，人们消费的不再是商品的使用价值，而是其符号和概念价值，于是，消费成了一种符号形式的消费，实际上等于消费了一种欲望，从而获得一种等级，一种自尊，一种社会承认。② 随着后工业时代的到来，符号消费成为了后消费时代的核心。它是指在消费过程中，消费者除消费产品本身以外，而且消费这些产品所象征和代表的意义、心情、美感、档次、情调和气氛，即对这些符号所代表的"意义"或"内涵"的消费。③ 从物到符号，现代消费的不断延伸使社会消费的符号性变得越来越显著。符号消费不断嵌入现代社会并发挥着越来越重要的作用，从而成为现代社会不断分化的又一道景观。随着媒介的迅速发展和消费社会的形成，传播媒介也日益以大众的消费需要为对象。

在当今的消费社会，体育消费是一个重要组成部分。人们通过体育运动培养竞争和成功的行为及了解社会价值观。作为消费社会里最富有的精英阶层，NBA 明星豪华的生活令普通人羡慕不已，也成为普通人的榜样和理想。篮球迷通过对 NBA 球星的追捧和模仿，逐步掌握了消费体育文化的艺术。球星的球衣、球鞋、发型等都成为球迷争相模仿的样本。体育运动本身激发多数人主动参与和投身到体育运动中，而体育文化奇观则是让观众被动地接受和消费媒体提供的形象，通过他们膜拜明星运动员和球队使他们形成消费习惯。消费者可以自己学习有关知识，成为研究 NBA 和 NBA 球星的专家和评论员，成为篮球运动传播过程中的"意见领袖"，从而主动地参与到篮球运动传播的群体活动中去，并且认同与消费社会的竞争和成功理念。

当今体育运动通过多种方式被彻底商业化了。在商业化大潮中，运动员更容易接受市场化的影响和商业化逻辑的操控。同时运动项目本身和比赛本身也被高度商业化所包装和出售。以 NBA 为例，诸如"八喜啤酒本场最佳球员""锐步中场报道""AT&T 赛间暂停"等这样的符号比比皆是。电视网为了争夺 NBA 等专业体育赛事的直播权进行激烈的市场竞争。而 NBA 赛事的广

---

① 波德里亚.消费社会［M］.刘成富，全志刚，译.南京：南京大学出版社，2006：23.
② 蓝鸿文.电视广告符号与消费主义神话.南京大学网络传播研究中心［EB/OL］.http//www.cmcrc.com.c川h/in-dex.htln.
③ 董青，洪艳，崔冬冬.符号、涵化与景观视野下的消费主义与体育文化奇观［J］.武汉体育学院学报，2010（10）.

告费更是节节攀升。

三、NBA 传播环境：NBA 作为强势文化的全球传播

从 80 年代开始，电视的加入使 NBA 越来越受欢迎，把篮球提升为一种时尚的运动，吸引了大批忠实的球迷。NBA 令人眼花缭乱的特技效果和其中蕴含的"片段式"后现代美学加快了电视节目的节奏，高度接近的比分使比赛悬念迭出，高潮不断。这也使篮球运动成为体育娱乐社会的终极运动和媒体文化奇观的主战场。更重要的是，到了上世纪 90 年代，篮球不但是美国人喜爱的体育项目，也成为全球性的体育文化奇观。在上世纪 80 年代，NBA 开始其国际化进程，而乔丹和他的公牛队正受到全球篮球迷的瞩目，虽然每年只制作 35 辑"每周赛事精选"，但国外媒体对 NBA 的收视需求却与日俱增，到了 1996 年，NBA 的电视节目已经井喷似的扩展到 175 个国家和地区，并且以 40 种语言向全球多达 7.5 亿观众转播。NBA 不但是一个超级媒体奇观，而且也成为一项巨大的产业，其中球员的收入年均年薪超过 250 万美金，总数高达 10 亿美元。乔丹的年薪为 4000 万，在他的整个运动生涯期间，仅从耐克公司赢取的广告收入就达到 1.5 亿（Halberstam 1999：401，402）。

以前，体育运动宣扬的是民族主义和爱国主义，现在，由无所不在的媒体集中传播的全球性体育事件仍继续宣扬这些理念。诸如 NBA、乔丹和洛杉矶湖人队这类现象所体现的是跨国大众体育文化。在美国，NBA 的比赛在不同的城市之间进行，因此产生的是对群体身份的认同，乔丹和芝加哥公牛队超越了城市本身的荣誉和身份认同，上升为国家的层面，使 NBA 成为国家性的重要体育赛事之一。乔丹的知名度使他成为集体育、文化、球星魅力、商业文化和美国化主导的全球化于一身的全球大众文化符号。值得注意的是，NBA 虽然是强势文化符号，但它宣扬的仍然是美国梦和美国的价值观。

四、传播效果：NBA 作为工业化产品和美国价值观的载体的传播

NBA 已经超出国家和民族的范畴，成为一种全球现象，越来越多的篮球明星成为国际知名人物，通过 NBA 赛事的豪华场面、广告宣传、产品促销、影视作品等媒体文化形式在全球范围内流通和传播。球迷在观看 NBA 比赛时可从日常生活中暂时解脱出来，体验篮球带来的愉悦；与此同时，篮球也向

人们灌输了世俗的价值理念，如个性、竞争、团队精神和商业主义。1996—1998赛季，公牛队创下了历史上的多项纪录，包括最高上座率、常规赛最多胜场和三次NBA总冠军。公牛队拥有乔丹、罗德曼、皮蓬和从禅宗当中获得灵感的教练菲尔·杰克逊。公牛队赢得了媒体前所未有的关注和溢美之词。这使NBA成为全球最受欢迎的运动项目之一，也使乔丹成为全球最受欢迎的体育明星之一。他也成为激烈竞争、强烈进取心和永远争第一精神的象征。乔丹也被NBA作为品牌形象用来做市场推广。

第三节　NBA历史上的经典篮球符号

篮球运动就像一场连续剧，已延续一百多年，而让人难忘的符号成为人们津津乐道的话题，他们（它们）是一段佳话、一则广告、一双球鞋、一个组合、一个绰号、一个人名、一件球衣、一个动作、一种发型，且都包含一个故事、一段历史、一种荣耀、一个影响篮球运动发展的事件，并且定格在传播篮球进程的媒介之中，人们称之为篮球名人堂中的人和事，并且这些人和事还深深地影响着今天篮球运动的传播，或则成为永恒的经典符号。从当时看只是一个新闻事件，经由媒体的传播与互动，从篮球运动的发展的视角来看，它们是篮球运动发展与传播重要的组成部分。

19世纪末，篮球运动进入中国之后，在中国的土地上，在东西方文化碰撞、选择、融合的过程中，篮球及其美国的篮球文化也开始逐渐为中国人所接受。篮球文化随着篮球这项运动的盛行和风靡，越来越重要地影响着周遭的一切。现代篮球运动传入中国已逾百年。一百多年来，篮球运动在世界、在中国得到了广泛的普及和发展，它已经从过去单纯的竞技游戏转变为今天集政治影响力、经济生产力、社会亲和力、文化传播力为一体的新型文化载体。

一、球队（难忘的球队绰号、"梦之队"）

作为集体项目，球队无疑是篮球运动最重要的组成部分，也是篮球运动传播过程中必不可少的要素。下面我们从美国篮球的"梦之队"等多支球队中来探讨美国篮球文化的底蕴。

作为集体项目，NBA发展到今天的球队大都是以城市的名字命名绰号，如今的球员更倾向于用姓名的缩写当绰号。可是早期美国篮球队的命名非常具有想象力，球队的绰号也是花样百出。"扣篮兄弟会"（Phi Slamma Jamma）、"密歇根五虎""坏孩子军团""扣篮博士会"（The Doctors of Dunk）、"小丑五人组"（The Fiddling Five），都是美国篮球史上最著名的球队。"扣篮兄弟会"是当年奥拉朱旺与德雷克斯勒率领的休斯敦大学篮球队的绰号。"密歇根五虎"为密歇根大学五名球员，即克里斯·韦伯、朱万·霍华德、杰伦·罗斯、雷·杰克逊和吉米·金，尽管在这五名球员的大学生涯没有能够捧得NCAA冠军奖杯，却被视为那3年间最恐怖的五人组合。而"扣篮博士会"则是路易斯维尔大学的骄傲。至于"小丑五人组"，已经成了肯塔基人心中最难以磨灭的记忆！

1992年在巴塞罗那奥运会上由乔丹、巴克利等NBA明星领衔的美国男篮被称为"梦之队"。美国男篮对阵安哥拉的比赛是"梦之队"在奥运赛场上的首演，比赛中安哥拉队的前锋赫兰德·考布拉试图在篮下防守猛男前锋巴克利，只见巴克利突然用肘轻轻一挥便撞开了考布拉，而裁判却没有吹犯规，这引发了安哥拉很大的不满，甚至一度激起了安哥拉球迷的反美情绪。那场比赛最终"梦之队"以116∶48大胜安哥拉，猛男巴克利砍下了24分。而就在所有人都还在梦境中时，美国队的对手们赛后追着巴克利、乔丹等人索要签名成为赛场上的一道风景。从那以后又有了"梦二队""梦三队"，"梦之队"便成为世界奥运篮球史上的不朽神话。

二、群星闪烁

提及球星我们耳熟能详的美职篮明星真可谓星光灿烂，从张伯伦到贾巴尔，从约翰逊、乔丹再到科比、詹姆斯，从奥拉朱旺到奥尼尔真可谓比比皆是。其实，在美国篮球史上，值得我们铭记的球星远远非我们能提及的这些，他们有的才华横溢，有的多才多艺，有的却英年早逝。

三、特长技术（里克·巴里的"端尿盆"、定点投篮，乔治·格文的挑篮）

作为篮球的发祥地，美国篮球技术的发展也是一道亮丽的风景，我们羡慕贾巴尔的天勾、张伯伦的投篮，惊叹乔丹的扣篮，我们还应回味那些具有里程碑式意义的技艺。里克·巴里练成那手"端尿盆"绝技，在他1980年退役后便再也没有谁能在职业赛场上用这一招了。在14年篮球职业生涯中，巴里的那手"端尿盆"绝技罚球命中率超过90%。当今联盟中本·华莱士、沙奎尔·奥尼尔等著名球星都败倒在了罚球线上。里克·巴里的那手"端尿盆"绝技是他的父亲理查德传授的，令他想不到的是那手"端尿盆"绝技竟然成为他的招牌式动作，让他名声大噪，他成为了一代得分王。甚至巴里调侃说就是闭着眼睛命中率也能达到80%。1967–68赛季共同和巴里效力于勇士队的乔治·约翰逊和张伯伦，他俩罚球命中率分别是40%和38%。巴里试图让他们学会"端尿盆"，但他们最终没有修成正果，最后放弃了这项技术。张伯伦在他的自传中说"那感觉太恶心了"。

定点投篮在篮球运动诞生后的60年里一直是外线得分的唯一手段，如拉里·卡斯特罗的双手胸前投篮，另外还有让人过目不忘的鲍勃·库西的投篮，因为他在出手后有单脚向前踢的动作以及稳定性超高的多尔夫·谢伊斯的单手头上投篮，他们都有一个明显的标志就是"脚不离地"。这些都成为"脚不离地时代"的经典画面，被后人津津乐道。从那些黑白画面资料片中，我们还能欣赏到上世纪80年代的这些篮球技术。自从拉里·伯德采用双手头上持球的跳投技术后，在NBA赛场上引起了不小的震动。作为目前篮球运动常见的急停跳投技术，起初NBA专家对这项技术是否具有先进的攻击性是一致否认的，但随着拉里·伯德投篮命中率的节节攀升，他的名气越来越大，效仿他跳投的球员越来越多。需要充裕的出手空间，定点投篮相较于当今的比赛注重防守强度的现象来看的确是落后了。由于定点投篮有脚不离地的优点，这在篮球场上多了一份选择的空间。比如你可以假投真突来迷惑对手，当年，比尔·沙曼就凭这种假投真突的绝技给观众带来了快乐，原因是这个动作不知晃掉了多少防守球员的鞋子。

在NBA赛场上最早使用挑篮技术的是张伯伦，他凭借身材高大的优势，在篮筐下轻微一挑就可以轻松将球挑入篮筐。在NBA历史上贾巴尔的"天勾"堪称是进攻端最具杀伤力的武器。但是若论动作的优雅，有"冰人"称号的格文的挑篮技术可谓令人叹为观止。他可以在进攻端的任何位置挑球。他轻松曼妙的挑球与激烈对抗的NBA赛场形成鲜明的反差，他修长的手指常常能稳稳地控制住球的方向，轻轻松松地利用手指的弹性将篮球挑入篮筐。这种让防守者感到绝望的出手动作总能给观众带来快乐，因为没有人知道他何时投篮。正是凭借出色的挑篮技巧，格文才成为了 NBA 历史上第一个连续三年获得"得分王"的后卫球员。

四、教练（迪恩·史密斯、"红衣教主"奥尔巴赫）

美国是一个盛产篮球教练的国度，我们在对"禅师"杰克逊的三角进攻津津乐道的同时，还应铭记那些德艺双馨的功勋教头。

提起迪恩·史密斯，这个貌似泰迪熊的老头在很多球迷看来他只是迈克尔·乔丹在大学时的教练！但史密斯对篮球运动的贡献远远不止于此，从 1961 年起到 1997 年，作为北卡大学篮球教练的迪恩·史密斯一直在这个位子上本身就是一个传奇，因为他一坐就是 36 年。尽管史密斯是学院派出身，但他的篮球理念却没有学院派的墨守成规，而是显得非常灵活和先进，他会因材施教，根据球员不同的特点安排他们适合的位置。1997 年史密斯退休，他给 NBA 输送了包括乔丹在内的多位球星，为了纪念他执教期间的突出贡献，北卡的主场篮球馆以迪恩·史密斯的名字命名。

"红衣教主"奥尔巴赫一直都占据着 NBA 历史上最伟大的教练的位置，他执教生涯总共 20 年，取得 938 胜 479 负的成绩，胜率高达 66.2%。"红衣教主"以苛刻的治军而著称，对球员的要求近乎残酷，而且在比赛当中拥有各种各样的奇招，比如散布凯尔特人球场有问题，或者是故意让客队在洗澡的时候忽然变成冷水等的段子数不胜数。但是他的机智却是历史公认的，缔造了后人难以复制的 9 次带领球队夺得总冠军的凯尔特人魔鬼王朝。

五、组合（最具数据悬殊对比的高矮组合）

组合在美国篮球界是一道风景，乔丹与皮蓬、马龙与斯托克顿、姚明与麦蒂、热火三巨头都是我们了解美国篮球、了解 NBA 篮球必不可少的常识。以下的组合更具戏剧性，成为一个个鲜活的文化符号。

在 1987—1988 赛季 NBA 迎来了最高和最矮两名球员的组合——马努特·波尔和马格西·博格斯。在他们仅仅一个赛季的合作过程中，三次登上体育杂志封面。在球场上他们联手出战 2764 分钟，为球队贡献总共达到 569 分。数据显示，作为当时最高和最矮的组合，他们的差距不仅仅是高度，本赛季博格斯抢断 127 次，两人抢断数据相差 116 次，波尔只有可怜的 11 次。盖帽数据方面相差 205 个，真是搞笑，波尔有 208 个而博格斯只有区区的 3 个。本赛季他们最大的贡献还不止于此，他们给媒体带去了报道的噱头，也给球迷们带去了欢笑，虽然他们效力的华盛顿子弹队在那个赛季的战绩只有 38 胜 44 负。

六、训练营与比赛馆：五星训练营、波士顿花园球馆

作为文化标志的物质层面，美职篮的球馆可谓一流中的一流，对美职篮的推广和传播起到了巨大的推动作用。而在人才培养方面，美国的篮球训练营更是蜚声全球。

五星篮球训练营，在美国具有 45 年历史。五星篮球训练营是美国业余篮球运动员的顶级训练营，美国众多的篮球明星都在此进行过特殊的篮球训练，如迈克尔·乔丹、勒布朗·詹姆斯。由于五星篮球训练营在全球的影响力，它已成为全球业余篮球运动员向往的走入 NBA 赛场的篮球训练营。每年夏天，是五星篮球训练营开营的时间，地点在美国宾夕法尼亚州，来自世界各地的篮球运动员在这里接受训练。其中最著名的课程是"13 条位置规则"，它是由篮球教练鲍勃·怀特引进的。在五星篮球训练营，教学内容根据球员的自身特点量身定制，这有助于年轻球员在球场上界定适合自己和适合球队的位置，比如在不同风格的球队你是打组织后卫还是得分后卫。通过五星篮球训练营的磨炼和对不同位置的体验和理解，一批批有才华的运动员脱颖而出，成功地进入到 NBA 的赛场。

波士顿花园球馆作为"凯尔特人王朝"的见证，从 1928 年 11 月 17 日作为凯尔特人队的主场开始使用，经历了半个多世纪，这座球馆见证了凯尔特人队 16 次获 NBA 总冠军的辉煌与荣耀。到了 1995 年 9 月 28 日这座承载着凯尔特人光荣与梦想的球馆退出 NBA 历史舞台。

七、生活符号（非洲发型、长筒袜、眼镜、Chuck Taylor 球鞋、"第四个'巨无霸'汉堡包"）

多元文化融合的美国，赛场上的服饰都有严格的规定。在篮球发展史上，有关服饰的话题比比皆是，有的得以传承，有的已经禁止，这些符号大大丰富

了篮球文化的内涵，让 NBA 更具表演性，让球员更具表现力。它们同样成为经典被铭记。

"J 博士"朱利叶斯·欧文 1983 年带领费城 76 人队夺得 NBA 总冠军。他是 NBA 历史上第一位"飞人"，他将滞空动作带入了 NBA，开创了艺术篮球的先河。他出名首先是滞空扣篮，其次是他那头"蘑菇云"发型。有的球员在发型设计上非常夺人眼球，步行者队的前锋达瑞尔·希尔曼就是以他的"非洲发型"闻名，以至于人们淡忘了他火爆的扣篮和厉害的盖帽。在 NBA 赛场上他拥有最大的"蘑菇云"团，也成为当时 NBA 的标志性符号。他和"J 博士"头顶"蘑菇云"扣篮时大有黑云压城的感觉。还有白人球员兰迪·丹顿，他的职业生涯曾经效力过六支联盟球队，他在篮球场上更像一位演员，加上他那一头"蘑菇云"，给无数球迷带去了除篮球以外的快乐。

60 年代长筒袜风行 NBA。作为篮球护具的一部分，就像足球运动员的护腿板一样，长筒袜也曾给 NBA 带来过积极影响。当时，凯尔特人队的袜子是全白色配上一个绿边，湖人队则穿一种"三明治配色"的长筒袜，白色、黄色和紫色相间，非常吸引眼球。后来 NBA 官方为了加强统一管理，要求球员们在袜子上全部加上"NBA"徽标。这个决定直接导致了长筒袜在 NBA 赛场上的消失。如今的 NBA 也不乏"长筒袜控"，比如利文斯顿则纯粹是玩"复古风"，配合一下他的发型；小牛队的贾森·特里出于迷信心理，要套上好几双；活塞的威尔考克斯也是场场不落长筒袜。在现役的 NBA 球星中，科比和韦德等人虽然不穿长筒袜，但他们有时也热衷于穿紧身裤。当时联盟还以长筒袜太女性化而有意禁止，在韦德和加内特等人的坚持和抗议下，联盟对此事才最终不了了之。

NBA 联盟球员中，有很多佩戴眼镜打球。而今天篮球运动佩戴眼镜主要是一种护具，能有效地保护运动员避免再次受到伤害，因此，目前篮球场上眼镜的设计非常夸张，和护具几乎合而为一。

第一双 ALL-Star 匡威球鞋诞生于 1917 年，之后 ALL-Star 匡威球鞋成为 NBA 篮球运动员最喜爱的球鞋之一。1923 年匡威在商标上加入了 NBA 元素，同时为了纪念篮球明星查克·泰勒，把他的亲笔签名"Chuck·Taylor"作为商标印在了鞋子上，因为他每次比赛都一定会穿 ALL-Star 篮球鞋。他的签名和那颗五星成为了匡威的著名商标。匡威篮球鞋是美国球鞋文化的精神象征，为追求自我时尚的年轻人的必备鞋款。2008年以其随心所欲、自由自在、没有约束的穿着形态，匡威被福布斯评选为"男人必备的十双鞋子"之一。

在一场NBA总决赛后，一个麦当劳摄制组在现场采访乔丹，他们问："迈克尔，你刚刚连续三次获得NBA总冠军，你是不是在想第四个？"汗淋淋的乔丹微笑作答："我在想'巨无霸'汉堡包。"（引自Lefeber1999：117-118）这个采访片段再加上一些比赛画面，麦当劳在24小时内赶制出的这个广告片通过有线和卫星电视系统向全球观众播放。

第四节 NBA作为篮球"强势文化"符号的传播学解读

NBA作为篮球"强势文化"符号，已经成为全球重要的文化符号，在世界范围广泛传播。本文引入了现代组织传播理论，以"强势文化"的四个关键成分——价值观、英雄、礼仪和习俗、文化网络为切入点对NBA的"强势文化"符号进行解读，研究表明这些具有传播价值的符号成就了许多伟大的运动员，也将NBA推广至全球每个角落，成为好莱坞以外又一个无可阻挡的美国强势文化。同时NBA作为跨文化传播的平台也可以为我国职业篮球的发展和文化传播提供借鉴。

NBA，简称"美职篮"，全称为美国篮球职业联盟。美国四大联赛之一，全球公认的世界上最高水平的篮球职业联赛，篮球比赛转播覆盖全球。

符号是承载信息的象征物。它是人类社会的创造物。[①]在职业化高度发达的今天，获得总冠军戒指的运动员无疑会获得更高的商业价值。央视一位著名的篮球评论员说，NBA在中国的传播对推进青少年对篮球的热爱起到巨大的作用。在NBA赛场上，获得总冠军戒指是一支球队的无上荣耀，而获得总决赛最有价值的运动员称号无疑在追求个性化的今天更能成为媒体的宠儿和青少年的偶像。

由于篮球在大众传播中具有广泛的影响力，篮球也逐渐成为一种强势文化符号。而作为篮球发源地的美国，NBA以成功的商业推广，以扣人心弦、跌宕起伏的比赛场景，成为全球家喻户晓的文化饕餮盛宴和全球最具影响力的传

[①] 胡正荣，段鹏，张磊.传播学总论[M].北京：清华大学出版社，2010：89.

播符号。同时，NBA 作为一个组织，同样具有组织文化的特性。组织文化可以从广义和狭义两方面来理解。广义的组织文化包括硬文化和软文化两个方面。硬文化主要是指组织内的物质状况、机器、设备和原材料、技术水平和组织效益等有形的东西；软文化指组织在历史发展过程中形成的具有本组织特色的思想、意识、观念等意识形态和行为模式以及与之相适应的制度和组织机构。狭义的组织文化概念是指组织的软文化。国内外学者谈论的组织文化一般都是指狭义的组织文化。[①] 本文主要从狭义的组织软文化的视角对 NBA 作为"强势文化"进行传播学解读。

一、理论依据

在现代组织传播中有一个学派称为文学学派，文学学派将组织看成一种"文化"，这一比喻源于文化人类学的研究。[②] 迪尔和肯尼迪在《企业文化》中提出一个企业强势文化的观点，他们认为如果一个组织拥有强势文化的成分，对商业成功非常有利，同时也有利于个人潜能的发挥，使个人和组织的绩效最大化。他们还提出了强势文化的四个关键成分：价值观、英雄、仪式和习俗以及文化网络。价值观是组织所提倡的信念和看法。比如福特公司注重"质量"，NBA 注重挖掘球员的潜能和商业价值。强势企业的价值观应当在企业内外得到广泛认同。英雄在 NBA 成为球星和球队的领袖，成为英雄是每位球员的梦想，也代表了组织价值观的个人神话。仪式和习俗，是组织用来弘扬其文化价值观的一套文化形态，NBA 赛场是展示篮球魅力的最佳仪式，从进入季后赛一直到总决赛获得总冠军是每位球员心中的梦想。密集的赛事也成为一个个仪式、习俗和文化网络。

二、价值观：NBA 是集体育、文化与媒介于一体的价值链

在篮球运动中那些耳熟能详的传播符号，反映出篮球运动本身所具有的巨大传播力与影响力，篮球，作为美国的传统体育项目，它完美地融入了"个人本位，富于创造"的美国文化和美国人的价值观。[③] 同时，NBA 作为全球最具

---

① 杜婕，张秀萍．奥运传播与文化［M］．北京：北京体育大学出版社，2006：5．
② 许静．传播学概论［M］．北京：清华大学出版社，北京交通大学出版社，2010：116．
③ 刘玉华．中美篮球文化的差异与中国篮球文化的发展［J］．体育文化导刊，2004（8）．

影响力的体育组织，映射出球队、球员、受众、媒体四个方面的诉求，反映了他们不同的价值取向。

首先是球队的诉求。在篮球高度商业化的NBA，"眼球经济"是球队的最大化追求，而球队领袖和球星的发挥及影响力能为球队的发展注入活力，能够吸引更多的球迷走进赛场。其次是作为运动员，上场的时间是与薪水挂钩的，在有限的时间里打出高效率是每位职业运动员追求的目标，而运动员利用他们优越的身体条件除了打出令人赏心悦目的比赛外，华丽的三双数据也被认为是运动员追求的目标。再次是作为观众尤其是现场的观众，到现场就是要看他们心目中的偶像的表演，他们是篮球运动重要的组成部分，是支撑篮球运动发展和传播的不可或缺的力量。最后是媒体，为全球电视观众提供精彩的比赛画面，满足了全球篮球迷的诉求；同时，通过电视的直播，我们能欣赏到那些家喻户晓的NBA球星的精彩表演。随着新媒体走进我们的生活，各种互动平台能让我们随时随地分享我们喜爱的NBA的现场直播。

三、英雄：篮球最具震撼力的符号的诠释者

NBA那些家喻户晓的篮球明星都是与篮球运动中最具震撼力的传播符号联系在一起的。美国文化具有创新精神和崇尚个人表现的文化氛围，具有求异思维的表现形式，这种文化传统能够激励运动员在篮球场上的创造欲望和表现能力。[①]

（一）篮球运动中最具震撼力的传播符号：绝杀

绝杀是体现一个运动员伟大的重要标志，有乔丹、科比这样的绝杀高手，也有麦迪那样的灵光一现。

具有代表性的英雄：迈克尔·乔丹、特雷西·麦克格雷迪

1. 史上最牛的绝杀高手：迈克尔·乔丹

绝杀方面，在乔丹的职业生涯中共创造出28次绝杀。其中最具代表性的绝杀是：

1998年6月14日，总决赛第六场公牛对阵爵士，公牛以85比86落后一分，乔丹在后场把球从卡尔·马龙手里断下来，又在前场罚球线附近把布莱

---

① 严精华，潘宁，王小安.中美篮球文化比较[J].体育文化导刊，2004（10）.

恩·拉塞尔晃倒并投中二分完成绝杀。这是他职业生涯最完美的"最后一投"。

2. 最伟大的绝杀瞬间：科比

2004年4月15日科比完成生涯最强由两个球组合而成的绝杀。那场激动人心的绝杀的对手是开拓者队，第四节还剩8秒时，湖人在落后3分极度艰难的情况下，科比站了出来不可思议地投中一个3分，双方进入平分，两队进入加时赛。而加时还剩1秒时，科比迎来第二个绝杀，湖人队以102：104落后2分，科比3分线外接球就投再度上演奇迹，球应声入网。这次绝杀当选为科比NBA生涯最伟大的绝杀瞬间。

3. 麦迪时刻（MC's time）：特雷西·麦克格雷迪

2004年12月9日，火箭在主场大战马刺，时间还剩44.2秒时，火箭落后8分，麦迪的表演开始了，麦迪在比赛最后的35秒狂砍13分，分别是35秒时一个三分，24.3秒时一个三分加一个罚球，11.2秒时一个三分，及最后1.9秒时一个三分绝杀，火箭神奇般地以81：80战胜马刺。赛后，媒体称此35秒为"麦迪时刻"，称麦迪是感动上帝的男人。此次比赛连同"麦迪时刻"，永远载入史册。在这场比赛中，麦迪所面对的球队是马刺队，NBA顶级的防守强队，队中有大前锋石佛——邓肯及马怒和帕克2把外线尖刀，而且最可怕的是，队中有NBA外线第一的防守悍将鲍文。而麦迪正是在他们这几人中完成这一壮举的，而且在NBA历史上最好的大前锋上打4分，在鲍文的贴身防守下，失去平衡空中漂移3分，这多么精彩。最重要的是连中4个3分，其中还有一个打4分，这种机遇和实力是毋庸置疑的。姚明曾经说过，这样的比赛，别人200年打一场，麦迪50年打一场，可见一斑。

（二）篮球运动最具价值的传播符号：三双

具有代表性的英雄："魔术师"约翰逊、"小皇帝"勒布朗·詹姆斯

三双数据是一场篮球比赛最完美的数据，在一场NBA的比赛中获得三双数据无疑是当场比赛的头条。那么什么是三双数据呢？篮球比赛中的三双是指得分、篮板、助攻、抢断和盖帽其中任意三项的技术统计达到三位数！而三双一般意义上是指得分、篮板、助攻！因为想在一场比赛中抢断和盖帽上两位数是非常困难的，所以现在比赛中的三双和两双一般都是指得分、篮板、助攻。NBA历史上有许多纪录都是后人难以打破的，像凯尔特人王朝的8连冠、张伯伦单场100分。

1. 完成三双最多的运动员:"魔术师"约翰逊

身高达到 2.06m 的约翰逊是 NBA 历史上最高的组织后卫,他用个人理念、智慧、技术将篮球的观赏性与竞争性提高到了一个新的境界,他那全面的技术诠释三双的真正意义,在他的职业生涯中获得创纪录的 138 次三双数据,因此获得了"魔术师"的美誉。

2. 完成三双大满贯的运动员:"小皇帝"勒布朗·詹姆斯

在奥运会篮球比赛中获得三双的运动员是"小皇帝"勒布朗·詹姆斯。在 2012 年伦敦奥运会上,在美国男篮 1/4 决赛中勒布朗·詹姆斯成为最闪耀的球星,"小皇帝"贡献了 11 分、11 次助攻和 14 个篮板,成为奥运会篮球项目正赛历史上首位夺取三双的球员,最终美国队以 119 比 86 击败了澳大利亚男篮。在 NBA 常规赛、NBA 季后赛、NBA 全明星赛以及 NBA 总决赛上勒布朗·詹姆斯都完成过三双数据,他是目前世界篮球史上唯一完成三双大满贯的球员。

(三)篮球场上最具影响力的符号:巨人与飞人

篮球是巨人的运动,同时也是飞人的天堂,身材高大的中锋令人瞩目,而身体条件优越、弹跳惊人的飞人同样吸引球迷的眼球。他们对篮球的精彩演绎让赛场上高潮迭起、让球迷欢呼雀跃。人们之所以喜爱巨人和飞人一个最重要的原因是他们能够轻松地扣篮,而扣篮是 NBA 赛场上最激动人心的时刻。在得分后卫这个位置上是最容易产生飞人的温床,乔丹、科比、韦德,他们都有一个响亮的名称:飞人乔丹、小飞侠科比、闪电侠韦德。而 2011—2012 赛季和 2012—2013 赛季 NBA 总冠军迈阿密热火队的三巨头也令对手防不胜防,尤其是空中接力扣篮更是让球迷如痴如醉。而这些巨人与飞人之间的组合也让球迷津津乐道,如我们熟知的姚明与麦蒂的姚麦组合、科比与奥尼尔的 OK 组合都给球迷留下了深刻的印象。

中锋的位置历来被巨人占据,提到巨人我们就会想起奥拉朱旺、奥尼尔、姚明,而在得分后卫方面乔丹、科比、麦迪更是让我们耳熟能详。2007 年,在 ESPN 体育记者评出的得分后卫排行榜上,科比仅次于乔丹排位最伟大的得分后卫的第二名。

篮球运动在赛场上具有明确的分工,优秀的篮球运动员的打球位置是最具传播力的符号。提到中锋我们不禁想到了姚明,2002 年 6 月他以状元秀的身份加盟美国火箭队,2003—2009 年连续 7 次入选 NBA 西部"全明星"首发中锋,也是 NBA 历史上第一位外籍状元秀。作为休斯敦的主力中锋姚明为休斯敦火箭队征战了 9 个赛季,其间姚明等率领的火箭队 6 次进入季后赛。在他短短的 8 年 NBA 职业生涯中(其中还缺席 1 个赛季),已经有 12 项数据载入了火箭史册,能与奥拉朱旺相提并论。

(四)篮球场上最具统治力的组合

组合就是依靠组合双方惊人的特长形成互动和互补,在赛场上形成化学反应,形成惊人的战斗力和影响力,给受众以强大的吸引力,提升球队的整体实力和战绩。

在火箭有"姚麦组合",他们联手创造了 13 连胜的神话。而 2014—2015 年拥有"魔登组合"的火箭队无疑成为了新赛季总冠军的有力争夺者。随着常规赛即将正式打响,全队上下都对未来充满期待,詹姆斯在微博中说,哈登更是在这支火箭队身上看到了 21 世纪初那支三连冠湖人队的影子。在波士顿凯尔特人有三巨头组合,同样缔造了神话,2007—2008 赛季,皮尔斯、加内特、雷阿伦聚集凯尔特人,从此联盟开启了一个新的时代。因为他们三个聚集在一起之后,就像是核反应一样,爆发出了强大的威力,开局一波 8 连胜是他们的宣言,虽然被魔术队中断了连胜的脚步,但是接下来 3 连胜、9 连胜,又是一波 9 连胜。最终凯尔特人以 66 胜的成绩结束了这个赛季。季后赛上他们首轮 7 场大战击败老鹰,次轮将上赛季的东部冠军骑士击落马下;东部决赛面对老一代铁血军团活塞队,绿衫军在 6 场之内解决了战斗;总决赛面对湖人,同样是 6 场比赛,凯尔特人捧起了他们梦寐以求的总冠军奖杯。"三巨头"几乎没有经过磨合就融为了一体,在牵手的第一个赛季就夺得了总冠军。在热火同样有詹姆斯、韦德和波什的"三巨头"组合,同样公牛队有乔丹与皮蓬的组合,爵士队有马龙和斯托克顿的组合,这些组合都有着传奇的战绩和公众津津乐道的话题。而两只三巨头球队碰撞出的火花更是让篮球运动的传播魅力无限。

GDP 组合,就是指马刺队的最佳组合模式,马刺凭借 GDP(吉诺比利、邓肯、帕克)组合多年扬威于 NBA。所以不管怎么说只要邓肯、吉诺比利和帕克保持健康,马刺就是一支强队,这是毋庸置疑的答案。进入到 21 世纪之后的相当长一段时间里,整个 NBA 都被湖人和马刺两支球队瓜分,但马刺打自 2007 年夺冠之后一直都被人认为老得不会再具备夺冠的能力,哪怕是 2013 年马刺杀入总决赛逼得热火险些落马,那也被很多人认为只是圣安东尼奥人的回光返照罢了。只是没想到 2014 年的总决赛再度相遇时，老辣的马刺彻底将热火击垮。在之前的四个赛季中，由詹姆斯、韦德和波什组成的"三巨头"四年都进入总决赛，并取得两个总冠军，2014 年他们的目标就是总冠军的"三连冠"。可马刺不但拥有自己的三巨头 GDP 组合，莱昂纳德这样的新星也成为他们打造出来的下一班顶梁柱。就像马刺这样一支在 21 世纪初期普遍认为球风极为难看的球队，再到 2014 年总决赛令人称奇的各种临场指挥和变幻莫测的战术部署围剿热火过后，迈阿密所组建的超级王朝却就此崩塌。三连冠的美梦被粉碎之后，詹姆斯最终还是选择了才洗刷没多久的叛徒行为，离开热火重返老家克利夫兰，于是 2014—15 赛季就只剩下波什和韦德两人孤零零地维系着热火仅剩的一点点血脉，但他们已经不再是冲冠级别的球队。

四、仪式和习俗：不重复地循环播放的连续剧

在 NBA 的比赛过程中逐渐形成了重大的节日，是 NBA 这个公司组织用来弘扬其文化价值观的仪式，而这些仪式和习俗经由大众传播逐渐成为家喻户晓的经典赛事和文化符号。从众多的仪式和习俗中我们来分享一下 NBA 逐渐形成和固化的"强势文化"符号。NBA 完善的赛制和成熟的商业运作也是美国竞技篮球文化又一突出的特点。[1]NBA 的赛季就像一部充满悬念的连续剧，给全球热爱篮球的人们提供一顿顿充满悬念、扣人心弦的文化大餐。而所有的话题都围绕篮球展开，主角是篮球场上的篮球明星，他们的精彩表演带动了整个篮球产业的繁荣和篮球运动在全球的广泛传播。观看 NBA 篮球比赛成为很多篮球爱好者的生活方式。

NBA 比赛分为常规赛和季后赛两大部分。作为没有升降级机制的全球最高水平的联赛，常规赛的目标就是争夺进入季后赛的名额。NBA 的流程还包括每年都要进行具有娱乐、表演和互动参与性质的全明星周末。

NBA 全明星赛历来都是为球迷奉献的一份篮球大餐，它集娱乐、时尚和篮球于一体，通过文化传承和数据对比，能使全明星赛的巨星们更加星光熠熠，闪耀 NBA 全明星的舞台。在 NBA 全明星赛的赛场上维尔特·张伯伦单场曾有 42 分的表演，正如同那场单场 100 分会当凌绝顶，很难超越。但科比

---

[1] 贺成华. 美国篮球文化特征 [J]. 宜宾学院学报，2009（6）.

却在这一项成就上堪称历史第一：全明星赛上的总得分。2012年科比第13场全明星的比赛前，总得分已经达到了244分，距离乔丹的262分纪录，只有18分的距离。第三节距离结束还剩4分56秒，科比快攻扣篮得手，全明星总得分达到264分，完成了对乔丹的超越。科比超乔丹，谁能超科比？最有潜力的，莫过于詹姆斯与杜兰特。自打2004年征战全明星以来，詹姆斯先后参加9届比赛，总得分为226分，距离科比的纪录其实相差不远，而按照詹姆斯全明星赛上场均25.1分的得分，再打三届他便可以实现超越。正所谓江山代有才人出，1988年出生的杜兰特，与詹姆斯类似，他有大把大把的时间去超越科比。技巧挑战赛，某种程度上来说可以被视为跑酷，而自打2003年起，跑得最快的，居然是那个叫德隆·威廉姆斯的胖子。25.5秒，超越了2005年的风之子纳什，不仅成为那一年的冠军，也由此成为跑酷比赛中最快的男人。

2015年全明星赛，更是创造了NBA全明星赛的多项纪录。"雷霆双少"之一的维斯布鲁克砍下的41分是全明星历史上的第二高分，超越了乔丹在1988年创造的40分，离第一名张伯伦1962年砍下的42分还差一分，最终获得MVP。在东西部还有三位炙手可热的巨星，西部队这边，常规赛MVP哈登表现同样出色，得到29分、8篮板、8助攻，差点拿到三双的华丽数据。库里贡献15分、9篮板、5助攻，而勇士队的"水花兄弟"之一的库里是最擅长表演的球员，官方评选的五佳球有3个是由库里完成的。东部队这边，詹姆斯得到全队最高的30分，还有7助攻、5篮板入账并创造全明星赛多项纪录：全明星总得分达到278分，在首节便成功超越乔丹，排到了全明星总得分榜的第二位，最终距离第一名的科比也只有2分的差距。本场球，两队半场轰下165分，追平了全明星的历史纪录。而双方全场联手得到321分，半场总共出手三分71次，这两项数据则是全明星历史的新纪录。

在NBA 60多年的历史上，黑八奇迹总共出现了五次，分别是1994年的丹佛掘金队、1998—1999赛季范·甘迪率领的纽约尼克斯队、2006—2007赛季的金州勇士队、2010—2011赛季的灰熊队，还有2011—2012赛季的76人队。2002年中国运动员姚明以状元秀的身份被NBA的休斯敦火箭队选中。

"MVP"奖项授予常规赛综合球队表现和球员个人表现的最佳球员。近些年这个奖项一直授予常规赛最佳球队里的最好球员。从2009年起的最近五届常规赛的"MVP"有四届都是由勒布朗·詹姆斯获得。只有2011年的常规赛的"MVP"由公牛队的罗斯获得。

圣诞大战

每年的12月25日是西方的圣诞节,在上世纪40年代,美职篮为了烘托节日气氛,都会安排几场重量级的比赛,被称为圣诞大战。这种运营在当时就显得非常超前,在电视普及以后,全家人围坐在电视机旁观看NBA直播,逐渐成为美国人的传统。在高度商业化的今天,圣诞大战蕴含了越来越多的话题。球队之间的恩怨情仇、球星之间的人气比拼,所有的一切都可吸引观众的眼球。对于圣诞大战,纽约尼克斯队是有着刻骨铭心记忆的,1960年12月25日的圣诞大战中锡拉丘兹民族(费城76人队前身)以162:100大胜纽约尼克斯队,创造了当时最大的分差,足足赢了62分之多;而1964年12月25日,在纽约尼克斯队以114比120不敌篮网的比赛中,伯纳德金独得60分。2008年的圣诞大战,有一场焦点之战就是湖人队与凯尔特人队之间的对决,湖人不仅终结了对手的19连胜,还将名教头菲尔·杰克逊送进了1000场胜利的大关。菲尔·杰克逊对东方禅学颇有研究,他将禅学运用到队员的状态调节当中,因而得了个绰号叫"禅师,""禅师"的第1000场胜利极为精彩,的确对得起球迷的期待,这场圣诞大战是凯尔特人队携19连胜来到洛杉矶,目的就是追平湖人队保持的20连胜的纪录,而上赛季总结赛负于凯尔特人的湖人希望在本场比赛中还以颜色,同时球迷期待着菲尔·杰克逊执教1000场比赛的胜利。而最终保罗·加索尔最后时刻的爆发使湖人队以92比83赢下了绿衫军,"禅师"如愿以偿地成为联盟第六位赢得前场比赛的教练,而他用1423场就赢下了这个高度,创造了联盟的最快速度。2014年的圣诞大战,詹姆斯代表骑士首次回到美航球馆,詹姆斯与韦德兄弟的相见成为佳话。2011年,詹姆斯、韦德和波什三巨头组建,四年两个总冠军、27连胜、71.8%的胜率是三巨头的答卷,如今虽然场上已变成对手,可他们场下依然是兄弟。

五、文化网络:一个承载 NBA 历史与梦想的舞台

NBA 充分利用与电视媒体和新媒体的结合大量生产工业化的文化产品,形成了自己的文化工业,文化工业在大众传媒和日益精巧的技术效应的协同下,大批量生产千篇一律的文化产品,将情感纳入一种巧加包装的意识形态,最终使受众将个性无条件交出,淹没在平面化的生活方式、时尚化的消费行

为，以及肤浅化的审美趣味之中。① NBA 成立了自己的电视与新闻媒体公司、资产管理公司、娱乐公司，实现 NBA 品牌的快速扩张。并通过全球化的推广，将自己的赛事品牌和商业触角伸向世界各地，高度的商业化把受众也变成了受众商品。受众商品是商业化在受众与广告商之间创造的一种关系，媒体在安排节目时会考虑如何把受众交给广告商。② 在 NBA 全球化战略的商业背景下，NBA 每年的全明星都由全球观众投票选出，因此全明星球员具有超高的人气指数，他们是赞助商赢得观众的绝对筹码，所以每年的全明星赛既是全民狂欢的舞台，也是赞助商兜售商品的平台，还是一个 NBA 文化展示的舞台，这些共同编制出一个巨大的文化网络。

（一）NBA 是一个巨大的传播平台

NBA 作为一个巨大的传播平台，承载着众多的传播符号，为广大球迷制造了无数的惊喜。这些符号，让受众体会到篮球所带给人们的快乐，让更多的孩子爱上了篮球，实现了自己的梦想。是这些具有传播价值的符号成就了许多伟大的运动员，因为我们可以通过这些符号对他们的成就进行量化。例如被称为"空中飞人"的迈克尔·乔丹，作为美国 NBA 的著名篮球运动员，他在篮球职业生涯中创造了刷屏般不胜枚举的纪录，也是 NBA 历史上第一位拥有"世纪运动员"称号的巨星。他将 NBA 推广至全球每个角落，使 NBA 成为好莱坞以外又一个无可阻挡的美国文化。他为联盟带来的收入至少在 100 亿以上，而其商业和广告价值更是无法估算。

（二）NBA 也是全球化传播的平台

所谓 NBA 全球化传播，是指在 NBA 国际化传播和跨文化传播的基础上，最终实现受传者从国家和群体扩展到个人，使 NBA 成为全世界数十亿人共同参与的全球性庆典。中国的篮球明星姚明，作为休斯敦火箭队的中锋，2 次登上《时代周刊》的亚洲封面，被美国《体育新闻》评选为年度"职业体育最有影响力的 100 人"，被美国《时代周刊》列为"世界最具影响力 100 人"。因此 NBA 也成为一个传播中华文化的舞台。

姚明的影响力远远不止中国范围，全球华人也都是姚明的球迷，据此推

---

① 陆扬，王毅.大众文化与传媒［M］.上海：上海三联书店，2000.
② 薛岚.NBA 主场文化探析［J］.体育科学，2005（4）.

测，姚明在全世界的球迷应该在 15 亿以上。他用自己的实际行动向美国公众证明了中华文明——友好、善良、谦虚、礼貌。

（三）从 NBA 五大纪录传承看 NBA 文化网络

1. 第一项纪录：科比超越乔丹，总得分达到历史第三

北京时间 2014 年 12 月 15 日，在湖人客场与森林狼的比赛中，当科比完成一次罚篮后，科比的 NBA 总得分达到 32 293 分，超越乔丹位列 NBA 总得分榜第三。此时，NBA 特意为科比暂停了比赛，人们纷纷向科比表示祝贺，森林队老板还特意将这个球送与科比作为纪念。

在完成对乔丹的超越后，科比总得分位列历史总得分第三，摆在他前面的是卡尔·马龙的 36 928 分和贾巴尔的 38 387 分。本赛季，科比伤愈复出后，基本恢复到了以前的得分水准，场均 25.2 分，在联盟中仅次于哈登和詹姆斯，但即使科比保持着这种效率，要想超越马龙，科比还需要 183 场比赛，也就是说在本赛季所有比赛和 2016 年科比合同到期前未来两个赛季，如果他不提前退役，不再有大的伤病，还是很有可能超越马龙的。在历史失误榜上，科比场均 3.2 次失误，下赛季将超越基德，位列历史第三。

2. 第二项纪录：加内特，历史篮板榜第 9

凯文·加内特，另一个承载着文明青春记忆的名字，他大科比两岁，早科比一年进入 NBA。曾经的"狼王"几乎无所不能，号称能从 1 号打到 5 号位，他的全面即将能够得到岁月的证明，如果他能够坚持到下个赛季达到 15 000 个篮板，那么，加内特就会成为第 2 个达到 25 000 分、15 000 个篮板、5000 次助攻的 NBA 球员。加内特虽然很难有那么全面的表现，但他在防守端无可挑剔，位列篮板第一位的他，本赛季有 8.5 个篮板，而 10 场比赛后，我们将见证他超越内利特·瑟蒙德升至篮板榜第 8 位。

3. 第三项纪录：邓肯，历史盖帽榜第 7

就在几个赛季前，我们会猜想邓肯何时退役，可已经老去的"石佛"再进总决赛，再夺总冠军，被媒体笑称为 21 号新秀，尤其他本赛季 11 个篮板，已经达到了近 7 个赛季的最高点，这很有可能在 5~6 场比赛后超越沃尔特·贝拉米成为历史篮板榜前十。而本赛季邓肯很可能接连超越尤因和大卫·鲁滨逊跻身 NBA 历史盖帽榜前 5，篮板前 10，盖帽前 5，这也许才是邓肯应有的历史地位吧。

4. 第四项纪录：詹姆斯，历史三双榜第七

科比超越乔丹后，谁是超越科比的球员，答案非詹姆斯莫属。至今为止，詹姆斯的职业生涯总共得分 27 354 分，位列历史第 22 位，与查尔斯·巴克利仅差 3 分，而按他场均 25.4 分来计算，四个赛季后他也将迎来超越乔丹的时刻。而在历史三双榜上，随着基德的退役，詹姆斯的三双是现役球员第一人，如果再拿到 6 次三双，詹姆斯将超越拉斐特·里夫成为历史第六位。对于而今进入而立之年的詹姆斯，超越前辈远未停止。

5. 第五项纪录：未来的继承者：隆多、杜兰特

上周刚刚拿到两位三双的隆多一直在三双榜上紧追着詹姆斯，如果要不是近几个赛季隆多伤病缠身，或许隆多早已完成了对詹姆斯的超越。本周杜兰特总得分达到 15 000 分，对于近四个赛季荣膺得分王的杜兰特而言超越詹姆斯不是没有可能。相信与科比一样，NBA 的各项纪录都是对后来者们最好的激励。

（四）从名人堂看美职篮的强势文化

1959 奈·史密斯篮球名人堂在马萨诸塞州斯普林菲尔德学院建立。然而名人堂不仅针对 NBA，还面对全世界所有对篮球事业有卓越贡献的人。尽管篮球对抗激烈，但完善的规则和赛事逐渐使篮球运动演变为伟大运动员的竞技场，这是篮球创始人奈·史密斯博士所始料不及的。NBA 巨星的对篮球运动的精彩诠释，使这项简单而优雅的运动影响了一个时代，成为许多孩子心目中的"美国梦"。尽管名人堂的入选条件极为苛刻，但名人堂资格的含金量极高，对于球员来说，名人堂是伟大的丰碑，是对于球员生涯的最好的肯定。由于承载着美国篮球和世界篮球的文化底蕴，它是面向全球传播篮球文化的窗口。

小　结

NBA 作为一个篮球符号，伴随着与电视媒体的融合不断发展壮大。在社会领域随着后工业时代的来临，人们生活水平提高，人们的消费逐步由物的消费变为符号的消费。电视媒体的推波助澜，使 NBA 的品牌价值不断提升，NBA 与媒体的互动形成了独特的文化奇观，不断地制造着篮球明星，形成篮球强势文化，编织 NBA 符号系统，形成覆盖体育、媒体和商业的传播网络，

吸引着观众的眼球。符号对于篮球运动传播的解释力和号召力日益凸显，以乔丹和公牛队为代表的NBA品牌，得到了广泛的身份认同，并伴随着美国的文化和价值观使篮球运动在全球得到了广泛的传播。

通过美职篮特殊符号的记录，使我们感受到篮球在不同国度所展现出的文化印记，从中可以窥视到美国篮球文化的个性与张扬、创新与传承、执着与坚守。我们不可能完全展示在NBA篮球发展过程中的所有符号，但可以通过符号来展示其背后所蕴藏的文化底蕴，正是通过一个个篮球符号的积累，篮球运动才一步步走向大众，得到广泛的发展与传播。

体育传播作为一门新兴的学科，以其宽广的视角较为全景地展现了体育运动的发展与传播。本文通过对NBA作为篮球"强势文化"符号的解读，形成了以价值观、英雄、仪式和习俗、文化网络四个现代传播理论关键成分为代表的符号群，为本研究提供了坚实的理论框架。突破了体育传播学研究以文本为依托的羁绊，把现代组织理论和符号学理论引入到体育文化传播研究之中，较为全面地诠释了NBA作为篮球"强势文化"符号的传播价值以及由此衍生出的巨大跨文化传播平台，同时为其他运动项目的传播学研究提供了理论和实践方面的借鉴。

第六章 篮球运动传播的典型符号Ⅱ：CBA 符号

第一节 CBA 是中国篮球标志性符号

CBA 是中国篮球职业联赛的英文符号缩写。图案以一个向上飞驰的篮球为主，设计者巧妙地利用篮球表面的纹路，通过艺术创造，做成类似于中国京剧脸谱的形状。标识上有 5 种颜色，象征五大洲。各种颜色的饱和度被故意下调，以达到流动的效果。设计者称："中国篮球联赛要有独特的中国身份，因此借鉴了脸谱的构成方式，将其线条走势与篮球纹理相结合，使标识既有中国文化底蕴，又有时代感。"篮管中心主任李元伟说："过去计划经济中对视觉标识系统认识不足，现在我们在努力创造 CBA 的品牌，视觉标识就显得非常重要。"CBA 专用商务开发标识的推出，标志着 CBA 职业联赛的筹备进入一个新阶段，是篮协进一步打造赛事品牌的重大行动。

第二节 CBA 发展历程中的经典符号

CBA 篮球符号所代表的是中国篮球的精神和灵魂，体现的是在中国篮球发展过程中的不断探索和追求。它或许是一段辉煌的记忆，或许是一个人名，或许是一部电影，或许是一个数字，或许是一个"王朝"，它反映出中国篮球的文化底蕴和对篮球运动的理解，是 CBA 发展的印记，是传播中国篮球的符号。

一、CBA 的王者符号

（一）"八一"铁军

1995 年到 2001 年，铁军"八一"所向披靡、战无不胜，连续 6 次取得总冠军，连续五年在季后赛中不失一场零封对手夺冠，被称为一个时期以来中国篮坛的"巨无霸"。六连冠之后，王治郅登陆 NBA，成为中国球员 NBA 第一人，姚明率领上海队从八一队手中夺走 2002 年的总冠军；次年，姚明也去了 NBA，"八一"又在"战神"刘玉栋的率领下 3∶1 力克广东宏远夺回桂冠。从此"八一"开始与宏远争霸。在职业联赛中八一队坚决不引进外援，彰显出军旅球队的"可以被打败，不可以被打垮；可以失去奖杯，不可以失去口碑"的精神。"八一"队的这句队训诠释了八一铁军的战斗精神。1962 年 5 月，苏联红星队来访中国，与八一队进行了一场惊险的较量，红星队当时是苏联国家的冠军队，平均身高 1 米 96，高出八一男篮近 10 厘米。八一队最终以 60 比 55 战胜对手，这震惊了当时的世界篮坛。

1979 年 4 月，美国派出由 10 所大学组成的男子篮球明星队访问我国，约定同八一队进行两场较量。4 月 9 日，首场比赛在首都体育馆开战，八一队当时先发阵容有穆铁柱、吴忻水、匡鲁彬、郭永林和邢卫宁。在那场比赛中，中锋穆铁柱和后卫吴忻水各得 25 分，八一队最终以 104 比 96 战胜美国队；4 月 16 日八一队以 72 比 69 再次战胜美国队。

八一男篮建队 57 年来，共获得了 40 次全国冠军。在已经举办的共 11 届全国运动会上，八一男篮 7 次夺得冠军，自第六届全运会以来蝉联"五连冠"。八一男篮是向国家队和国家青年队输送优秀人才数量最多的专业运动队。据不完全统计，八一男篮共向国家一队输送了 51 名运动员。

（二）广东崛起

1993 年第一家民营篮球俱乐部在广东成立，经过十多年的发展，这只"华南虎"成为广东体育的一面旗帜。广东队在 2003—2004 赛季、2004—2005 赛季、2005—2006 赛季、2007—2008 赛季、2008—2009 赛季五次夺得 CBA 总冠军，至此广东篮球已经取代昔日霸主八一男篮开创了属于自己的王朝。截止到 2012—2013 赛季，广东东莞篮球俱乐部已八次获得 CBA 联赛总冠军。2002—2003 赛季，杜锋、朱芳雨、王仕鹏这"国产三叉戟"成为球队的中流砥柱，广东篮球进入了成绩井喷式提高的高速发展阶段，常规赛13连胜。锋芒毕露的易建联首秀CBA赛场，他在总决赛最后时刻的扣篮惊艳四座，体现了作为新生代的球员誓夺总冠军的雄心。这也为他进入NBA铺平了道路。他们是广东王朝的缔造者，同时也是中国篮球的根基的重要组成部分。

二、CBA的明星符号

（一）"移动的长城"

2000年悉尼奥运会，中国男篮阵中坐拥20岁的姚明和23岁的王治郅，当时美国媒体用"移动的长城"来形容中国队两大内线支柱。2000年悉尼奥运会赛场上，王治郅已经成长为中国队独当一面的中锋，他和姚明、巴特尔组成的"中国移动长城"曾在世界篮坛名噪一时。

（二）"明王朝"：自信、活跃，新一代的"中国符号"

在休斯敦丰田中心内外，看到中国人甚至亚洲人，美国球迷都会纷纷热情地大喊："YAO！"在他们眼里，姚明已经不仅仅是一名在NBA打球的中国球员，而是"中国符号"。从2002年姚明加盟NBA开始，他就没有被单纯地当作一名球员看待，"一个来自中国的状元秀"，几乎全世界的篮球迷都想看看他到底有多大能耐，并希望通过他更多地了解中国的年轻人。而对于中国球迷来说，则迫切希望姚明取得成功，从而为新一代中国球员及东方文化赢得认可和尊重。

不论姚明是否在意，但他实际上已成为了国际上中国新一代运动员的代名词，并且在促成不同文化的相互交流。

通过那些追踪姚明的摄像机镜头，美国观众看到了姚明的家乡上海，了解了中国迅速融入世界的速度。他们发现，中国人的生活方式和观念态度发生了巨大变化，中国新一代年轻人更加活跃、更加自信，热衷新知识、新事物，而且崇尚个性。这种文化碰撞并没有成为昙花一现式的猎奇行为，姚明始终是媒体关注的焦点。在中国，姚明的一举一动都是体育新闻的头条；在美国，姚明和善谦逊的态度和风趣幽默的谈吐也让他成为媒体宠儿，他的影响力远远超出了所有人最初的想象。

姚明于2004年被美国《时代周刊》评选为"时代百人"，他被誉为"从毛主席以来最广为人知的中国符号"。甚至美国总统奥巴马在演讲中谈到中美合作时，也以姚明为例。奥巴马说："作为一个新上任的美国总统和一个篮球球迷，我从姚明那里学到了很多。姚明曾经说过：'无论你是新队员还是老队员，都需要时间才能彼此适应。'我和中国已经有了很多次交流，我相信自己最终能达到姚明所说的那种程度。"①

姚明的品牌价值也创造了中国运动员的顶峰。随着姚明的加盟，火箭队的收入也直线上升，主场丰田中心来自中国企业的赞助络绎不绝。一系列中国本土顶尖企业都成为 NBA 的商业合作伙伴。可以说，中国经济的发展、市场的开放、观念的革新为姚明的成功提供了机会和保障，而姚明的成功也为摸索前行中的中国体育事业提供了一个范例和诸多宝贵经验。

休斯敦火箭队对光明的期盼已经有若干年头了，希望早日看到自由的姚明、逍遥的麦蒂、和谐的团队以及去除了魔性的火箭战术。如若这番景象出现，火箭必将稳步加速，直刺苍天，引领观众与媒体的狂欢。那时，"明王朝"定会如期而来。

（三）CBA 首位 10 000 分先生

广东东莞银行俱乐部的朱芳雨有两个绰号：朱8和三分雨。2014 年 11 月 26 日，CBA 联赛第十一轮争霸，广东和辽宁一直打到加时赛。获胜的辽宁已经是十一连胜，刷新了历史最佳的开局纪录。而输球的广东也拥有了新的纪录，因为球队的朱芳雨成为了 CBA 历史上第一个得分破万的球员。第四节比赛还剩不到 4 分钟，场上比分 95 平，刚刚命中一记三分的朱芳雨，果断出手，皮球划出一道美丽的弧线命中。这是朱芳雨本场比赛的第七粒三分球，此时他 CBA 职业生涯的总得分正好来到 10 000 分。朱芳雨 15 年的职业生涯，600 场比赛，10 007 的得分，1374 记三分球，31 岁的朱芳雨在中国职业男篮的数据表上都写在了第一位，从 16 岁到 31 岁，朱芳雨的面孔和球技从青涩到成熟，在一点一点地蜕变，细数着一分分的累积，那几乎就是那些年广东队或者 CBA 的历史。

（四）追风少年

王治郅在 1991 年 12 月进入八一青年男子篮球队。他是中国男子篮球职业联赛（CBA）八一火箭队的主力中锋，在 1996 年至 2001 年赛季间，八一队垄

---

① 姚明自信、活跃　造就 NBA 神话　成新一代"中国符号". 中国青年报.

断了所有的联赛冠军。王治郅虽然有着2米16的身高,但动作仍十分协调灵巧,并拥有灵活的进攻脚步,再加上惯用手为左手,令防守者对他特别难以捉摸,这使得早期的他就成为亚洲顶尖的中锋球员,被誉为"追风少年"。1995年7月,年仅18岁、初次亮相国际舞台的王治郅在希腊举行的世界青年男子篮球锦标赛上,作为主力中锋带领中国青年队取得第9名的好成绩。整个系列赛王治郅以总得分排名第二、篮板总数排名第二、盖帽次数排名第一的骄人成绩被评为本届比赛的最佳中锋,同时荣膺"盖帽王"美誉,并入选了最佳阵容。王治郅在1999年NBA选秀中被达拉斯小牛队于第2轮第36位选中,他也是第一位进军NBA的亚洲球员。

(五)"战神"刘玉栋

2010年2月5日夜晚,福建SBS主场对阵浙江,刘玉栋拿下CBA职业生涯第8290分,成为CBA历史得分大王。他超越八一队队友李楠CBA职业生涯的8288分,成为CBA联赛自1995年启动以来的得分大王。这一天对刘玉栋而言,只是早早晚晚的问题。在这之前,刘玉栋已经是CBA 15年历史上最伟大的巨星,这毫无争议可言——即便是姚明,在CBA的成就也无法和刘玉栋抗衡。刘玉栋赢取了8个CBA总冠军;在生活条件越来越优越、运动员个人努力程度和技术水平不断下降的大环境里,刘玉栋是中国篮球最执着的符号,告诉你成功的根源;再没有任何一名CBA球员,能像刘玉栋那样,用一种铁骨铮铮的方式令人心醉。无论刘玉栋还会打多久,在他超越8288分的这个夜晚,历史已经下了结论:这是CBA迄今最动人的传奇,没有之一。时光荏苒,体制变革,八一王朝,已是西风残照,汉家陵阙。但请记得那个时代的格言:如果你把刘玉栋限制在了只得30分,你的防守就很成功了。

三、中国的篮球梦想

(一)两枚金牌与体育强国梦

2004年雅典奥运会上,阿根廷获得男足和男篮的金牌,而今天还在一直致力于三大球翻身、实现体育强国梦想的蔡振华在仁川亚运会中韩女篮决赛中不忍看到中国的惨败起身离席,事后面对三大球的集体哑火,蔡局既无奈又自嘲地对记者说,不能所有的冠军都中国拿。是啊,一百多枚的亚运会金牌也难掩中国体育的尴尬。2004年阿根廷奥运代表团的两枚奥运会金牌的含金量可谓货真价实。吉诺·比利堪称球队最大的功臣，在决赛中吉诺·比利得到了16分、6个篮板和6次助攻，帮助阿根廷男篮把金牌夺了回来。最终阿根廷以84比69大胜夺冠。颁奖典礼上吉诺·比利微笑着吻了吻金牌，神采飞扬。

（二）《女篮5号》

《女篮五号》是新中国拍摄的第一部体育题材彩色故事片，影片描写了一对恋人，同时也是篮球运动员的故事：他们曾经倾心相爱，因为环境的阻挠，被人拆散，各奔天涯。直到18年后，随着社会环境的改变，一对恋人之间久经压抑的感情，才得以重生。影片显露出来谢晋电影中一贯的"个人命运和大时代背景"紧密结合的特点。

在艺术上，影片的一个重要特色就是充沛的青春气息。在主要演员中，除刘琼、秦怡是有丰富经验的著名表演艺术家外，片中饰演"女篮五号"的曹其纬及其余队员都是生活中的运动员，是第一次在水银灯下表演。她们朴实而真实的表演，给影片增添了清新的色彩。影片的拍摄手法清新，镜头语言简练，节奏明快，洋溢着青春的活力，给人以美的享受。

四、整体篮球也有自己的组合

当年红极一时的上海大鲨鱼队的姚明和刘伟组合，移动的长城组合，目前，在北京金隅的马布里和莫里斯组合，易建联和小拜纳姆组合都让人印象深刻，可是我们还是期待着CBA能给我们带来复兴中国篮球的新组合。

八一五虎，这是多么豪情盖世，又多么惺惺相惜的表达。李楠和刘玉栋，张劲松和范斌，曾经年轻的王治郅，八一五虎上将横扫CBA。在王治郅离开之后，他们开始面临真正的挑战。他们开始失去冠军，但他们过硬的实力、惊人的坚韧，却带给了CBA球迷从未享受过的心理体验，也让八一从此拥有了更庞大的支持群体。刘玉栋，就是他们的招牌，是铁军精神与杀气最完美的展现。当范斌渐老、年轻后卫（当年的年轻后卫）王中光和李克上调到一队之后，他们听到两种截然不同的观点：第一种是，八一队的后卫最难打，后卫就是端茶送水，前面得分手太多，你得观察好了应该给谁；第二种是，八一队的后卫最好打，把球运过半场，给刘玉栋，拉开空间，然后你就看着吧。刘玉栋那些伟大的得分战例，无须再一一细数，我也数不清楚。而他真正的伟大，是在那些得分背后的执着和坚守。他的天赋平平，他的力量和神奇的跳投，都来自日复一日的苦练。他经历了每一个运动员都会经历的轮回，从 1993 年首届东亚运上的小将，八一五虎之首，再到在福建的复出。但无论在哪一步，无论成就与胜败，都令人深感他对球场的热忱。刘玉栋方正的面孔，寒眉冷面，不怒自威。在这个男色、选秀、炒作横行的时代，刘玉栋提供着最稀缺的精神范本，带给我心底最真切的触动。

第三节　中国特色篮球奇异性绰号

在 NBA 和 CBA 联赛中，有五大奇异绰号，也是符号的重要组成部分，分别为姓名昵称、传神评价、风格特点、外形特点、中国特色五个方面。

一、姓名昵称：大鲨鱼：奥尼尔；小甜瓜：安东尼；大郅：王治郅

在中文世界里，姓名昵称比比皆是，特别是对高大中锋的评价都会在姓名前加一个大字，如大郅、大唐、大巴，等等。在英语世界里，许多人利用与自己名字相似的短音节的词来作为昵称。而在 NBA 里，我们最熟悉的要数 "大鲨鱼" 奥尼尔啦，他的全名为 Shaquille Oneal，也被叫作 SHAQ ONEAL，也就是 "大鲨鱼" 奥尼尔啦。不过，奥尼尔的绰号实在太多，还记得奥尼尔退役视频吗？今天我要和我的绰号一起退役："亚里士多德" "功夫鲨鱼" "大仙人掌" "大三叶草" "大柴油机"，最后一个也是最重要的一个——"从来未被完全复制的是超人"。"小甜瓜" 安东尼的绰号也来自昵称，Carmelo Anthony 被喜爱他的球迷称为 "甜瓜" Melon，再加上他脸上挂着的甜甜的笑容，就被中国球迷称为 "小甜瓜" 啦。当然，来自人名的绰号有多种多样，"小皇帝" 詹姆斯（King James）的绰号不但说明他在篮球场上的统治力，而且，在英格兰两位国王的名字也叫詹姆斯。雄鹿的希腊球员 Giannis Antetokounmpo，因为姓氏实在太长，就连现场的解说也不知道如何读这个拗口的名字，只好叫他字母哥。

二、传神评价：战神：刘玉栋；真理：皮尔斯；水花兄弟：库里汤普森

"战神" 刘玉栋是 CBA 球员对他技术风格的传神评价。张庆鹏身高 1 米 88，却能屡屡上演封盖好戏。打疯了无人能敌，3 分线外的干拔 3 分后的捶

胸动作更是成为其招牌动作！外号"张三疯"也是由此而来！奥尼尔不但自己的绰号多，还热衷于给别人起绰号，韦德"闪电侠"的绰号就来自于他。2000—2001年赛季，皮尔斯在一场对阵湖人的比赛中砍下了42分，赛后奥尼尔就对记者说，我知道他打得不错，但不知道他打得这么好，保罗·皮尔斯简直就是真理，从此，皮尔斯"真理"的绰号不胫而走。库里和汤普森"水花兄弟"的绰号来自詹姆斯在热火和勇士的一场比赛前警告队友要小心勇士队的水花兄弟，而在那场比赛中库里和汤普森兄弟联手投进了12记三分球和砍52分，带领球队战胜热火，"水花兄弟"自此成为他们这对后场组合的绰号。

三、风格特点：飞人乔丹，魔术师约翰逊，三分雨朱芳雨

朱芳雨是CBA历史上的万分先生，他的三分球更是被球迷称为"三分雨"，这也是对他擅长投三分球的认可。迈克尔·乔丹是一个时代的象征，而飞人几乎就是他的专属代名词。乔丹的这一绰号来自于他刚进入NBA赞助商为他打造的品牌Air Jordan，而当时的广告词也展现出他的特点：谁说他不是在飞！约翰逊由于其神奇的传球技巧被称为魔术师，他甚至还将自己的名字也改成了Magic Johnson。同样传奇的绰号也有很多，像有梦幻脚步而得名的大梦奥拉朱旺，喜欢滑翔扣篮的滑翔机德雷克斯勒，以及勾手无人能及的天勾贾巴尔等。卡尔·马龙"邮差"的绰号是由于他不缺席任何比赛，就像邮差一样兢兢业业。但在1997年的总决赛决定胜负的第1场比赛中，马龙连续错失了两记罚球，最终被乔丹所绝杀。据说就是在马龙罚球前，皮蓬对马龙说了一句：邮差周日不上班。

四、外形特征：浓眉哥戴维斯，石佛邓肯，小巨人姚明

安东尼·戴维斯在肯塔基大学的绰号是"蜘蛛侠"，这很好解释，想想他2米08的身高、2米22的臂展你自然就明白了。不过在进入NBA后，大家给他起了个更生动的绰号：浓眉哥。这个更不需要解释啦。喜怒不形于色、永远稳如泰山的邓肯被称为"石佛"，也许是由于他的这个绰号太深入人心了，以致偶尔在场边笑了一次还被裁判吹了技术犯规。根据外形起绰号似乎更被NBA球员所喜闻乐见，于是就有了"小巨人"姚明、"小土豆"韦伯、"白巧克力"贾森·威廉姆斯、"外星人"卡塞尔等传神的绰号。

五、中国特色：乔帮主　乔丹，大西部　维斯布鲁克

在这个网络时代，许多 NBA 球员在中国都有了自己的绰号，如迈克尔·乔丹就被称为乔帮主，这说明乔丹在球场上的统治力，也是借用金庸小说《天龙八部》里乔峰乔帮主一名。维斯布鲁克因为他的名字里有 West，就被喜爱他的球迷称为大西部维斯布鲁克。扣篮给力的格里芬更是被球迷直接称为给力芬。不过雷阿伦在中国的绰号君子雷，据说是网友用金庸小说里的君子剑岳不群，来暗讽他打球小动作过多，而被慢慢地叫着成为有褒义的正式绰号。

第四节　从八一、广东、北京篮球王者互动看篮球运动在中国的传播

古时人们信奉图腾，或龙或凤，或狮或虎，各种珍禽异兽代表了权力或力量。在 CBA 18 支球队中，每队也拥有这么一个类似于图腾的队徽，也是 CBA 篮球运动传播的重要符号。从 CBA 开始元年，球队的队徽没有改变的只有四支球队，分别是广东华南虎、北京鸭、江苏龙和八一火箭。广东华南虎采用的是一个虎头的形象，身体部位用火焰代替，整体造型气势磅礴。近年来广东队称霸联盟，华南虎所到之处，人皆胆战心惊。北京霹雳鸭的形象说来有趣，原先联赛承办商 IMG 找了美国设计师来设计队标，结果人家看到巴特尔的脸型像唐老鸭，再加上北京以烤鸭闻名，结果就有了现在这个 LOGO。江苏龙的形象也是自从元年就保留下来的经典之一，一条横卧的龙手抓着一颗篮球，配上龙的英文单词，整体看来霸气又不失创意。八一火箭是联盟早期的一块招牌，球队在联赛大杀四方，豪夺七连冠，这火箭的形象也跟着深入人心。联赛早期 LOGO 形象以热武器为主，火箭就是典型代表。值得注意的是，八一火箭、广东华南虎和北京鸭分别称霸 CBA 赛场，八一队 8 次获得 CBA 总冠军，广东也 8 次获得总冠军，北京队获得 2 次总冠军。三支球队的兴衰也正诠释着 CBA 的历史，昭示着中国篮球的进步，以及 CBA 与 NBA 在互动交流中不解的渊源。

表 6-1　八一、广东、北京 CBA 常规赛战绩

常规赛	排名	球队	胜	负	胜率	主场战绩	客场战绩	每场得分	每场失分	连胜/连负
13-14	1	广东	30	4	88.20%	15胜2负	15胜2负	100.32	88.59	1连负
	4	北京	23	11	67.60%	15胜2负	8胜9负	105.00	98.59	1连负
	17	八一	6	28	17.60%	6胜11负	0胜17负	92.68	101.32	14连负
12-13	1	广东	28	4	87.50%	14胜2负	14胜2负	108.47	97.78	3连胜
	3	北京	21	11	65.60%	13胜3负	8胜8负	104.25	100.22	2连负
	10	八一	16	16	50.00%	10胜6负	6胜10负	94.16	98.03	3连胜
11-12	1	广东	27	5	84.40%	15胜1负	12胜4负	109.06	99.13	1连胜
	2	北京	21	11	65.60%	12胜4负	9胜7负	104.16	100.06	1连负
	14	八一	10	22	31.30%	8胜8负	2胜14负	96.41	102.53	1连负
10-11	2	广东	25	7	78.10%	11胜5负	14胜2负	109.97	97.81	10连胜
	7	八一	17	15	53.10%	13胜3负	4胜12负	96.19	96.78	1连胜
	9	北京	16	16	50.00%	11胜5负	5胜11负	95.97	95.63	2连负
09-10	1	广东	30	2	93.80%	15胜1负	15胜1负	114.31	98.81	4连胜
	8	八一	15	17	46.90%	10胜6负	5胜11负	94.22	98.72	4连胜
	15	北京	8	24	25.00%	6胜10负	2胜14负	100.75	107.84	2连负
08-09	1	广东宏远	45	5	90.00%	24胜1负	21胜4负	109.04	93.64	21连胜
	9	北京首钢	27	23	54.00%	17胜8负	10胜15负	100.20	100.00	3连胜
	11	八一双鹿	25	25	50.00%	14胜11负	11胜14负	94.44	93.72	1连负
07-08	1	广东	26	4	86.70%	14胜1负	12胜3负	106.03	94.00	2连胜
	6	八一	18	12	60.00%	12胜3负	6胜9负	99.60	95.50	2连胜
	9	北京	15	15	50.00%	8胜7负	7胜8负	94.63	95.67	1连负
06-07	1	广东	26	4	86.70%	14胜1负	12胜3负	105.80	85.93	6连胜
	2	八一	25	5	83.30%	14胜1负	11胜4负	103.23	90.77	3连胜
	10	北京	14	16	46.70%	10胜5负	4胜11负	99.97	102.87	2连胜

续表

常规赛	排名	球队	胜	负	胜率	主场战绩	客场战绩	每场得分	每场失分	连胜/连负
05-06	1	广东宏远	37	5	88.10%	21胜0负	16胜5负	110.71	94.62	2连胜
	2	北京首钢鸭	30	10	75.00%	16胜4负	14胜6负	104.40	96.98	2连负
	3	八一双鹿	28	14	66.70%	19胜2负	9胜12负	104.10	97.67	3连负

资料来源：CBA 官网

一、八一：王者无敌，从一段传奇到一段传说

八一男篮曾经一度是 CBA 的绝对王者。从 CBA 元年 1995—1996 赛季开始的前几年，八一男篮几乎就是冠军的代名词，他们在 7 年内 6 度夺冠，囊括 8 个总冠军的纪录，直到 2014 年才被广东男篮追平。在整个新中国的体育发展史中，八一男篮的位置恐怕也是无人能够替代的。八一男篮培养了一代又一代的国手，余邦基、钱澄海、吴忻水也许离我们已经比较遥远，而穆铁柱、匡鲁彬、王非、刘玉栋、阿的江、李楠、张劲松等也离开了他们心爱的赛场。2014—2015 赛季当王治郅坐在八一男篮助理教练的位置上时，这些可以进中国篮球名人堂的人物都已成为过去。

八一男篮曾经是中国篮球的一面旗帜，被称为"军旗下的梦之队"。按照著名篮球评论员杨毅的话说："八一男篮培养了 4 代球迷和 3 代体育记者。"也许进入新世纪之后才开始看球的球迷，除了王治郅，对于八一男篮的辉煌历史知之甚少。不过但凡经历过八一男篮冠军时代的人，无不被他们的攻无不克、所向披靡所震撼。

八一男篮在宁波的主场，也一度是 CBA 著名的魔鬼主场。7 年前，当时的雅戈尔体育馆全场爆满，一进场地，就有一种要被球迷的呐喊声掀翻在地的感觉，就连中立观众也会顿时带动起来。那热闹的程度，丝毫不逊于如今以"闹地"著称的山西主场。2011—2012 赛季八一队联赛排名仅第十四名，他们在这三年当中成绩快速下滑，本赛季目前他们排在积分榜的倒数第三，在此前

的常规赛中，甚至出现了赛季最长的九连败和史上最大的50分输球分差，这在以前是完全不可想象的。

成也体制，败也体制

八一男篮是计划经济体制时代体育界最集中、最杰出的代表，在那个时代，八一队最大的优势是体制优势，相当于国家队，可以从全国所有的地方军区往上调人，有着其他球队所无法比拟的人才培养优势，随之而来的便是实力上的绝对领先。但是随着社会的发展，八一男篮的体制却没有随之有很大的改变，如此一来，与其他球队的差距也就逐渐拉开了，按照宁波球迷的话说："和广东那样的俱乐部比，落后起码有10年。"原因是第一进入到上个世纪90年代之后，地方军区球队纷纷解散，以前，八一男篮全靠地方军区给他们输送人才，刘玉栋、李楠、张劲松等球员都是来自地方，这样一来，八一男篮成了无源之水，优势就没有了。第二个现实的问题是，整个中国经济从计划经济体制向市场经济体制转型，随之而来的，是越来越多的球队在转化成为私有制的职业球队，越来越多的资本进入这个联赛，而随之形成的竞争远比过去要激烈得多。

最突出的现象就是外援，十几年前，外援一个月工资水平也就是5千到1万美元，现在外援的工资水平越来越高，已经不可能像以前那样找一两万的外援。虽然每年CBA的规则都在向没有外援的八一倾斜，但是能起到的作用实在有限。而八一队的后备人才的培养也明显滞后。

著名篮球评论员杨毅认为随着王治郅的离开，八一男篮的情况只会变得更加困难："王治郅的退役，会是一个标志，虽然八一队曾经有过辉煌，但是他们原本的风光早已不再，现实就是如此。"

二、广东：潮起潮落，民营俱乐部的改朝换代

1993年第一家民营篮球俱乐部在广东成立，经过十多年的发展，这只华南虎已经成为广东体育的一面旗帜。广东队在2003—2004赛季、2004—2005赛季、2005—2006赛季、2007—2008赛季、2008—2009赛季五次夺得CBA总冠军，至此广东篮球已经取代昔日霸主八一男篮开创了属于自己的王朝。截止到2012—2013赛季，广东东莞篮球俱乐部已八次获得CBA联赛总冠军。2002—2003赛季，杜锋、朱芳雨、王仕鹏这"国产三叉戟"成为球队的中流

砥柱，广东篮球进入了成绩井喷式提高的高速发展阶段。

2006—2007赛季李春江赴美进修，李群晋升主教练，陈江华、刘晓宇等超人气新人晋升一队，杜锋、朱芳雨、王仕鹏状态正佳，易建联更是如日中天红得发紫。但在总决赛广东面对王治郅归队后的老对手八一队，终究还是经受不住王治郅的内线威力，总比分1∶4失利，错失四连冠，让阿联在登陆NBA之前留下遗憾。虽然易建联加盟NBA雄鹿队，但海归的李春江再度执掌广东帅印，迅速重整了球队战力，广东以常规赛战绩获全联盟第一，季后赛前两轮8战全胜，总决赛中4∶1轻取缺乏季后赛与总决赛经验的辽宁夺冠。朱芳雨获得总决赛MVP，加上常规赛的MVP奖杯，成为CBA双料MVP第一人。常规赛史无前例地进行了50轮，广东队则史无前例地缔造了21连胜的辉煌战绩，45胜5负、高达9成的胜率向对手宣告了自己的超强实力。常规赛后半程"死神"帕克的加盟更是为广东的卫冕加上了双保险，总决赛广东4∶1轻松击败新疆，朱芳雨第三度夺取总决赛MVP，赛后朱队长称这一荣誉应归功于10年忠诚球队的老外援积臣。这一年，广东的老对手八一跌入常规赛第11名，失去了季后赛资格。

三、北京：是个传奇，不见得就是奇迹

2011年3月30日晚的北京万事达中心（原"五棵松体育馆"）见证了CBA的新篇章：北京首钢以124∶121击败广东宏远，以总比分4∶1首次夺得CBA总冠军，创造了第一次杀进CBA总决赛就捧杯的"北京奇迹"，北京队也成为CBA历史上继八一、上海和广东之后的第四支冠军球队。北京男篮的成功，引援是关键，马布里、莫里斯和李学林功不可没。毫无疑问，倘若是在2010年1月31日之前提及斯蒂芬–马布里这个名字，球迷的脑海中恐怕会浮现出不好的词汇——"独狼""毒瘤""姚黑""脑残"等诸如此类。在NBA的舞台上，马布里有过辉煌，他曾经拿过2084万美元的年薪，他曾经6个赛季场均得分20+，曾经9个赛季场均助攻8+，NBA职业生涯场均19.3分、7.6助攻。这些，无疑是一名全明星组织后卫才拥有的数据成绩单。来到CBA第三个赛季，马布里来到了北京，加盟北京金隅。刚来到这里，马布里就承诺球迷要给他们带来一个总冠军。赛季开始之初，北京队取得了一波13连胜，让人们见证了黑马的风采。这个赛季，马布里的数据变为26.6分、6.3助攻、5.2

篮板、2.4抢断，表现十分全面。与此同时，作为"场上教练"，马布里让队友表现得更好。

马布里曾经是NBA顶级球星，2001年和2003年两次入选NBA全明星阵容。NBA职业生涯还效力于多支NBA球队，并担任控球后卫。2010年进入CBA发展，2012年3月30日率领北京金隅队获得2011—2012赛季CBA总冠军。马布里作为一名控球后卫，他的穿针引线使北京金隅的打法呈现出整体篮球技战术素养，让全队的面貌焕然一新。而马布里在球队起到了核心球员的作用也得到了广大球迷的认可和尊重，在北京金隅主场的半决赛和决赛的比赛中，北京的球市异常火爆，呈现出一票难求的景象，在最后的决赛阶段北京金隅的主场更是搬到了万事达中心这个2008年北京奥运会篮球的比赛场馆，而马布里更是被球迷亲切地称为"马政委"。①

此外，北京篮球的崛起还有多方面的因素，政府的介入、人才培养模式的建立、俱乐部的投入都为北京男篮的成功奠定了基础。

北京男篮的崛起极大地满足了北京球迷的诉求，北京男篮的表现成为广大市民茶余饭后热议的话题，周末看球成为时尚，北京男篮在CBA赛场的崛起极大地提升了北京男篮的市场价值和北京男篮的品牌价值，值得注意的是首都北京作为国际化大都市带来的篮球热也似乎预示着中国篮球职业化进程进入了发展的黄金期。篮球球市的火爆带动了相关产业的发展。而作为主流媒体央视和北京卫视的大力宣传、网络等新媒体的推波助澜都使北京男篮成为关注的焦点。

北京首钢篮球俱乐部副总经理袁超说："马布里和那些大牌外援不一样，他想在中国好好打球，这是最难能可贵的。他没有因为自己的能力突出，而看不起队友，甚至愿意教其他人如何打球。他注重的是球队是否能赢球，是否能帮助球队的年轻人提升，这和之前人们观念中的外援是有区别的。"

自从北京奥运会之后，为了让北京男篮走出低谷，首钢篮球俱乐部的投入逐年增加。但是北京首钢不是盲目投入，首钢总经理说："如果有的俱乐部一个赛季能投入8000万的话，那我们总的投入连他们的一半都不到，而且这不仅是男篮一队，而是男女篮的一二三队一共六支球队，总的投入。"

---

① 从金隅夺冠反思CBA外援引进[N].北京晚报，2012-04-08.

北京男篮的夺冠，马布里、莫里斯、李学林的贡献固然重要，可翟晓川和朱彦西两名一年级生的飞速成长，也给球队提供了不可或缺的帮助。他俩能够脱颖而出，得益于北京男篮转变了人才培养思路。2013—2014赛季前，北京金隅男篮在2013年的夏天除了成功续约两名外援马布里和莫里斯，继续和宝岛控卫李学林履行合约外，北京队最大最引人注目的引援当数从离开CBA多年的奥神男篮借到了孙悦、张松涛等四名球员。外界给北京队冠上了"梦幻阵容"的评价，孙悦的加盟让北京有了对抗广东的底气。在2013—2014赛季CBA总决赛第6场比赛中，北京金隅以98比88客场赢得比赛，以4∶2的总比分获得今年CBA总决赛冠军。这也是北京近三年来第二次夺得总冠军。八一联赛排名13位，广东则在半决赛中负于北京金隅，无缘总决赛。

　　北京篮球的崛起也许并不能建立起自己真正的王朝，过分依赖马布里是把双刃剑，随着2015—2016赛季后马布里合同的到期，我们不能对已经40岁的马布里寄予太多的期望。但他与球队有机的融合给球队带来的变化是有目共睹的，这也给本土球员的成长提供了发展机遇，毕竟篮球运动是一项集体项目，我们的联赛还很年轻，我们在路上。

四、CBA：群雄争霸，外援当家

　　2012—2013赛季，易建联的回归与素有"欧洲恺撒"之称的尤纳斯的加盟仿佛给广东注入了两针强心剂，在总决赛中广东东莞银行队以4∶0的战绩横扫山东黄金队，第8次问鼎总冠军。易建联拿到总决赛MVP。阿联这个赛季包揽了常规赛MVP、全明星赛MVP和总决赛MVP，实至名归。2013—2014赛季年北京时隔两年后再次夺冠。同时新疆男篮三次进入总决赛。2014—2015赛季，辽宁男篮获得17连胜，中国篮球俱乐部联赛悄然进入群雄争霸的时代，引来了众多关注的目光。CBA不是当年八一队的一枝独秀，也不是广东男篮的一枝独秀，CBA 20年，如果说八一队是宏伟巨制的开篇，上海大鲨鱼是巨人横空出世的惊喜，那么，广东宏远就是兄弟歃血为盟、倾力打造的盛世传奇，北京金隅是标新立异、排除万难的果敢突破，这四部剧环环相扣，荡气回肠，不管你的记忆力是零星碎片，还是完整的故事段落，这些都见证了为中国篮球努力着的人们的足迹。

　　2014—2015赛季CBA全明星周末，2015年1月18日星期日在北京国家体育馆举行。在中国 CBA 已经融入到城市文化之中，特别是北京队三年两夺总冠军，大大提升球迷的凝聚力和对篮球文化的认同感。本届 CBA 全明星周末的主题就是我们的城市、我们的梦想。在最具看点的全明星赛上，比斯利更是比较轻松地砍下了破历史纪录的 61 分（篮协官方统计 59 分），同时问鼎本届全明星正赛的 MVP。如今的 CBA 联赛中，绝大部分球队都是依赖外援得分和争取成绩。而在今晚的全明星舞台上，国内球员在首节昙花一现地当了回场上主角后，之后三节再度退化成为场上看客，目送着外援们在场上大包大揽。这可能出自于联赛中的一种心理习惯，同时也是国内球员缺乏表演欲望和耍宝才华的一种无奈体现。

北京时间 2014 年 3 月 20 日，国际篮联（FIBA）专家马吉斯瓦然撰文发表了他对广东无缘 CBA 总决赛和中国篮球的看法。马吉斯瓦然表示，广东的出局确实让人难以置信，八冠王，又是卫冕冠军，11 年来首度成为总决赛的观众。然而，这支 CBA 霸主的倒下，却是中国篮球衰落的又一象征。

广东是 CBA 闯入季后赛的球队中唯一一支主要依靠先发阵容中 4 名本土球员的球队，这在 CBA 没有球队能做到。现在的 CBA 越来越依靠外来力量取得成功，这是不争的事实。当然过去广东连连闯进总决赛，能够击败那些外援当家的球队，也是对中国篮球的一种长期贡献。

广东 4 名主要球员分别是易建联、朱芳雨、王仕鹏和周鹏，这 4 人都出自广东自己的青训体系，他们是广东 20 世纪 90 年代末青年篮球培养的成果；同时，也为中国篮球做出了卓越的贡献，所有 4 人都代表中国男篮参加了很多的国际比赛。易建联，是中国男篮新一代领军人物，在 NBA 征战了多个赛季，当他决定回到 CBA 的时候，他根本没有考虑其他球队的邀请，立马回到自己的家乡球队。

广东多年来在联赛的统治力，跟另一支传奇球队八一很相似。八一，同样 11 次打进了总决赛，拿到了 8 个总冠军。当年，八一也是中国男篮主要的人才输送基地。八一王朝的兴盛，也让中国男篮在亚洲赛场上称霸一时。然而，由于无法使用外援，八一也不可避免地衰落了，他们已经连续第三个赛季无缘季后赛。

2014—2015 赛季辽宁篮球异军突起，这主要得益于第四节单外援的政策。辽宁男篮以 17 连胜的战绩名列 CBA 半程冠军，这主要是辽宁队依靠第四节本土球员的爆发，半程平均第四节得分为 32.3 分，而获得半程第二的广东队第四节场均得分只有 26.8 分。同时，在外援与球队磨合方面也有独到之处，如哈德森与韩德君之间的默契配合。而广东在签下了小拜纳姆之后，他与易建联之间形成了有效的互动，打出了许多精妙的配合，为随后广东豪取 19 连胜打下了基础。

中国的 CBA 联赛外援当家的局面主要体现在关键时刻外援对球权的控制上，这对中国球员的成长是极为不利的，这里也显示出中国球员在关键时刻缺乏担当。要想重现王仕鹏在国际大赛中的经典绝杀，我们的联赛就要给本土球员更大的舞台和更多的出手机会，这依赖 CBA 联赛的成熟和中国篮球整体水平的不断提高。

<h2 style="text-align:center">小　结</h2>

CBA 篮球符号体现的是在中国篮球发展过程中的不断探索和追求。中国特色的中美篮球绰号则折射出中华文化的博大精深和对美国文化的接受及包容，反映出中国篮球的文化底蕴和对篮球运动的理解。

广东和八一跟中国男篮有着不可分割的关系，两队兴盛的时候，中国男篮往往也在走上坡路；当他们都衰落之后，中国男篮也不可避免地迎来了低谷。菲律宾亚锦赛上，输给中华台北的历史性一败，已经是最大的说明，如今广东无缘总决赛，进一步说明了这一点。八一男篮获得 CBA 联赛的八冠王得益于军旅的体制优势，有源源不断的人才输入和储备；广东篮球的崛起同样得益于年轻球员的培养。在目前的 CBA 联赛机制下，对外援的选择也显得尤为重要，广东的积臣、北京的马布里和莫里斯都是很好的样板，同时，如何将年轻球员的培养与球队的发展更好地协同起来，外援如何融入球队的技战术，这些都是 CBA 俱乐部在球队建设和发展过程中不可回避的问题。中国篮球已经迎来了一个变革的时代，中国篮球的何去何从，从八一、广东和北京的兴衰过程中我们兴许能得到启示。篮球运动会走下去，需要后来人的传承，需要大众的传播，希望我们的 CBA 和 NBA 一样有一个美好的未来。

2014—2015 赛季，辽宁男篮已经崛起，在季后赛常规赛比赛中获得 17 连胜，这主要得益于辽宁本土球员的成长，同时篮协的新规也起到了重要的作用，也就是在第四节采用单外援的新举措。由此可以看出，一个行之有效的新规可以改变赛程的走势和球队的发展。同样，这些年成绩不俗的新疆队也在年轻球员的培养上下足了功夫，培养出了西热力江、可兰白克等本土球员；在外援的引进方面，对布拉切的引进也比较成功。从各队实力分布和对比来看，在CBA赛场，一支球队独大的现象可能很难出现，而各队水平的逐渐平均也标志着中国篮球职业联赛水平的进步。建议中国篮协政策的制定者，既要考虑联赛水平的提高，同时兼顾中国篮球后备人才的培养。中国篮协制定政策时要有大格局，只有这样才能营造CBA竞赛和人才培养的大环境。

在NBA有许多组合给我们留下了深刻的印象，如乔丹与皮蓬、姚麦组合、OK组合、摩登组合等，他们之间精妙的配合让球迷过目不忘，这也是美职篮重要的符号。目前，在CBA赛场上的小拜纳姆与易建联的组合、哈德森与韩德君的组合都是CBA新赛季的亮点。我们在本土球员的培养上要加强球员之间的组合和优化，以便产生出化学反应，这成为CBA传播的亮点。

第七章 篮球运动传播的媒介呈现 I：篮球赛事解说

第一节 篮球运动的解说评论与经典案例

体育赛事的转播需要突出比赛过程中的现场感和比赛结果的悬念感。在体育报道的过程中，体育节目的报道人员不仅要向观众提供准确、快捷的赛场一手信息，还要尝试着将比赛规则、赛事背景、项目特色等专业性的信息传达给受众。通过这些信息，帮助受众建立自身对观赏比赛和评论比赛的独到见解，培养受众的体育素养，进而实现赛事报道过程中传播效果的最大化。在这个过程中，体育解说和评论被摆在了突出的环节和地位。

一、篮球解说评论程序

（一）搜集、获取相关资料

解说员和评论员要在编导的帮助下对本场比赛的情况进行全面的了解，如通过各种媒介搜集与本场比赛有关的各种资料，包括本次比赛的名称、级别、历史背景材料、参赛双方的基本信息（包括历届比赛成绩、著名教练员的执教理念、球队的技战术打法与风格、知名运动员的详细信息等）、赛事进展、各个球队之间的胜负关系以及晋级前景预测、赛场内外不可控因素对比赛的影响程度等。

在准备解说材料的时候，赛事报道者要积累、整理和收集与赛事相关的周边信息，力求为受众构建和还原一个真实生动的赛场情况。例如运动员从哪儿来的、中午吃的什么、对场地是否满意、现在状况如何等。这种采访最好是在吃饭、休闲等自然场合进行，一两句话，效果极佳。

（二）解说过程

1. 到达现场

到达现场之后，首要的工作就是熟悉现场环境，收集赛场信息。这项工作的开展并没有什么规则与要求层面的内容，更为主要的是解说员对周边各种赛事信息的积累，便于其迅速融入比赛的报道，以便在解说和赛后报道的过程中有充足的背景材料。这项工作实际上在来现场的路上就已经开始，如了解哪些运动员、教练员同坐一车，都有谁，他们说了些什么等。下车后可观察一下体育馆外围，看看人、车是否很多，到售票处看一看，问一问，多少钱一张票，票卖得好不好等；走进体育馆要观察保安、接待如何；然后到运动员休息室、贵宾室周围及商业区转一下，看比赛对商业有哪些带动；接下来可去新闻中心取一下资料，和其他新闻单位的同行谈几句。再到场地里去转一圈，看看篮球架、篮球场地等。如碰到裁判顺便采访一下，用什么球，有什么特别的消息。这些都是要靠平时把人头搞熟，平时积累到了，比赛中就手到擒来。

熟悉解说台的工作是最重要的。这里包括对设备的了解（每次解说都是一个新的台，设备完全不一样）、对工作人员的熟悉。如果没有声音开关按钮在解说台上，还要与技术人员定一个手势；在身体不适或者有突发状况时要与工作人员及时沟通；要了解话筒的特性。一般要求解说员要在直播前一个小时到现场，直播前35分钟到解说台。通常现场直播前30分钟开始试信号，解说员这时候要试声音，调音员这时会在设备上调节音质和音量，掌握与话筒的方向、距离。试音完毕后要在解说台的位置，向四周观察观察，内容包括：比赛名称、横幅的位置、背景板上面的内容。如果是商业运作的赛事，一定要按照协议要求解说，对植入的广告进行妥善的处理，例如赛事名称、赛事标志的展现等。此外，记分的位置是最重要的，很多比赛中，解说员的位置很难看清记分屏幕，如果在位置上看不到记分屏幕，要马上与导演沟通、解决。与导演能通话也是十分重要的。一旦转播场次变了，要有充足的材料进行备播。

2. 解说

解说就是解释和说明，首先要告诉观众，是什么电视台、是在什么地方现场直播什么比赛，比赛双方分别是谁（或代表队），这场比赛结果会对双方意味着什么等。当比赛双方在进行准备活动时，介绍双方的打法、经历、成绩。此外还要介绍本场比赛的裁判员和教练员。需要说明的是，这些基本信息播报要服从和服务于赛事转播的需要，信息的介绍应与赛事的转播融为一体，力求做到恰到好处，层次分明。需要特别说明的是，在解说评论中要有所应对，解说不外乎说明背景情况，叙述比赛进程，对整个比赛进行回顾和展望，对场上出现的疑点提出问题，并进行解答，必要时刻的情绪渲染等。

对于解说与评论的关系，有这样一种说法，认为解说和评论是由两个人完成的，解说员就像司仪穿针引线，承上启下，介绍背景情况。评论是顾问的事，他要对场上发生的情况做出有深度的权威评论，能随时回答解说提出的难题。这样的说法没有错，但是要想解说、评论融为一体，双方都要加强对彼此角色的渗透，这样解说员才能问出更好的问题，专家才可以更有针对性地回答评论。将解说和评论融为一体，力求在比赛进行的过程中介绍信息、解释技战术、评论体育精神三者的有机统一，实现传播效果的最大化。

3. *评论*

评论就是体育解说员和评论员在比赛进行的过程中，针对运动员行为、体育道德、赛事特点等方面作出的见解与言论。体育评论是体育赛事报道的重要组成部分，是深化赛事主题和升华赛事精神的核心与关键。优秀的体育评论要集专业性、权威性、客观性于一身，力求做到深刻，引发受众的思考。评论与解说对解说员来说更多的情况是融为一体的，即评述结合，常常一段话既有评论，又有描述。评论包括点评、小结、总结。点评通常就具体技战术或事件简要评论；小结和总结则相对较为概括，但要详略得当，重点突出。

解说员与顾问的配合程度，对解说员评论的效果起到非常重要的作用。解说员和顾问二者的角色不同，不可代替，都应该说自己该说的话。解说员的任务是把握全场的节奏，承担着随时随地为观众服务的任务，承上启下，穿针引线，及时提出观众需要的专业问题。顾问工作要围绕"为什么"展开，要针对解说员提出的问题，发表自己的观点和看法，对每一节、每一场比赛进行清晰的分析和总结，避免错位和影响观众收看。对解说员来说，要加强专业水准的学习和提高，否则，不能与顾问同步。此外，顾问还要提高语言的概括提炼能力和表达能力，这样才能更好地进行解说。

（三）解说评论注意事项

1. *满足观众的需求*

观众是体育赛事转播的对象，所有的评论与解说都需要围绕观众进行。这要求透彻了解观众的心理需求，力争做到所说的正是观众迫切想听的，要对上位。对上位之后的下一步要把握的就是观众想知道多少。由于体育新闻报道有区别于其他新闻报道的不同特点，赛事本身具有一定的观赏性和专业性，观众对体育项目的理解程度也有所不同，因此，这里讲的观众是指大多数观众，在方法上应采取"报中间，带两边"的方法。如以喜欢看球的大多数球迷为主，特别内行和特别外行的观众为辅，力求兼顾不同层次的受众需要。

2. 注意画面的内容与解说内容的对应

这要求解说员和顾问要养成一种职业习惯，随时用眼睛的余光瞄着电视画面，否则就不能有针对性地服务好。如你低头介绍队员甲，可画面出现的正好是队员乙，这样就搞反了，容易引起观众的误解。此外，由于篮球比赛的节奏很快，因此对于画面细节的捕捉显得尤为重要。

3. 适当的心理分析

篮球赛事进入关键时刻时，可以增加心理分析的比重。需要说明的是，恰当的心理分析一方面可以引发受众感同身受，增强比赛的悬念性和紧迫感，同时又可以向受众展现一个真实鲜活的人物形象。要把重点放在情绪的渲染上，而不是技战术分析上。

4. 注意解说节奏

解说、评论中要注意把握篮球比赛的节奏，话语有时需要化整为零，有时需要化零为整，所以就要求做到解说、评论在立足深刻与客观的基础之上可长可短，应变自如。

5. 比赛预测要谨慎

篮球评论解说注意不要过早地下结论，即使在进入比赛的白热化阶段，预测也要慎之又慎。

6. 比赛评论要客观

要注意保护运动员，在评论的过程中要坚持客观公正，重点是向受众展现一个真实的运动员形象，至于对其个人的评价交由观众进行即可。有时我们一段评论或结论可能影响运动员一生，特别是在道德上的批评。

7. 适当重复比赛信息

要特别注意不断重复对比赛基本信息和即时信息的介绍，由于电视转播是线性传播，很多人可能是陆续打开电视机的，有时候打开电视机20分钟了，还不知道是什么比赛。

（四）避免常见的解说错误

常见的解说错误有：

1. 口误

口误大部分是下意识的，特别是在劳累的时候容易走脑。但次数多了，就不能被人原谅，观众常评论的"胡说八道"就是指这种情况。口误情况包括如下：①把张三说成李四，甲队说成乙队。②比分为14：13，说成13：14。③用词错误。"迅雷不及掩耳"说成"掩耳不及迅雷"。

2. 主观意识过强

解说员和评论员在进行赛事评论与解说的过程中，要始终保持客观和公正。由于体育赛事的观赏性强，对抗激烈，因此在进行评论与解说的过程中容易出现一些情绪，而这些主观情绪容易误导或者影响观众进行判断和评论。

3. 语言组织不够灵活、应变能力差

解说员的话应像弹簧一样，能长能短，说长就长，说短就短。有时候解说员一开口就停不下来，一句话下来，一两个回合可能就错过了。或者说着半截，突然出现众人关注的场面，不能及时停下原来的话，要先进入焦点。这样的情况在顾问身上更为突出，有时提个问题，等顾问回答完这个问题，这局比赛都结束了。这就要求提问要找时机，问题要小，要具体。

4. 技战术、规则上的错误

除了口误之外，还有就是对专业知识的理解深度，主要包括：①对比赛技术的不理解而出现解说错误。②对比赛进程的不了解而出现解说错误。③话多是普遍存在的问题。到目前为止，央视收到的所有观众批评解说员的来信中，还没有一封是说解说员话少的。言多必然失误多，电视是以画面为主的，要画龙点睛。要力求在赛事报道的过程中，充分利用和发挥电视画面的作用，注重利用画面语言来说话。当你话太满、太多影响到观众观看时，观众可能就会把声音关了看，这样的观众是有的。④套话、形容词多也需改变。套话的结果是说了好像没说，听了好像没听。形容词多了就像生活中吹吹拍拍的话，让人不舒服。努力的方向应是客观、质朴。可说可不说的不说，能多说或少说的少说，非说不可的看时机说。⑤模仿，只重形式不重内容，十几年前，一说是解说体育的都是一个味，都是模仿宋世雄老师的。现在好多了，但还能感到个性不突出。风格应该是自然形成的，是解说员和评论员在为观众服务过程中所表现出来的自然状态。大家都在为观众的需要服务，但由于天生条件不一样（性格、声音条件），后天教育和经验不同，自然会产生差异，也自然会形成独特的风格。在赛事报道过程中优秀的解说员和评论员需要有个人自身明显的特点，观众可以根据其不同的辨识度来识别比赛。⑥资料使用机械，不能合理应用。记得20世纪80年代初解说员手里都是几十张小卡片，编上号，按顺序排着，一有空提出一张就念，然后打个钩表示已经用过了，有时候轮到的卡片实在不合时宜，就翻过去看下一张。现在好多了，但对新手而言，可能还要借鉴着做。作为优秀的体育解说员，应该将背景资料和有关知识提前阅读、理解、熟记，最多到现场有个提纲。比赛开始后，一切注意力都在现场，根据比赛的具体情况，有感而发，自然插入，恰到好处。

（五）解说评论的个人总结

结束一场篮球比赛的转播后，应首先对照录像，对解说员评论进行自我分析总结，对解说的正反两方面进行全面认识；然后与专家以及同事进行研究讨论，倾听内行的意见和建议；通过反馈渠道了解观众的反馈、听取观众的意见。对上述意见与建议再进行分析，列出日后需要发扬或改进的地方，在以后的解说评论中注意改善。

二、篮球解说评论内容

在解说一场篮球比赛时，说什么、怎么说、什么时候说等几个基本问题是最为重要的。解说评论员在比赛前和观众一样，都对比赛的结果无法进行预测，对运动员和运动队在场上（或比赛中）会采取何种策略也无从知晓。在队员名单公布之前，甚至不能确定哪些运动员上场。解说细节对于解说者来说不能够事先设计好，只能根据比赛现场的实际情况，随机应变地临时确定要说的内容，要对可能出现的场面有所准备。但确切地说，篮球解说还是一种即兴的播讲形式，它要求解说员和评论员思维敏捷，语言流畅。归纳起来，篮球解说员应对以下几个方面加以重视：篮球比赛场面描述，篮球运动员背景介绍，篮球战术解释，解说评论员个人对比赛和队员的认识及看法，篮球规则变化介绍，比赛相关背景介绍等。

电视画面本身就可以展示比赛实况，解说者能看到的，电视观众也能看

第七章 篮球运动传播的媒介呈现Ⅰ：篮球赛事解说

到。如果解说者再用语言将赛场上的情况描述一遍，那他的解说只是语言重复了画面信息，对于观众而言，这种语言解释就是多余的。体育解说不应该再说画面上已有的以及观众很容易能观察到或看懂的内容，它应该提供画面中没有的信息，对画面内容进行补充，即使画面上有，解说也不是看图识字，而是充实和深化。

一个优秀的篮球解说评论员，应当知道在何时向观众提供他们想知道的信息，这些信息既包括各种与比赛有联系的内容，也包括能引起观众共鸣的各种认识和感情抒发。敏捷的思维和流畅的语言是产生和表达这些解说内容必不可少的要素，而观众意识和服务意识则更为重要，要时时刻刻捕捉到观众的需要，明白观众要什么。

（一）篮球比赛场面的描述

在篮球比赛的电视转播中，由于比赛双方的攻防转换节奏快、周期短，观众可以较为清楚地看到比赛现场和赛事进程，据此，有人认为解说者不必再对比赛场面进行描述。这种看法是不全面的。解说评论员对比赛场面的描述更重要的是帮助观众看懂比赛，增加观众的观看感和帮助观众感受现场气氛。

解说者在描述篮球的比赛场面时，应从篮球专业的角度，用通俗易懂、便于观众理解的语言对画面进行解释。对于那些与比赛关系不大的画面内容，解说者可以不提。那些观众十分熟悉、可以看懂的画面，解说者不必多做解释。比赛马上开始时，解说员可以介绍一下赛场的环境、出场的运动员、场外的教练员、赛场周围的观众等等。这些描述，可以使观众更加了解赛场状况，同时还有提示和预告的作用，即告诉观众比赛即将开始，以引起观众的注意。

在对篮球的比赛现场进行解说时，解说者应熟悉双方上场运动员的名字，特别是对一些外国运动员的名字应当背熟，以使解说适应快节奏的比赛。

电视在转播篮球比赛时，特别是大型的国际比赛中，现场会有大量图标、文字、数字等符号信息表示参赛的国家、运动员的名字和比赛分数等信息，解说者应在解说中随时与这些资料进行核对，当发现不符时，应当及时更正自己信息的偏差。这也要求解说者应根据比赛的进程，牢记赛场比分，以向观众及时传达双方得分情况。当在演播室中解说时，现场发回的画面资料可以帮助解说者了解运动员和双方得分状况，但解说员不能仅依赖于这些资料，即时记录赛场比分也是很重要和很有必要的，这样可以将观众最想了解的比分情况及时报给观众，弥补画面信息有时出现的滞后性。

（二）篮球运动员背景的介绍

在篮球解说中，可以根据现场需要，穿插介绍一下运动员的背景资料。比赛开始前或比赛中出现暂停和休息时，观众在电视机前会感到很无聊，此时电视画面常常是比赛场地的全景、广告或一些凌乱的画面。这时，解说员可以利用赛场的相关背景材料，填充时间间隙；还可以穿插一些运动员的趣闻逸事，尤其是较为知名的篮球运动员的趣事，如姚明、王治郅、易建联、林书豪等，使观众增加对比赛的关注度，并且活跃气氛。

有关运动员背景的介绍，应当是真实可靠的，也应该是比较新颖的。这些资料在解说之前就应该准备好，而且尽可能多一些、翔实一些。特别重要的资料可以记录成卡片，解说时可以随时查阅，如运动员的年龄、所在国家（地区）、以往重要的比赛成绩以及这支运动队在当前世界最新排名中的顺序等。

在篮球比赛的电视转播中，解说者的主要任务是说明本次比赛的情况，有关运动员个人的情况不必介绍过多，特别是不能影响对比赛的解说。在解说中使用运动员背景材料的目的是使观众了解场上的运动员，也有填充空余时间、调节解说气氛的作用。

（三）解说评论员个人的认知和意见

在篮球解说过程中，解说员不仅要具备对篮球专业知识的了解和对体育精神的理解，还需具备较高的综合知识和思想道德修养，而且其发表的评论看法要尽量客观公正，对公众进行正确引导，否则会引起大众不满情绪。对在比赛现场出现的情况，解说员应该保持冷静，要有良好的心态、积极向上的精神和宽容大度的胸怀。

解说员在转播赛事时，可以通过对比赛双方实力和比赛已取得的明显优势成绩的分析对比赛结果作出预测。但是，篮球赛事有时也是充满戏剧性的，反败为胜的例子不胜枚举，因此尽量不要对比赛结果作出预测，因为解说员预测成为现实不会令观众佩服，但预测不准确却可能使观众对解说员判断的认可度降低。

第二节　篮球运动解说评论与经典案例分析

一、1994 年第十二届世界男篮锦标赛　中国—西班牙（片段）

（解说评论员：宋世雄）

今天这 10 号吴庆龙肯定体力消耗比较大。哎，胡卫东，13 号单涛，单涛的半截篮球进了。现在是 61∶59，60∶59，60∶59。

下半场比赛还剩下 8 分钟 38 秒的时候，这时候中国队以 60∶59 领先，60∶59 领先。中国队现在以 60∶59 领先一分。在下半场的比赛里，中国队的篮板抢得好。因为中国队在控球，中国队现在拉到外边去了，把球再分出来，这是 10 号吴庆龙。好球，9 号，投篮，一个转身然后再投篮。对方犯规了。

在这场比赛里面，我们看中国运动员虽然在上半场落后很多，但是下半场他们在那么困难的情况下，能够把比分追了上来，那确实不容易。首先 是这个他们精神面貌比较好。没有被对方这种高大队员所吓倒，也没有被对方领先那么多所难住。这是第一点。第二点他们注意了篮板球。篮板球争夺得非常凶。尤其呢，连连呢这个投篮命中率也比较高。现在是 61∶59，吴乃群，再罚再中，62∶59，62∶59。下半场比赛已经进行了十二分钟，已经进行十二分钟。现在中国队是 62∶59 领先三分。

现在我们看看西班牙，西班牙 11 号，在准备投篮的时候，中国队队员犯规了。中国队现在是领先三分。在这种情况下，由于对方的这个高中锋，他就要求这个运动员要稳健一点，不要慌。给他，给他往前再跑。对方犯规，有五次犯规，被罚下场。全场比赛还剩下 6 分 25 秒的时候，这时候单涛五次犯规被罚下场，这对中国队篮板球的争夺那还是有影响的。7 号，罚球球进了。现在是 62∶61，62∶61，62∶61。7 号是刘玉栋，外围投篮，进了。8 号胡卫东外围投篮球进了。现在是 65∶61。三分投篮球进了。

在篮球比赛里，能得三分，不得两分。中国队抢到篮板球。现在全场比赛还剩下 5 分 33 秒，5 分零 33 秒。给 11 号刘玉栋，7 号孙军。11 号，是海尔里德斯。外围投篮 15 号，外围投篮，球没有中，拿下来，得到，现在中国队抓篮板球，中国队现在开始组织进攻。这是8号胡卫东，8号胡卫东，溜底线，分球，投篮。西班牙队队员犯规了。西班牙队队员犯规了。中国队在阵地进攻我们看他打得比较好。他攻防一对一，然后在底线一走，一掩护，分球，啪，外围就投篮。而且在这段时间内，中国队的投篮命中率比较高，投篮的命中率比较高。现在中国队罚球。由于对方犯规，中国队罚球。

现在全场比赛还剩下4分零48秒，中国队是65，刚才又进的一球，66：61领先，66：61领先。现在中国队的罚球，现在全场比赛结束还有4分零48秒，中国队是66：61，领先5分。7号是奥兰佳，中国队队员犯规了。中国队在这段时间的比赛里也要注意。因为罚球的这个争夺也是相当重要的。现在距离全场比赛结束还有4分47秒。中国队是66：61领先5分。现在是西班牙队罚球。西班牙队罚球的队员是7号，就是奥兰佳，就是奥兰佳。这个人他的身高是两米零六，他今天28岁，他的体重是116公斤。头一球罚中，66：62。现在奥兰佳再罚第二个球。也进了。66：63。西班牙开始在半场进行防守。半场盯人防守，这是7号，孙军。10号吴庆龙，哎哟，失误。这关键的时候不要失误啊。这球很可惜，这样被对方要一打，这分就又上来了。所以这时候到了比赛最后的关键的时候，现在全场比赛剩下还有4分23秒。现在是66：63领先。现在中国队注意防守了。11号，海尔里德斯，这显然很有威胁。这11号海尔里德斯在今天的比赛里，他得了很多分。他得了很多分。8号胡卫东，外围投篮，球没有进，继续篮板球没有得到，被对方做出反击。11号海尔里德斯再投，球没中。中国队篮板球，这是吴庆龙。8号胡卫东，7号孙军，7号孙军。这会看他的是15号，这球被打下来了。5号这是耶夫李萨，这球是出了底线了，出了底线了。

那么中国队的教练员蒋兴权在跟队员在布置最后这几分钟的打法。是中国队在底线获得发界外球。现在的比分是66：65，中国队领先一分。距离本场比赛结束还有3分23秒，不管这场比赛的结果怎么样，中国队在下半场的比赛里面，应该说打得不错。面对强手的情况下，敢于去拼，而且在落后的情况下敢于去拼，这是一个很大的进步。大家现在听到的声音是蒋兴权在给队员们布置。距离全场比赛结束还有1分45秒，43秒，42秒，41秒，40秒，现在是中国队在外围。

哎呀，这比赛还真是紧张。吴乃群，利用传切配合掩护，那这鸣笛是中国

第七章 篮球运动传播的媒介呈现 I：篮球赛事解说

队队员犯规了。今天的正裁判是希腊的裁判员，是克鲁迈纳斯，副裁判是加拿大的里德黑普斯。在上届的世界男子篮球锦标赛里，阿根廷举行的世界男子篮球锦标赛里，西班牙队平均是130。现在西班牙队控球。这是艾迪卡尼奥，5号，外围投篮，球没有中，篮板，好球。现在中国队得到界外球。现在是68：67，68：67，68：67，68：67，现在中国队在控球。现在距离全场比赛结束还有1秒，哦，还有一分钟，还有一分钟，还有一分钟，还有一分钟。

这是5号，郑武，把球在传给11号，刘玉栋，晃一下，犯规，13号，犯规了。13号犯规了。11号刘玉栋，拿球以后，然后做了一个这个弯腰准备过人的动作，这时候对方防守出现失误，这样呢，刘玉栋罚球。现在距离全场比赛结束还有51秒，中国队68：67领先，这个太重要了。罚球不进，有，69：67，69：67现在中国队领先两分，距离全场比赛结束还有51秒，再罚，中了。70：67，两罚两中，70：67，现在距离全场比赛结束还有53秒，52秒，51秒，现在是50秒。现在是西班牙队在控球，15号，这是艾迪卡尼奥。鸣笛是5号，郑武犯规了。观众朋友，现在距离全场比赛结束还有41秒，现在中国队是70：67领先。这样的优势，我们看艾迪卡尼奥，这球也很重要啊。所以到比赛的最后关键的时候，这也是很难说。

我们这场比赛胜了将获得小组的第二名，那么也就进入了前八名，进入世界锦标赛的前八名。罚球球没有中，中国队篮板，好球，中国队控制球，现在还有45秒，快攻。进了，72：67，72：67，中国队现在距离全场比赛结束还有36秒。外围投篮投进了，72：70。三分球还投进了，72：70。这时西班牙队队员犯规了。关键的时候，西班牙队队员犯规了。在今天的比赛之前，我访问杨改风（音）的时候，他说，我要求全队上下团结一致，中国篮球这是一个新的突破。现在是：73：70，73：70。再罚再中，74：70，74：70。现在还有25秒，23秒，中国队队员犯规了。现在是74：70，这对中国队来讲就非常有利了。现在距全场比赛结束还有23秒，还有23秒。

我访问杨改风（音）的时候，他说啊，如果今年能够胜利，那就进入前八名，这个是实现了历史性的突破。因为在以往的世界锦标赛里，我们最好的成绩是第九，这场比赛在我国篮球发展史上，所以是重要的一仗。现在是74：71。再罚再中，74：72，西班牙队队员犯规了，15号，艾迪卡尼奥犯规了。这确实像我们讲到的，要的就是这个，就造成你们犯规，然后再罚球。现在距离全场比赛结束还有22秒钟。中国男子篮球队74∶72领先，现在是罚球。这对中国队将非常有利了。先看中国队的罚球，中了，75∶72，75∶72，75∶72，现在中国队领先3分。距离全场比赛结束还有22秒。中了，76∶72，中国队赶紧全场紧逼加强防守。现在西班牙控球的是5号，突破，上篮，进了，76∶74。还有12秒，11秒。中国队进了，78∶74，78∶74。对方又攻了一球，78∶76，78∶76。全场比赛的时间已经到了。

中国男子篮球队以78∶76战胜了实力相当强的西班牙队，取得了这场比赛的胜利，获得了这个小组的第二名，同时进入了世界男子篮球锦标赛的前八名。这就像中国男子篮球代表团团长所说的，这是中国男子篮球史上一个重要的突破。这对于发展我国的篮球运动有着重要的意义。

二、2008年北京奥运会男子篮球　中国—德国（片段）

（解说评论员：孙正平、张卫平）

孙正平：各位观众，让我们再回到五棵松篮球馆来看看第29届北京奥运会的男子篮球的小组B组的预赛，中国队和德国队的实况。各位观众，下半场的比赛很快就要开始了。上半场是27∶31，中国队落后了4分，在第二节我们单节只得到了8分。

张卫平：哎哟，又是一个失误。

孙正平：唉，走步。

张卫平：走步。

孙正平：这个还是不够警觉啊。

张卫平：对，因为今天的裁判是吹得比较松，让运动员有身体接触。所以这个球虽然有身体接触，刘伟撞上了，但是呢，吹他走步，可是这种吹法实际上对中国队呢不是非常有利，因为身体冲撞多，体力消耗大，打到最后呢，中国队吃亏。

孙正平：哦，李楠下来了。犯规，12号菲莫林又一次犯规。

张卫平：对。姚明罚球，姚明上半时罚球并不是很好。三罚一中。

孙正平：三罚一中。

张卫平：而中国队只有五罚，两中，对方十二罚十二中。

孙正平：所以体能是一个大问题。

第七章　篮球运动传播的媒介呈现Ⅰ：篮球赛事解说

张卫平：对。

孙正平：要保证姚明的这个体能。另外一个外线要给予更多的支持，上半场我们两个投手，王仕鹏，朱芳雨，一分没得。王仕鹏四投，啊，五投零中，朱芳雨四投零中。所以说明德国队对中国队几个投手的这个外线的防守非常成功。

张卫平：哦，单打姚明，不会打，他要传球的。

孙正平：好的。

张卫平：好球。今天。

孙正平：控制好篮板球。

张卫平：对，诺维茨基实际上是本身是八投两中。现在又是。

孙正平：九投。

张卫平：九投二中。所以呢诺维茨基呢，今天命中率也不高。姚明其实赶紧传出来，然后再往里移动，往里移动接球。

孙正平：孙悦，好球。

张卫平：漂亮。

孙正平：孙悦上来一开场打开局面，这中国队又处于领先，32∶31。

张卫平：你看啊，在前两场比赛，对美国，对西班牙都是上来孙悦命中三分，这样拉开了对方的防线。

孙正平：又是孙悦一个断球。

张卫平：好的，一开局还是孙悦上来投中三分，这样呢是不得不防守，调整防守的策略。

孙正平：好球。

张卫平：好的。现在双方都没有命中率。

孙正平：唉，第三节对方还没有得分啊。易建联。

张卫平：第三节打了，哎哟。

孙正平：真不错。

张卫平：好球。

孙正平：进球就算成功了。

张卫平：进球以后，8∶0，中国队打了一个8∶0。

孙正平：诺维茨基强吃篮下，因为外线几次投篮也没有投中。

张卫平：对，对。

孙正平：王治郅。

张卫平：给了。

孙正平：好，可以投了。好（球），唉。

张卫平：哎哟。

孙正平：犯规了，先犯规。

张卫平：也行也行。

孙正平：6号舒尔茨犯规，要罚球了。

张卫平：对。

孙正平：姚明又上来了。

张卫平：德国队命中率只有百分之二十四。今天中国队的防守还确实是不错。关键是自己要得分。

孙正平：对。这节单节命中率33。好球。现在是老李飞刀了。

张卫平：哈哈哈哈。你看德国队打到这一节快过半了，就诺维茨基刚才得这两分。

孙正平：好球。手感看来没有完全找到，球有点硬。

张卫平：对。

孙正平：但是不错，效果不错。现在37∶33。9号哈曼，还是找诺维茨基。没有，菲莫林两米一五的身高啊，哎哟。

张卫平：差点盖着他。哎哟。

孙正平：哎呀。还是由卡曼再补把球补进了。朱芳雨都没有能够得分，李楠刚才是罚球得到了两分。

张卫平：好球。

孙正平：好球，第三节刘伟找到了手感啊。

张卫平：对。

孙正平：现在果断一个三分球。刚才又是一个两分。

张卫平：又错一个两分，现在是10∶4。哎哟，硬打啊。现在是僵持，这个倒没关系，因为呢，从总体上看，中国队在这一节犯规并不多，命中率还是不错。

孙正平：对。这节单节是12∶6。

张卫平：对。防对方防得也不错。

孙正平：看姚明的。好球。

张卫平：好球。

孙正平：两分有效，还要追加一次。

张卫平：对。

孙正平：跟姚明高位挡拆以后，马上冲到篮下，非常是时候。

张卫平：一个前场篮板球。这是等于是这一掌没切着。

孙正平：对。

张卫平：姚明有一个打三分。诺维茨基呢看看是几次犯规了。诺维茨基也是三次了。哦，两次，诺维茨基两次。

孙正平：两次。

张卫平：卡曼三次。

孙正平：诺维茨基篮板球厉害啊！

张卫平：12个篮板球。

孙正平：抢了12个篮板。

张卫平：罚球6次。但是投篮不行，11投3中。好球，打三分。

孙正平：姚明，打三分成功。现在是42∶37。中国队有5分的优势。这个罗勒要防他的外线啊，那他就他在第二节两个三分球。

张卫平：没有。

孙正平：好的。

张卫平：只有卡曼抢。行，还有两分钟，领先5分。

孙正平：这一节坚持得不错。

张卫平：对。

孙正平：唉，姚明是倒在地板上，这球应该说传得不好。漂亮。

张卫平：又是孙悦。又是孙悦。

孙正平：又是孙悦。盖掉了这个诺维茨基的上篮啊。

张卫平：孙悦这帽真是不得了啊。而且就是长士气啊。

孙正平：哎，这球怎么投的啊？这球朱芳雨打得有点犹豫。

张卫平：哎哟，犹豫了，犹豫了。可是把孙悦换下去了。

孙正平：所以这次奥运会的比赛当中，孙悦是一大亮点。

张卫平：对。

孙正平：这几场比赛都表现得非常出色。

张卫平：对。

孙正平：进攻，可以外线投篮，原来投篮并不是他的一个特长。

张卫平：对。

孙正平：大郅上来了，打好这一分三十秒钟。给姚明，好，前场篮板球。哎呀，朱芳雨现场篮板球再攻，造成犯规。

张卫平：朱芳雨的前场篮板不错，他在几场都在关键时刻有前场篮板。

孙正平：今天只要他的这个投篮再能够正常发挥一点。

张卫平：对。

孙正平：现在看来通过这个罚球能不能打破这个得分荒啊？

张卫平：现在不错了，领先7分了。

孙正平：朱芳雨现在还没得分呢。

张卫平：没关系啊，中国队得了15分这一节。

孙正平：15分。

张卫平：对方只得了6分。

孙正平：6分。好球。

张卫平：好的。

孙正平：这是这场比赛朱芳雨得到的第一分，单节我们是领先了10分。所以第二节德国队打得凶，打得不错，第三节中国队现在又开始发挥了。哦，再得一分。哈哈。结果。

张卫平：罚球，这要罚球了。

孙正平：罚球。对。好球。

张卫平：好球，

孙正平：再添一分。

张卫平：还有50多秒。

孙正平：德国队又换上了一个大个队员，是15号亚克拉，亚克拉的身高也达到两米一三。哦，夹着卡曼。哦，中国队防守不错。

张卫平：小了。

孙正平：好的。

第七章 篮球运动传播的媒介呈现Ⅰ：篮球赛事解说

张卫平：好的。

孙正平：刘伟篮板球。

张卫平：推人。这是易建联罚球，这是非常明显的在抢前场篮板球的时候，啊，在抢后场篮板球的时候推人。

孙正平：这场比赛真是起伏跌宕啊。

张卫平：对。

孙正平：但是还有一节。好球。

张卫平：中国队现在罚球不错。

孙正平：现在，嗯。百分之七十三。

张卫平：七十三。

张卫平：七十三。

张卫平：15中11。

孙正平：对。

张卫平：这一节是10罚9中。

孙正平：易建联是得到了6分了。

张卫平：6分。你看在这一节中国队罚球是？

孙正平：好球，两罚全中。

张卫平：11罚10中，德国队是没有罚球。

孙正平：还有二十几秒钟。现在加强对罗勒的防守，因为罗勒的外线很准。

张卫平：哎哟，抱人了啊。

孙正平：在第二节一开始我们吃了亏。呵呵，也险些出现失误。没有，哎哟。

张卫平：哎哟。

孙正平：这球往外弹的这个迹象，最后又转回来了。

张卫平：又是最后一下进了两分球。

孙正平：这样第三节比赛结束了，是47∶39，中国队领先8分。

孙正平：看看第四节的比赛开始了。哦，他这罗勒还在上面。外线抢投，没有。

张卫平：变联防了，其实，哦，这可能是为了保存点体力。其实中国队前边的盯人守得不错。

孙正平：哎。

张卫平：好球。

孙正平：自己一个失误。

张卫平：是一个传球失误。

孙正平：人往前跑，球往后。现在中国队把球先控制好。

张卫平：给姚明，哎哟。

孙正平：好球。

张卫平：好球。

孙正平：姚明也是跌跌撞撞，因为对方站的位置很稳。

张卫平：对。他这球真不错。往后仰着，身体已经往下落了，投出来这手腕这个感到很好。

孙正平：三秒。他在内线的菲莫林一个三秒违例啊。

张卫平：对。他想在这抢篮板球了，可是德国队并没有投篮。啊！

孙正平：连续传球，连续传球，根本就没有考虑他在内线了。

张卫平：对。所以有时候呢，就是说，在外线传球，好像是无私，传得多，其实你得看看，内线呢，在里头不出来了。

孙正平：给。好，拉开。漂亮。

张卫平：好球。

孙正平：姚明这个半截篮，在关键时刻是发挥作用了。

张卫平：这节还是得0分。

孙正平：啊。

张卫平：哎哟。

孙正平：你看他这罗勒还是非常准的。

张卫平：又是这11号。

孙正平：对。

张卫平：因为在第二节。

孙正平：上来以后俩三分嘛。

张卫平：俩三分，之所以把这个势头扭转过来就是他，现在又是他。

孙正平：朱芳雨上来了。现在中国队无球队员的跑动非常积极。好球，两分有效。

第七章 篮球运动传播的媒介呈现Ⅰ：篮球赛事解说

张卫平：这是姚明传得非常好。

孙正平：姚明打得非常无私啊。

张卫平：对。

孙正平：王仕鹏也非常坚决。因为一直也是得分荒啊。

张卫平：对。姚明现在打得可以说是他完全的节奏都出来了。

孙正平：现在已经注意了对罗勒的防守。又是诺维茨基。哦，诺维茨基这次很稳。因为他的投篮的方式多样，而且这个区域不固定。

张卫平：对。

孙正平：所以你很难一个人盯防住他。

张卫平：今天还有6分多钟，还是领先11分。领先到两位数，莫要出现对西班牙的这种情况。但是应当不会，因为德国队没有西班牙的进攻的这个能力。

孙正平：哎呀，王仕鹏这球已经突进去了。

张卫平：劲稍微小一点。哎哟，诺维茨基。

孙正平：漂亮。现在要注意诺维茨基。

张卫平：对。要叫暂停了，怎么样去防诺维茨基这一点。

孙正平：对。这是他的一个撒手锏。

张卫平：对。

孙正平：这会也是一个相持阶段，还有4分多钟。领先8分，朱芳雨。打姚明。

张卫平：又来了，在篮下了，这应当进了。哎哟，姚明又不打了。可以让姚明歇会。哎哟。

孙正平：刘伟一个外线没有进。

张卫平：对，这又像那天打西班牙似的。其实这时候姚明休息会，在最后让姚明打。他现在开始命中率下降了。

孙正平：现在中国队很注意防他的小个队员的外线。你看又是罗勒。

张卫平：哎哟。

孙正平：这个罗勒老跟不上，这是个大问题。

张卫平：对。

孙正平：今天罗勒的手很热，现在是49∶54，才5分的优势，还有4

分钟。

张卫平：姚明在场上走了。你看，又来了啊。

孙正平：这个几次进攻啊有点效果不，哎哟，罗勒又来了。好悬啊。

张卫平：真悬啊。真悬啊。

孙正平：好悬啊。

张卫平：你看，全在走，所有的人都在走，往前走，往前场走，体力下降。

孙正平：确实这场比赛的强度太大。

张卫平：对。可以换一下人，其实主动换人，或者叫暂停休息一下。

孙正平：又有七秒钟了，六秒钟了，四秒钟。哎呀。

张卫平：这又是命中率现在又下来了。其实这个时候教练一定要想办法，教练要有措施。

孙正平：这个球王治郅可以打一打。哎哟。

张卫平：你看，还要打三分。

孙正平：这两分有效，再追加一次罚球。

张卫平：对。

孙正平：那现在形势又是不太明朗了。所以诺维茨基是很有经验的。

张卫平：今天他6罚6中。7罚7中。

孙正平：嗯。52：54，还有2分59秒钟。

张卫平：全场防守，这球一定要想办法打进。看能不能往篮下打，因为篮下打，起码造他一个犯规。

孙正平：哎。

张卫平：哎哟，又是一个。

孙正平：哎呀。

张卫平：又是一个帽。

孙正平：这上来一个盖帽。

张卫平：对，暂停不知道怎么布置的这一次进攻。

孙正平：现在还是易建联在防诺维茨基。

张卫平：哎哟，刘伟防诺维茨基了。

孙正平：哎哟，换不过来了。走步，走步。

张卫平：哦。

孙正平：这吹了诺维茨基一个走步，要不就打平了。

张卫平：要不然这就打平了。因为变成刘伟防诺维茨基，其实今天呢，中国队在诺维茨基这，只要有掩护，就是换人，一有掩护就是换人。可是呢，你换成这中小个去防诺维茨基，很难打，不过好在是断了诺维茨基的那个节奏。

孙正平：哎，好球，没人了。漂亮。

张卫平：好球。

孙正平：关键时刻，还要利用姚明那个身高打内线啊。

张卫平：还是得姚明打的。

孙正平：这是最稳定的一点。

张卫平：对。

孙正平：56∶52，2分08秒钟。现在卡曼控球。诺维茨基，哦，准备投三分。

张卫平：有了。

孙正平：哎哟。诺维茨基还是真厉害啊。

张卫平：诺维茨基。

孙正平：55∶56。

张卫平：越投越顺，防不出去，你看刚才那又是易建联这漏了一个。

孙正平：这时候还有一分啊。

张卫平：还有一分多钟啊。

孙正平：嗯。

张卫平：像我们说的，关键球的关键打法，打哪，打得明确不明确。

孙正平：犯规，9号哈曼犯规。

张卫平：就是在关键时刻的关键打法，你的明确不明确，你到底打哪点，怎么样打，这是非常非常重要的。

孙正平：哎呀，姚明还得往下面站啊，都站在高位。朱芳雨。

张卫平：歪歪歪歪歪了，这一看就是歪了。把这球防下来。好好地把这球防下来。

孙正平：现在是1分12秒。

张卫平：对。

孙正平：哎，又是诺维茨基。哎，带球撞人。

张卫平：带球撞人，好球。

孙正平：带球撞人。

张卫平：1分08秒。

孙正平：这球他关键了。56∶55，还有1分08秒，判了诺维茨基一个带球撞人，现在球权是中国队。现在领先一分。

张卫平：不要失误就行。哎哟，易建联，别停球，别停球，哎，运着，对。赶紧给这后卫。

孙正平：姚明转身，姚明好的。哎呀，刘伟，把球权控制，也好，也好。

张卫平：没关系，拿住这一个，这球打进，防住一回合就行。

孙正平：对。别着急。易建联。

张卫平：易建联。

孙正平：漂亮。

张卫平：好球。

孙正平：关键时刻，易建联这球投进去了。诺维茨基，三分球，没有中。犯规了。

张卫平：行，今儿拿下了。

孙正平：哎，这样还有十八点八秒钟，姚明要罚球，只要罚一次，领先4分。

张卫平：罚中一个就好办了。

孙正平：对方就非常难打了。

张卫平：对。对方现在已经没有暂停了。可是这球真够危险的。

孙正平：够危险的。

张卫平：诺维茨基这球投得嘣嘣嘣嘣晃了一下。

孙正平：已经出现了一个无人防的情况下一个三分球。

张卫平：对。中国队今天要赢下这场球，那就挺进八强。

孙正平：对。将是在奥运会的比赛历史当中是第三次。我们先看看这罚球吧。好球。

张卫平：好球。

孙正平：这就是奠定胜局的一分啊。姚明得到25分了。

第七章 篮球运动传播的媒介呈现Ⅰ：篮球赛事解说

张卫平：一共59分。

孙正平：诺维茨基。

张卫平：后边要丢，要丢，好的。

孙正平：现在得控制好球，别着急，别着急。

张卫平：赢了赢了赢了。

孙正平：别着急，好的，对方已经没有机会了。

张卫平：因为你看，诺维茨基这一运就看出来他要丢要丢要丢，因为他已经要摔跟头了。

孙正平：这使我们想起了在这个上届奥运会上中国队胜塞黑那一场比赛。

张卫平：对。

孙正平：也使我们想起了在日本进行的这个世界锦标赛，中国队王仕鹏绝杀斯洛文尼亚的那场比赛。中国队确实有了姚明的回归啊，整个的实力提高了一大块。

张卫平：对。

孙正平：今天从一开始，中国队就发挥得不错。朱芳雨，哦，这劲太大了。

张卫平：不过没关系，七点二秒啊。

孙正平：嗯。

张卫平：七点二秒，领先四分，罚中这个，领先5分，没有奇迹出现，就完了。哎呀。

孙正平：哎哟。

张卫平：这没关系。因为中国队累计犯规只有两次。

孙正平：对，这是第三次。

张卫平：加上这次三次。

孙正平：没关系，还有一次。

张卫平：他一发出球来，还有四点八秒，你再犯规，他还得接着发球，这个时候他已经没有时间了。

孙正平：现在是59：55，还有最后的四点八秒钟。这种投篮，没有，中国队控制篮板球。这时候全场比赛结束了。59：55！中国男子篮球队在奥运会的比赛里面，战胜了德国队，应该说又一次进入了八强，实现了自己的预定的目标。我们在这里再一次向中国男子篮球队表示最热烈的祝贺。

三、2011年男篮亚锦赛决赛 中国—约旦（片段）

（解说评论员：于嘉、姚明）

于嘉：所有将士们加油。中央电视台，观众朋友们，第26届男篮亚锦赛决赛只剩一节，最关键的一节。可惜这个球，易立的意识很好，但是没有能够把球打中。多亏对方呢也是反击不中。中国队控制球权。大家要注意，开局的关键，第四节开局。吊给易建联，包夹，打进打出。转移，易立，好球。这个球转移非常流畅，而且每一个人，五个人里，四个人都接触了球。

姚明：对，在上半场开始的时候，中国队也是以一个三分球作为一个开局。这也是一个好兆头。

于嘉：这道格拉斯在篮下还是有一定威胁。

姚明：嗯。

于嘉：给我们带来了很大的麻烦，在山西队的时候，上个赛季专门球队有一套战术，专门给他打内线的。所以对于这样的球员，真是要多加小心。即使你领先了10分，也不能够有任何松懈。决赛确实是很艰难。看道格拉斯又过来了。转移球，拉希姆·怀特，三分球，还了一个三分球。

姚明：当我们投中一个三分的时候，或者他们投中三分。

于嘉：都是一个回应球。

姚明：都有一个回应球。

于嘉：刘伟溜底线过来。孙悦还给刘伟。这球身体接触很多，裁判没有任何吹罚，对方拿到球权。道格拉斯面筐。易建联防守的威慑力确实很大。

姚明：这个防守非常到位。

于嘉：丁锦辉。

姚明：这个球还是没有准备。没想到阿联能把球传给他。

于嘉：对。既然过去，先不想了，先赶快退防。防守下来一次，再进攻，下次，就一定要提高警惕了。失误中国队是对方的一倍。对。对方奥哈斯这是一个能投外线的内线。又是失误。亏得退防了。又防下来。只剩一分了。

姚明：还是被打进了。

于嘉：这样的领先优势实在不能算是保险。阿巴斯已经打进了13分。易

第七章　篮球运动传播的媒介呈现Ⅰ：篮球赛事解说

立，给到孙悦，三分球。易建联是，真是一道大铁栅。在篮下，多亏抢到这个篮板球。不然对方拿着球，打个反击。不好说能不能打进，就会反超了。刘伟下场休息一下，朱芳雨上场。丁锦辉，这球确实是犯规了。道格拉斯。

姚明：但是必须说是这种横传球也是非常非常危险。

于嘉：非常危险。没错。我们看。还好就是朱芳雨身高力量还不错。接球他又是面对传球方向，比较有保证。易立，怎么样？丁锦辉将功补过，这次我们说了，集中了注意力，没有再犯上一次那个小小的失误，但是还是只有三分的领先。对方的进攻时间不多了。防得不错。易建联。阿巴斯个人第四次犯规。

姚明：阿巴斯示意，阿联三秒。

于嘉：三秒。这球，没有啊。

于嘉：中距离，不过可惜，没中。阿布杜拉，易立犯规。

姚明：这个阿巴斯是想学科比吗？

于嘉：位置还是技术差了都远了点？不是我。

姚明：动作有点像。

于嘉：动作有点像，最关键的一个问题是，他真的没有其他选择了。阿布杜拉也罚失了，第一罚罚失了。两罚皆失。对方把球打出了界外，中国队球权，这算是对方，等于是对方送了一个失误给回来。王治郅回来。丁锦辉下场。丁锦辉等于就是在给王治郅不断地争取休息时间。

姚明：比赛还剩下最后六分钟的时候，主教练邓华德会慢慢地把所有的主力队员全部轮换上场，要用最全的阵容去进行最后的决战了。

于嘉：对。朱芳雨，并没有打成。对方失误了，易立注意球。这球阿联已经要出身位和感觉来了，易立还是稍微保守了点。下场休息。我们要理解易立，因为易立这也是第一次打这个亚锦赛的决赛。

姚明：大家看到，现在在场上的我们的队员就是我们在比赛一开始先发的一个组合。

于嘉：给到底角，王治郅。刚刚上场，还没有那样好的手感。道格拉斯的节奏，你看，罚球线附近，对方也紧张啊。

姚明：险些忙中出错。

于嘉：对，对方也紧张。正如姚明刚才在比赛开始前所说，对方也没打过这样的比赛。球权本来是我们可以拿在手里的。但是进攻时间只剩下两秒。约旦队请求一个暂停。比赛打得确实是很揪心。即使到现在中国队也没有能够再把比分拉开一次。最强的五名队员都在场上。对方只剩两秒的进攻时间。逼迫对方不能出手是最重要的。篮板球。朱芳雨这边被阿布杜拉顶在里面。

姚明：那约旦队又得到一次22秒的进攻机会。

于嘉：嗯。还是要提高所有的警惕。走步。篮下轴心脚有挪动。技术犯规。吉尔阿尔克斯，话太多了。充分利用这样的机会，这样的机会来之不易。如果两罚加那一掷，都能够制造进攻的话。

姚明：那就是7分到8分的优势。

于嘉：对啊。阶段性的任务完成一半了，拉开打一次。王治郅，接球。

姚明：对手非常非常积极。

于嘉：而且甚至说这一次吹罚可能也把他们的斗志激发了，这是有可能的。孙悦。看对方，大帽，至关重要的盖帽。

姚明：阿巴斯。

于嘉：阿巴斯，告别亚锦赛。这个大帽再看一遍。这一次，阿基姆·怀特没有靠住孙悦。这是最关键的一点。

姚明：大家记住，上一次，他们击败伊朗的时候，就是在阿巴斯。

于嘉：没错。刚要说这个。

姚明：被罚下的时候。

于嘉：那场比赛阿巴斯也被罚下。而那一次他被罚下，也让其他的上场替补内线有了外围去投三分的机会，伊朗队似乎并没有对此做好准备。

于嘉：大卫·哈伯这不是他的投篮范围。斯布若科夫这是。对方一个篮板球。不能给对方这样的机会。易立替下了朱芳雨。大卫·哈伯，还是不打。防得不错。大郅扑上来了。对方利用突破，破掉了中国队防守三名队员。就差两分了。

姚明：三分钟。

于嘉：我们一定会处理得比伊朗好。倒球，给到刘伟。注意防对方反击。

姚明：道格拉斯也是畏惧封盖。

于嘉：确实是非常害怕。易建联第一次罚球，今天拿到24分。

姚明：两罚中一。

第七章 篮球运动传播的媒介呈现Ⅰ：篮球赛事解说

于嘉：也只不过是目前领先三分而已。阿基姆·怀特又突。连续他的突破，一般到这个时候，对方都会是采取这样的单打的战术。就是所有人拉开给阿基姆·怀特制造单打机会。

姚明：刚才这个突破做得非常果断。明显比前几个处理球更加主动。

于嘉：确实。好球，易立一次战斧劈扣。丁锦辉又犯规了。就是阿基姆·怀特他的突破真的非常的成功。选择性非常强。再看一遍，易立这一次把自己的霸气全都打出来。他前面的几场比赛真的不是白打的。

姚明：也许这样的一个系列赛就造就了一个运动员。

于嘉：希望是这样。只剩一分半钟了。对方的进攻时间不多了。易建联单防阿基姆·怀特。对方一个三分球，把比分扳平。易立，再给阿联，对方把球打出了界外，险些失误。

姚明：阿联一定要注意，自己接到球的时候，他们会果断地夹击，由于他今天对约旦队造成的这些伤害，已经足够引起他们双人甚至三人的包夹。

于嘉：没错。刘伟往前突破。打出来，没有接到啊。对方把节奏压住。一分钟了。

姚明：一分钟。

于嘉：防好。道格拉斯。前场球，篮板球。

姚明：篮板球没有拿稳。

于嘉：约旦队叫了一个暂停。现在的确是命悬一线的比赛。

姚明：这么激烈的亚锦赛决赛，恐怕只有03年那一届可以相媲美。

于嘉：没错。

姚明：在那一届里边，韩国队的三分球发挥到了极致。在上半场发挥不理想的情况下，下半场投进了将近12个还是13个三分球。

于嘉：对。

姚明：一度将比分追到两分。最后靠这范兵和焦剑。到底是打快速出击，还是打，泡一泡，到最后时刻出手。由于这个情况打加时是对中国队有利的。因为他们很多人有很多次犯规，特别是阿巴斯已经被罚掉了。

于嘉：比赛继续进行。对方把球发出来。

姚明：差点5秒。

于嘉：是。而且对方的6号也被罚出了。不过还是要说一句，扎克波罚

189

出，其实对他们的进攻没有太多影响，因为他进攻能力并不突出。先要看易建联，尽可能把两罚稳稳地罚中。

姚明：我想现在对方的主教练可能已经有至少有三套战术准备好了。

于嘉：我相信是这样。

姚明：三种情况。如果没罚进怎么样，罚进一个怎么样，罚进两个怎么样。

于嘉：也希望邓华德能够制定出三套相应不同的应对的策略。

姚明：他的这个时间二十八点五秒，他其实是一次完整的进攻外带四点五秒。

于嘉：没错。易建联第一罚，第一罚罚失了。第二罚。

姚明：第二罚应该好一点。

于嘉：调整一下。命中，命中。但是只有一分，并不保险，中国队，防守。

姚明：约旦队没有喊暂停。

于嘉：就这么打。看来对方也是想得比较成熟。道格拉斯突破分球。阿基姆·怀特，还是交给阿基姆·怀特。先犯规了。

姚明：提前犯规了。

于嘉：丁锦辉。只剩八点八秒。

姚明：这样有效地打断他们的战术，使我们重新有机会再去新布置一个完整的战术。

于嘉：对方把阿尔索斯也换上来，就要搏这一个三分了。就要搏这个进攻。

姚明：未必是要搏三分。

于嘉：未必是要搏三分。

姚明：但他在场上可能牵扯防守，使可以有更大的突破空间。

于嘉：阿联。赢了，中国队赢了。中国队涉险过关。我们可以去伦敦了。我们竟然是以这样的一种方式进军伦敦。

四、于嘉精彩点评全明星球员语录

韦德，相比扣篮，前两天的眼镜礼服秀会更让人印象深刻。"闪电侠"已

第七章 篮球运动传播的媒介呈现Ⅰ：篮球赛事解说

经开始明白：恰如其分的高调并不是坏事。

艾弗森，神鬼莫测的传球和同样神鬼莫测的新头型，让 AI 依然可以吸引所有人的关注。但是和年轻人的张扬比起来，艾弗森已经以内敛代替了年轻时参加全明星的桀骜。

霍华德，超人去年拯救了全明星，今年他回来继续拯救着全明星。他本该和詹姆斯、韦德、保罗这一众超级明星坐在场边看那些二线明星拼个你死我活的，但拿着巨星身价还在场地里娱乐大众的，只有他。

詹姆斯，东部得分王证明了他的实力，但没像常规赛那样带来激动人心的表演。能让人记住的三件事是明年参加扣篮赛的承诺、最后关头那个空中接力以及连过三人的跳步得分。

加内特，也许是进入严谨的凯尔特人让"狼王"抛弃了很多秀场的专长，他的表现异乎寻常地中规中矩。如果能多点开场时向西部挑衅的动作就更好了。

乔·约翰逊，"鹰王"，今年您的确是表现最差的了。

刘易斯，三分依然凭肌肉瞬间记忆，不是连续命中就是连续投失。但防守奥胖这个工作……好吧我愿意给他加分。

皮尔斯，实战派明星显然还是没有搞笑天才，他一直拿着的五星红旗拍摄器比他自己的秀更吸引中国球迷。

雷·阿伦，阿伦一直重视全明星，但今年没投进一个三分，不像他的风格。

哈里斯，太容易兴奋和起伏不定是哈里斯全明星周末的表现总结，也是目前库班还没有当众宣称自己是白痴的原因。

莫·威廉姆斯，参加全明星赛的两个意义：一是满足了骑士的虚荣心；二是在詹姆斯无暇顾及娱乐界朋友时恰如其分地增添出镜机会。

格兰杰，两分不要紧，年轻人，你才刚上路呢。

迈克·布朗，这次您更换的眼镜绝对配得上您灿烂的笑容，关于全明星人员安排的采访，我可以直接问勒布朗去。

科比，科比比以前更为成熟，懂得表演、实战、谦逊的尺度拿捏，27 分即使在全明星史上也可以排在前列，而更可贵的是他把 Co-MVP 奖杯留给了沙克，这是绝对的巨星风范。乔丹在同一个赛季包揽 MVP 是伟业，科比本赛季已经开始发力了。

保罗，灵动的"蜂王"确实全能，不但证明自己从去年开始就有获得MVP的实力，而且让凤凰城的人们慨叹纳什的老去。

姚明，大个子，再给咱们跳个霹雳舞还是再帮西部投个三分，自己挑一个？

斯塔德迈尔，许是波特被解雇让他心情大好？如果想看一个加强版易建联，请关注小霸王的所有比赛。

邓肯，"石塔"的表现越来越趋近常规赛，但他进入先发就证明球迷并不只认演技派。但这里是凤凰城，邓肯心里有数。

罗伊，罗伊也开始在全明星赛上适时地秀弹跳和扣篮了，这对球迷和他本人都是好事。

帕克，助保罗完成的空中接力的确震撼，不过镜头似乎更多对准了您的太太，抱歉，托尼·朗格利亚先生。

比卢普斯，有了那么多出色内线，MVP控卫的工作的确简单太多了。

加索尔，你是在教你弟全明星该怎么打对吧？不过你给鲁迪扣篮大赛的传球可确实拖了人家的后腿。

大卫·韦斯特，对比一下数据，你会看到一个山寨版的蒂姆·邓肯。

诺维茨基，诺天王似乎正逐渐失去对全明星赛的热情，不知道这究竟和比赛的乏味有关还是和纳什的缺席有关。

奥尼尔，我们记住了两个词：MVP和Shaqabbawockeez。回溯二十年，沙克绝对是最伟大的全明星球员，只要有他，你哈哈大笑的次数就会增加。这个MVP就算是联盟对他去年没能入选的歉意，以及对他每年娱乐大众的褒奖，以后这个奖杯可以命名为沙克·奥尼尔杯。

菲尔·杰克逊，"禅师"给了OK组合双捧MVP奖杯的机会，球迷必须感谢他。

五、央视著名篮球解说员杨毅经典评总决赛

经典中的经典，决战中的决战，咬碎钢牙，山河震动。最后的最后，凯尔特人展现了自己的坚韧，湖人证明了他们的强大。

在整个赛季的尽头，湖人捧起了金杯，蝉联了他们的梦想；绿色的凯尔特

人，第一次输掉总决赛第七战，但赢得了所有人的尊敬。这是一场罕见的第七战，比分被压至总决赛系列赛里的最低点，双方的投入、强度和激情都令人胆寒。站在湖人的角度，他们最终证明了自己是一支比两年前出色得多的球队，他们更攻守平衡，他们更强硬，因此更能在生死战中决胜。科比捧起了他的第二座总决赛 MVP 奖杯，这令他距离奥尼尔只有一步之遥。这场第七战，更像是对科比的淬火，让这个天赋与能力惊人，但又常常成为球队不稳定因素的天才，能够在胜利的甜蜜里体味自己的得失。

你永远不用质疑科比的取胜欲望，他一人抢下 15 个篮板，在积极性上带动了他的球队。湖人在前三个回合就抢下 6 个进攻篮板，全场 23 个进攻篮板，篮板总数 53 比 40 赢下 13 个，充分展现了他们的内线优势和身高天赋。不断的进攻篮板，既保证了他们的二次进攻机会，也使凯尔特人难以稳定地打出快攻，这亦是湖人在手感冰冷的第七战中能够咬住比分的关键原因。在如此强度、如此紧张的比赛里，人人都像肌肉棒子一样搏杀，双手也往往像叉子一样僵硬，这让湖人上半场的命中率一度低至 20% 出头，罚球亦连续失准。老辣的凯尔特人，比湖人更刚柔相济，更能调整自己的手感，他们始终保持着 40% 以上的命中率，在前三节都领先比分。

凯尔特人能够长时间领先的另一个重要原因，是他们稳定和冷静。无论能否得分，他们都很少犯错，谨慎地进行投篮选择，全力守退，不给湖人反击机会。而湖人，他们最倚赖的领袖，恰恰是他们失去冷静的源头。科比在第一节后半段和第三节开局的两个时段，都试图以一人之力击破绿军的防守，正是他的过多的运球和勉强投篮，让绿军在那两个阶段打出了最大的声势和最好的反击效果，绿军在第一节结束时领先 9 分，第三节一度领先 11 分。面对凯尔特人如链条般源源不断的混合防守，科比在最后一战 24 投仅有 6 中。

菲尔·杰克逊在这两个时段，都迅速叫了暂停，调整球队，最重要的是调整科比的打法。球在科比手中，科比冷静，湖人就冷静。这正是科比与乔丹最大的不同——科比的全面技术，尤其是远投能力，其实已经超越了乔丹，但乔丹是赛场上真正的统帅，他能自己判断，做出正确的抉择，而无须杰克逊替他调整；科比则需要"禅师"时刻提醒。在第二节开局，科比被放在板凳上，短暂地休息 2 分钟。在这 2 分钟里，湖人以内线为轴，人动球动的三角进攻重新运转起来。"禅师"让科比目睹这一切，再派他上场，就像一句无言的嘱托：

一个真正的领袖，在这样的决战里，非但要有决心，更要有耐心和恒心。这也是在这场第七战里，科比获得的最大的财富。

在第三节中段的再次调整后，科比再没有犯过错误，没有不冷静，没有勉强进攻，湖人也因此再也不犯错误。他们坚持把球打到加索尔手中，然后不断穿插移动，坚决执行三角进攻。而加索尔用不断的个人攻击和策应，迅速为湖人挽回了劣势。他助攻科比得分、助攻阿泰的空切、助攻费舍尔的那记三分球为湖人追平了比分。加索尔全场19分、18个篮板、4次助攻，正是由于他的内线优势和全面能力，湖人才打出了完美的第四节。科比是总决赛最终的MVP，但在湖人2比3落后、深陷危局之后，加索尔才是湖人连赢最后两战的MVP。他是湖人真正的进攻轴心。

在第四节，湖人越战越勇，四面开花，进攻保持高成功率，对手没有反击机会。而凯尔特人，已经打光了最后一发子弹。这群伟大的老将，在整个赛季的最后一战里被延长了上场时间，雷·阿伦和皮尔斯上场46分钟，加内特38分钟；后卫隆多，亦出战45分钟；首发阵容里上场时间最少的华莱士，也达到36分钟。他们已殊死一搏，耗尽了最后一丝体力。在最后5分钟里，凯尔特人在阵地战里已失去了命中率和冲击力，而湖人的防守亦滴水不漏。

两队在最后1分钟里的连续三个三分（拉希德、阿泰、阿伦），是比赛最后的高潮。阿泰命中的那一记三分，将分差拉回6分，亦是他最后的宣言——他不但能在防守上与皮尔斯肉搏，也能在总决赛第七战里拿下20分，拥有阿泰的湖人，比此前的湖人更加强硬。湖人值得拥有这个冠军，值得万众欢呼，虽然不知用什么办法，才能宽慰老泪纵横、血战到底的凯尔特人。

金碧重逢，至此落下帷幕。凯尔特人的泪水，一部分因为冲击冠军失败，另一部分送给这群老兵的命运，这已是他们在一起的最后一战。湖人则是在这个夏天，所有以夺冠为目标的球队里唯一不需要重大人员调整的一支，这足以保持他们的稳定性和对下一个冠军的冲击力。菲尔·杰克逊和科比，将向他们各自的第四个和第二个三连冠迈进，此时此刻，有足够的理由让他们再团聚一季。

湖人得偿所愿，他们依然常常出轨，但他们还是笑到了最后。

第三节　篮球运动的电视转播概况

一、现场转播的准备工作

（一）赛前分配工作

工作人员根据工作性质分为：技术组、解说组、摄像组、编导组等。

（二）赛前资料准备

1. 编导组搜集资料

包括本次比赛的名称、级别、历史背景资料、双方队员的资料（包括国籍、年龄、知名度、打法技巧以及以往的战绩）等方面，收集的资料越是齐全越是有利于接下来的采访。

2. 解说组

熟悉资料并进行分类准备。

（三）布置转播场地

转播车、转播评论台的位置，其他相关转播设备的位置（编导组、技术组负责）。

（四）设备调试

技术组调试转播设备，摄像组检测摄像设备，编导组检测画面切换、组接设备。

二、转播程序

（一）转播设备开启，进行信号调试

（二）评论员的解说

1. 赛前介绍双方队员或代表队的情况。

2. 比赛赛事的评论。

3. 比赛中的插播。

三、转播效果评估

对转播全程录像进行重看、评估。总结成功之处,作为今后努力方向;发现不足之处,分析改正,以防今后再犯同类错误。

第四节　篮球的新闻报道

一、篮球消息概念及特征

篮球消息,即篮球消息报道。是报道篮球赛事的概貌而不讲述详细的经过和细节,以简要的语言文字迅速传播新近事实的新闻体裁,也是最广泛、最经常采用的篮球体育新闻基本体裁。无论是报纸,还是广播电视,主要依靠篮球消息体裁,把最近发生的篮球赛事尽快地传播给广大读者、听众以及观众。

（一）动态消息

也称动态新闻,这种消息迅速、及时地报道国内国际的重大篮球赛事。篮球动态消息主要介绍比分、个别球员的得分情况以及整场比赛中的亮点。动态消息中有不少是简讯（短讯、简明新闻）,内容更加单一,文字更加精简,常常一事一讯,几行文字。

（二）综合消息

也称综合新闻,指的是综合反映带有全局性的情况、动向、成就和问题的消息报道。在篮球报道中,综合消息着重介绍比赛的全过程,捕捉比赛中的球员和教练等方面的信息,生动翔实。

（三）典型消息

也称典型新闻,这是对某一部门或某一单位的典型经验或成功做法的集中报道,用以带动全局,指导一般。篮球报道中对于球星的特写报道就属于典型消息。

（四）述评消息

也称新闻述评,它除具有动态消息的一般特征外,还往往在叙述新闻事实的同时,由作者直接发出一些必要的议论,简明地表示作者的观点。篮球报道中的述评消息,叙中有评,评中有叙,可以更为翔实地向观众展现比赛,展现比赛中的人以及他们身上的体育精神和人文素养。

二、篮球消息结构

（一）倒金字塔结构

把最重要的内容放在消息的最前面，把次重要的内容放在稍后，依据材料的重要性依次排列，这种结构方式很像倒置的金字塔。这是消息写作中最常用的结构方式。

特点：
①最能体现新闻性。
②开门见山，概括性强。
③切合读者心理，并能引起"新闻欲"。
④便于编辑处理稿件和制作标题。
⑤便于记者增加新的重要事实材料。

（二）金字塔结构

这是将事实结果、最重要的材料留到最后才显示出来的消息结构。相对于"倒金字塔结构"而言，又称"积累兴趣"结构。它不像倒金字塔结构依据材料的重要性安排结尾，而是依据事件发展的顺序来写。事件的开头，便是消息的开头；事件的结尾便是消息的结尾。直到最后，才把事情的结果、最重要的材料显示出来。

特点：
①行文构思比较方便。
②可以保持新闻事实比较完整的故事性。
③容易清楚地反映出新闻事件原委始末的脉络。

三、篮球消息写作要求

（一）真实准确

真实性是消息最基本的特征。消息必须完全真实地反映客观事实，用确凿的事实来教育、影响读者，绝不允许虚构和添枝加叶。无论是构成消息要素的时间、地点、人物、事件和结果，还是所引用的背景材料、数字，都要完全真实、准确可靠。

（二）讲究时效

消息在反映现实的速度方面居于各种文体之首，时效性强是消息又一突出特点。它必须迅速及时地把最新的事实报告给读者，延误了信息就失去了新闻价值。

（三）短小精粹

消息要用较小的篇幅、简练的文字来叙述事实、传达信息，要求内容集中，言简意赅。

四、篮球新闻基本体裁

（一）常见通讯

1. 人物通讯

所谓人物通讯，就是以报道各条战线上的先进人物为主的通讯。它着重揭示先进人物的精神境界，通过写人物的先进事迹，反映出人物的先进思想，使之成为社会的共同精神财富。同时，也报道转变中的人物和某些有争议的人物。"金无足赤，人无完人"，在写作时切不可把先进人物写成从来没有过的大智大勇、十全十美，写人叙事力求言真意切，恰如其分。

2. 事件通讯

所谓事件通讯，就是报道典型的、有普遍教育作用的新闻事件。写事当然离不开与事件有关的人，但它不像人物通讯那样着力刻画人，而是以事件为中心，在事件的总概括中，为了写好事来写人。它既可以反映现实生活中发生的重大的、振奋人心的典型事件和突出事件；也可以从某一新闻事件中截取一个或若干个片段，进行细致详尽的描述，揭示事件的深刻含义；还可以是若干事件的综述。

3. 工作通讯

所谓工作通讯，就是反映贯彻执行党的路线、方针、政策中的成绩，总结实际工作中的经验和教训，或者探讨有争议的亟待解决的问题的报道。它是报纸上经常运用指导工作的重要报道形式。它的主要特点有四条：一是把介绍工作经验和分析问题作为主旨；二是凭借事实，深入分析；三是生动活泼，讲究文采；四是不拘一格，形式多样。随笔、散记、侧记、札记、记事均可。

（二）篮球评论

评论是就新近发生的事件、思想倾向、社会活动或工作发表议论的文章。新闻传播工具就其报道发表的重要评论，代表编辑部的意见。评论是近代报纸的产物。英、美等国的报纸以一定篇幅刊载新闻评论。评论具有新闻性和政论性的特征。评论的新闻性表现为提出人们当前关注的问题，突出新意，迅速传播。评论的政论性表现为与社会政治紧密联系在一起。篮球评论则是主要依据当前发生的篮球赛事、事件，评论员发表的评论性的文章。

第五节 篮球相关媒体连接

一、篮球相关网站

（一）中国篮球协会官方网站（http：//www.cba.gov.cn/）

（二）虎扑篮球论坛（bbs.hoopchina）

二、报纸

（一）《篮球先锋报》

2004年国内篮球迷终于有了一份真正属于自己的报纸，由广州日报报业集团主办的《篮球先锋报》，在中国各大城市与读者见面。《篮球先锋报》汇集了国内篮球新闻报道的顶尖人马，包括苏群、杨毅、孟晓琦等资深篮球采编专家，徐济成、于嘉等资深顾问，被体育传媒界称为篮球新闻"梦之队"。《篮球先锋报》从诞生的第一天起就占据了中国篮球报道的制高点，多名记者常驻美国现场追踪报道姚明、王治郅等中国球星，出版密度最大（周二刊），每周出版版数最多，信息量最大，涉及面最广，这都将是呈现在球迷面前的这份24版篮球专业报制造的新鲜与惊喜。依托广州日报报业集团的广阔平台，《篮球先锋报》也将打造成中国最出色、最权威的篮球专业报。

（二）《篮球报》

创刊于2004年7月15日的《篮球报》是中国第一份篮球专业报纸，发展迅速，成为同类刊物发行量最大的媒体。这份报纸既属于热爱时尚、热爱姚明、怀念乔丹、追随科比、与篮球为伴的年轻球迷，也属于曾在土质篮球场上度过学生时代、眷恋电影《女篮5号》的老球迷。它是广大篮球爱好者的忠实朋友，影响极大。《篮球报》由国家体育总局主管，中国体育报业总社主办。每刊24个版新闻纸+4个版铜版纸海报。每周一和每周四出版，全国发行，其内容包括中国的CBA、CUBA，美国的美国职业篮球联赛、W美国职业篮球联赛，欧洲和其他地区的赛事，以及赛场内外、风云人物等。

（三）《体育天地MVP》

《体育天地MVP》是由辽宁省体育局主管、辽宁省体育协会主办，北京双瞳文化传播有限公司在北京打造出品，面向中国大陆发行的一份以美国职业篮球联赛报道为核心内容，关注都市高品位篮球人口生活及消费方式的娱乐化篮球周刊。《体育天地MVP》每周三在全国各地报刊亭进行零售，同时接受全国各地读者订阅。以读者为本位，提供目标人群需要的篮球、消费、生活方式资讯，重视读者反馈；立体化传播，通过网络与版面，加强与读者互动，更多读者形象、更多读者文字出现在MVP上，变单向为双向、多向传播；全面、深入关注篮球产业链，报道范围扩大化、深入化，关注产业动态，有鲜明态度。

第六节　篮球运动的解说评论员案例

篮球作为世界体育运动发展史上的三大球之一，深得全世界篮球迷的喜爱，有着广泛的球迷基础。篮球运动的普及与发展除了一代又一代高水平的篮球运动员和篮球教育工作者的无私奉献之外，还与篮球赛事的转播报道者和解说评论人员的辛勤工作分不开。新中国成立以来，随着中国篮球运动队在国际比赛成绩的不断提升，我国篮球赛事的转播、评论和解说工作也取得了跨越式的发展。在不同的历史时期，涌现出了一批又一批优秀的解说员、评论员，同时他们也在不断探索与积累关于篮球赛事转播、报道、解说和评论方面的成功经验。

本章内容旨在通过介绍篮球赛事解说员和评论员的优秀代表，探讨和总结篮球解说与评论的基本规律，为今后从事体育转播报道和解说评论的体育传媒工作者提供一定的参考与借鉴。

第七章　篮球运动传播的媒介呈现Ⅰ：篮球赛事解说

一、张之

张之是我国体育评论的开拓者。1951年，张之与电影演员陈述合作，在上海转播了新中国成立后的第一场国际篮球比赛实况，从此以"说球"成为中国体育解说的开拓者和奠基人。

张之1930年出生于北京，1948年参加革命，1949年1月进入济南华东大学学习。新中国成立前就读于青岛大学、山东潍坊大学。1949年3月随军南下，担任上海人民广播电台播音员、播音组组长。1953年调任中央人民广播电台，专职于体育播音和体育新闻报道，任高级体育评论员，参与创办《体育节目》。1991年离休，2001年1月10日因病在北京逝世，享年71岁。

张之在体育赛事转播的过程中，以其丰富的体育运动知识、娴熟的体育解说与评论技能、流畅的转播语言、独具特色的音色赢得了广大听众和观众的喜爱，成为20世纪60年代初我国体育赛事报道领域的一面旗帜。

从业30年，张之采写了大量的体育新闻、通讯，解说了数十场国内外的重大体育赛事，并为多部体育纪录片撰写解说词并配音。在从事体育解说与评论工作的同时，培养出了我国第二代、第三代的体育解说员，为我国体育解说事业的发展做出了重要的贡献。张之曾出版《向世界纪录进军的尖兵——谈谈新中国的举重运动》《在绿茵场上》《趣谈足球赛事》等著作，发表过《我国体育实况广播的特点》等学术论文。他撰写的述评《我国健儿在亚运会取得金牌总数第一已成定局》获1982年"全国好新闻作品"一等奖。

1985年，张之担任中央人民广播电台文教部业务指导，兼任全国体育记者协会副主席、全国广播体育记者协会主席。1991年荣获国务院颁发的政府特殊津贴。同年，中国体育记者协会和中央人民广播电台体育部联合举办了"中国体育实况转播40周年暨张之同志从事体育实况转播40周年纪念会"，对其体育播音富有创造性的成就和在事业上的贡献给予充分肯定和赞扬。在1995年举办的第二届"全国播音员主持人金话筒奖"评选活动中，张之荣获"特殊贡献奖"。1999年，张之被全国首届体育播音员、主持人研讨会授予"中国体育播音特殊贡献奖"。

【附关于张之的文章一篇】

记新中国体育比赛实况解说的奠基人

陈文清

  1961年北京第26届世界乒乓球锦标赛，毛主席收听了比赛实况解说后，高兴地说："不错，广播好紧张，让人心都快跳出来了！"

  1951年全国四项球类比赛大会，国务院副总理贺龙元帅说："过去有说书的，现在有个会说球的，说得很生动，大家喜欢听，他也是个专家。"

  听众来信说："张之的解说不慌不乱，胸有成竹，比喻恰当，语言妙趣横生，听广播却感觉到了比赛现场，不仅了解了比赛情况，还从中学到许多知识，听他的解说是艺术的享受。"

  ……

难忘的"1978"

  这是30年前——1978年12月10日在北京首都体育馆，张之为中国队与罗马尼亚队之间的冰球比赛进行的实况解说（张之旁做记录的为本文作者）。

  那时党的十一届三中全会刚刚开过，被"四人帮"践踏破坏了的体育实况转播在"拨乱反正"中"杀"了出来，现场转播了有芬兰、罗马尼亚、日本、中国四个队参加的冰球邀请赛。那时，全国唯有中央电台设有体育实况转播节目，然而，在"文革"中被破坏得支离破碎，偶尔搞转播，也严禁在解说中报告比分，说报比分是宣扬个人英雄主义和锦标主义，这两个主义是修正主义的产物。1978年虽然打倒了"四人帮"，但是，"极左"思潮的"只说比赛不报比分"的荒谬逻辑还没被纠正。在这种情况下，已经47岁的张之不退缩，勇敢而镇定地坐在了话筒前。虽然不能报道比分，但必须让听众从解说中听得出哪个队占有优势。于是，他以多年解说实践养成的敏锐和机智以及对冰球技术的了解，巧妙地运用情绪和流畅的语言，完成了这次难度极大的解说任务，满足了听众的要求。

  一晃30年过去了，张之先生已离开了人世。30年的改革开放大潮，使广播和电视事业有了蓬勃发展，体育频率（道）、体育节目遍地开花，一大批年轻的解说员从事着体育解说工作，中国体育报道的新气象和宏大的体育实况解

第七章 篮球运动传播的媒介呈现Ⅰ：篮球赛事解说

说员队伍，足以让九泉之下的张之先生感到欣慰了！

投笔从戎 献身广播

1948年，17岁的张之从北京市立二中到青岛的山东大学医学院求学，想当个医生为百姓治病、为国家尽一份心。但是，美国兵的胡作非为，国民党特务秘密逮捕同学，使他心里十分不满，心想：学了医能使这些让人无法忍受的现象消失吗？张之的心情十分沉重，可是不学医干什么好呢？当时，人民解放军和游击队在胶东一带非常活跃，张之听说后就约了几位同学坐马车离开青岛去了潍坊。一到解放区果然不一样，人人兴高采烈，老百姓做鞋送粮支援前线。当时，解放军在扩大部队培养干部，为南下解放全中国做准备，张之报了名，进入华东师大学习了三个月的政治课程后随军到了济南，分配到华东新华广播电台当播音员，他以高昂的情绪每天向国民党军政人员喊话。战事变化很快，张之随军渡江南下解放了大上海，并作为军管人员随部队接管了电台，担任华东、上海人民广播电台播音组副组长，负责播报新闻、讲社会发展史。

1949年10月1日中华人民共和国成立，北京在天安门前开群众庆祝大会，由于受技术条件的限制，无法向全国转播北京庆祝大会的实况。为了庆祝新中国的诞生，上海的造船厂、棉纺厂、炼钢厂、大中学生和市民组织大游行，上海电台领导决定，让张之进行群众游行现场的实况广播。为了完成任务，张之跑工厂、去学校、串弄堂，了解各游行队伍的情况，写了几十页的广播搞。那天，群众游行队伍沿着外滩和南京路行进，走的速度时快时慢，张之站在电台大楼顶上念的稿子同游行队伍对不上号，急得直冒汗。站在一旁的领导提醒张之不要急，不要慌，游行队伍同稿子同步就念稿，稿子同游行队伍对不上，就看着队伍行进的情况说，这使张之紧张的心情放松下来。看到游行队伍里人们高举彩旗、扭着秧歌、敲锣打鼓高兴的样子，张之就绘声绘色地现场介绍了起来。两个多小时的国庆游行转播结束了，张之像卸下了千斤重担。事后，一些市民反映，在家听广播时，听到播音员把游行说得好热闹，像"阿拉"也参加游行了！

大胆闯路 开创先河

1950年1月，苏联男子篮球队到上海访问，这是新中国成立后来访的第一个外国运动队。1月8日，苏联男子篮球队同上海学联队进行友谊比赛，引起了广大体育爱好者的好奇和兴趣。当时上海静安体育馆的看台只能容纳几

203

篮球运动传播

百人,所以,比赛几天的门票被一抢而空,没买到票的人仍然在体育馆外等退票。就在人们希望看比赛而买不到票进不了体育馆的时候,有人说:"请电台广播,建国游行电台不是广播了嘛,广播员看着比赛也可以广播介绍嘛!"这个提议得到了大家的拥护,于是,有人给上海电台打电话提出了这个建议。时任上海台副台长的苗立沈听到听众的建议认为不错,经过研究决定现场转播这场篮球赛。可是,找谁来做现场解说呢?他想到了进行过1949年国庆游行实况解说的张之。

解说篮球比赛同转播国庆游行不同,篮球比赛运动员跑动速度快,而且战术变化多,解说不仅要跟上比赛的快速节奏,还要把技战术介绍出来。领导交给的任务张之接受下来,可又犯了难。台领导看出张之有畏难情绪就鼓励他:"听说你上中学和大学是篮球队的,对篮球技术和比赛规则还是了解的嘛!现在,你除了播新闻,还播故事和广播剧,特别是转播了国庆节游行,你有能力进行这场篮球赛的实况解说。"

为了坚定张之完成转播篮球比赛的信心,上海电台又邀请电影演员陈述做搭档共同转播。那时陈述在邮局工作,爱游泳爱打球,知识广说话风趣,在电台客串主持"邮政信箱"节目,就是在播出前一小时,来电台拆看几封听众来信稍加准备,走进直播间回答问题,与如今的主持人节目很类似。

张之与陈述经过一天的准备,在体育馆开始解说中苏篮球比赛实况了。张之介绍两个队的技术特点、打法和战术运用,陈述介绍场上的气氛。在解说中,张之还运用评书的语言,把突破上篮说成"单枪匹马杀入重围",把勾手投篮说成"回头望月",把比分互相增长说成"犬牙交错"等等。比赛结果,苏联队赢了30分。

这次比赛的实况解说听众有什么反映呢?对此张之心里打着鼓。当他要离开体育馆的时候,工作人员告诉他,有一百多没有买到票的人站在体育馆门前听大喇叭广播,都说很好。第二天又有同事转告他,有许多家庭从收音机里听了比赛的解说,大家说,虽然没去现场,可是从收音机里传出的叫好声、掌声和广播员的介绍,像是看了比赛,好过瘾!几天后,上海台收到了一些听众的来信和电话,称赞电台转播的篮球赛好,听广播员的解说如同身临其境,希望电台要多转播。

这第一次体育比赛转播成功的消息很快传到北京,体育总会的荣高棠同志

第七章 篮球运动传播的媒介呈现Ⅰ：篮球赛事解说

听说后就同广播事业局联系，建议把张之借到北京解说全国篮球比赛。当年，张之就被借到北京。为了把解说搞好，他到北京队采访陈文彬（后为中国队教练），采访八一队的余邦基（后为八一队教练）等，了解各队的打法，队员身高、体重、技术特点和绝招，聘请了学篮球的于钢（后为北京体育学院副院长）做技术顾问，在北京先农坛体育场转播了三场比赛，得到了广大听众的好评。1951年，张之第二次被借到中央电台，在天津进行了全国四项球类比赛大会的实况解说，在听众中再一次引起轰动。贺龙元帅在这次比赛总结大会上说："过去有说书的，现在有个会说球的，说得很生动，大家喜欢听，他也是个专家。"

听众满意，中央领导同志称赞，使张之受到极大鼓舞。1953年，张之从上海电台调入中央电台，专职从事体育比赛实况解说和体育新闻采编报道。为了开创新中国体育实况解说之路，张之不断创新不断发展，为此付出了一生的心血。

苦练基本功　满足听众要求

1950年和1951年，张之两次被借到中央电台做比赛实况的转播解说，在张之完成第二次转播任务回上海前夕，中央广播事业局局长李强、副局长梅益及杨兆麟（后为中央电台台长）等领导同志为他饯行。梅益语重心长地说，这次许多听众对篮球比赛实况广播很感兴趣，希望你多做些研究和锻炼，使体育实况广播搞得更好。张之上学的时候就拜读过梅益翻译的《钢铁是怎样炼成的》，这本书对他投笔从戎有很大影响。现在，面对自己崇拜的领导提出的希望，他暗下决心，一定要闯出一条体育解说的路子来！

张之回到上海，除了完成日常播出任务，几乎把全部休息时间用在钻研体育解说上。为了锻炼头脑的反应能力和语言的流畅，他站在上海电台楼顶看着南京路上的车来人往和黄浦江上的船来船去加以解说，对人们的形态和周围的景色进行生动的描述。走在路上，看到几个人在交谈，或是看到一张宣传画，张之就停下脚步进行口头"写生"和"白描"。1953年他从上海台调到中央电台后，仍然早早起床到小树林或河边去练声；清晨到班早，趁着大家还没来，站在办公室窗前，解说长安街和礼士路上南来北往的行人和车流。为了在转播中准确地介绍双方运动员的技术特点，张之去火车站、飞机场或国家体委宴请外国运动队的宴会上进行采访。为了记住每一个外国运动员的长相、身高、技术特点，他经常骑一个多小时自行车到崇文门外的北京体育馆看训练；而且，能用英语或俄语采访外国队教练和运动员。由于熟悉了外国队员的特点及动作习惯，他胸有成竹地完成了一场场解说任务。

为了使大脑反应得更快，看到就能说，张之练顺口溜、学唱单弦。他特别爱听杨小楼的唱段《霸王别姬》和《连环套》，发现杨小楼的唱腔之所以铿锵有力，是他的"喷口"音有特点，道白念的字是喷出来的，落在桌子上能"钉"住。这嘴皮子上的功夫，正是解说员应该具备的。为了寻求吐字归音的方法，张之多次买座位偏后的票，看北京人艺的话剧，琢磨为什么演员们不借助话筒也能让各个角落的观众听到台词。他请教了几位演员后了解到，这是因为演员的吐字归音到位，丹田气用得好。于是，张之就苦练发声，注意用词的抑扬顿挫，学杨小楼的道白和北京京剧团赵燕侠的吐字归音，山东快书《武松打虎》他常说，西河大鼓《玲珑塔》也常唱。经过几天苦练，解说的速度快了，用的词汇丰富了，完全适应了几个小时气不衰嗓不哑的实况解说要求，形成了有张之特点的体育实况解说风格。

张之这种为了搞好体育解说而刻苦练功的作风，由我们后加入中央电台体育组工作的人继承了下来。比如，2008年中央电视台全方位对北京奥运会进行实况转播，特别邀请了张之的得意学生宋世雄参加解说。宋世雄虽然退休了，年近七十，但是，他在北京奥运会排球比赛的实况解说中，仍然像他当年跟随中国女排从第一次夺取冠军到"五连冠"进行的实况转播一样，语言流畅，思维敏捷，情绪高昂，熟练地点评技战术，这是他几十年如一日沿着张之开辟的路子走下来的结果。

汲取百家之长　充实解说"营养"

"准备不足绝不进行解说，没有把握，特别是违反政策或是有损运动员形象的绝对不说"，这是张之经常提醒我们的话。

每当台里下达转播任务，不论由谁去完成，都必须多次到运动队采访或看训练。回到广播大楼，主播人要反复背诵运动员名字、身高、技术特点、战绩等。转播的前一天或当天，体育组开会，主播人谈准备情况，大家帮助分析比赛中可能出现的问题和应付的办法，最后张之提出在转播中注意政策的把握和语言的运用，指派为主播人提供统计比赛技术资料的助手（后来发展到请专家做技术顾问）。午饭后，体育组的工作人员各带一包饼干或面包当晚饭，乘车

第七章 篮球运动传播的媒介呈现 I：篮球赛事解说

到体育馆或体育场，帮助技术人员拉电线、安机器，同广播大楼中央技术控制室进行试音，信号畅通后，封好机器等待比赛正式开始，遇有重大比赛转播，台长或副台长亲自坐镇指挥。从上世纪50年代到张之1991年离休，中央电台进行了一千多场次的单项和综合性运动会的实况转播，就是按这样的模式进行的。

怎样使解说吸引听众呢？这绝非以高调门、没话找话，甚至大呼小叫、乱评乱点能达到的，实况解说的成功是由政策的把握、思想的修养和深厚的语言功底铸成的。张之在这方面屡屡做得出色。

张之的业余爱好是打乒乓球和看书。在他家里，床头前餐桌上总放着正被看的书，古今中外的著名小说和诗词歌赋都是他的所爱。一次他翻看白居易的长诗《琵琶行》里一段弹琵琶的诗句："大弦嘈嘈如急雨，小弦切切如私语。嘈嘈切切错杂弹，大珠小珠落玉盘。"这是多么生动的描写啊！《琵琶行》里另一名句"银瓶乍破水浆迸，铁骑突出刀枪鸣"又是多么丰富的想象啊！为了学习生活语言，张之阅读了许多语言大师的作品，特别是老舍剧本里的台词，通俗、生动、简练，几句话能让观众知道这是什么人物，于是，只要演老舍写的话剧他必看。张之想，如果把白居易的白描手法用在解说中，学习老舍三言两语刻画人物的简练语言解说比赛，不是可以让听众加深对运动员的印象、感受比赛现场的气氛了吗？还能使听众边听边发挥想象力，在头脑里出现运动员的风貌和比赛现场的热烈场面。经过反复思考，张之向领导谈了想法，领导很支持张之的钻研精神，认为他的想法更能充分发挥广播"听"的特点。于是，在张之进行比赛实况转播中，他常用李白的诗句"一夫当关，万夫莫开"来形容足球守门员的严密防守，用李贺的"黑云压城城欲摧"形容一方围攻对方的危急场面，用陆游的"山重水复疑无路，柳暗花明又一村"形容比赛场上的战局变化等等。

为了把比赛中出现的各种精彩场面既简练又恰当地说清楚，张之大胆地借鉴古典小说《三国演义》《红楼梦》《水浒传》等的描述手法。比如对中国第一代足球运动员在比赛中的表现这样形容："中锋史万春用越过对方头顶的妙传，把球送到禁区空当，左边锋单刀直入飞步赶上抬腿猛射，球像炮弹出膛，对方守门员来不及补救，球已经飞进网窝。"把运动员不失时机冲进禁区形容为："他单枪匹马冲入重围，好像长坂坡前的赵子龙。"介绍举重运动员身材魁梧时说:"他有倒拔垂杨柳的劲头!"对乒乓球运动员发了球就连续进攻的形容是:"他一上阵,就使出了程咬金的三板斧!"……

　　张之还特别注意运用群众熟悉的现代生活来解说比赛。比如,一个足球后卫的头球好,说:"他有很好的防空本领。"形容两米多高的篮球中锋扣篮时说:"他像建筑工地上吊车作业,一转身把球扣进篮筐。"把乒乓球运动员发了一个旋转球解说为:"他发的球像一缕青烟飘到对方的球台上。"

　　经过十年的刻苦钻研和磨炼,到1961年北京举行第26届世界乒乓球赛时,张之的解说达到了巅峰。那次世界锦标赛,张之转播了八场,由于精心准备,他把采访来的素材"静观默察,烂熟于心",其中对中国男队第一次获得团体冠军的几名运动员形象的比喻,至今还留在许多中老年听众的记忆里。比如,当张燮林用直板擦着地把球削起来时说:"他像魔术师那样,用一个海底捞月把球救了起来,小白球像柳絮轻飘飘地落到了对方的台子上!"李富容用左推右攻的打法,每当侧身进攻脚要蹬地咚咚响,张之解说道:"李富容像一只下山的小老虎,攻出的球使对方很难招架。"徐寅生的表情总是不急不躁,打出的球让对方措手不及,张之说:"徐寅生是个智多星,打出的球让对方捉摸不定。"由于张之对运动员了如指掌,解说起来得心应手,特别是当比赛场上出现争夺场面的时候,他及时抓住加以解说。比如,作为经典的徐寅生智斗日本星野的十二大板,张之每数一板,观众的惊叫声像海浪似的起伏一次,使收音机前的听众揪着心。张之解说的十二大板以及把中国几名运动员比喻为"魔术师""小老虎""智多星",在听众中传诵多年,这就是毛主席听了转播后说的"不错,广播好紧张,让人听得心都快跳出来了"。

　　客观公正　适度倾向

　　张之说:"球赛解说不仅要学会使用形象化的语言,更要注意解说的真实性,因为它属于新闻性报道,不是文艺创作,事实是第一性的,不能信口开河。"张之说:"不能在准备不足的情况下去解说,更不能以个人好恶去评述,以及不顾影响地大喊大叫、歇斯底里发作。"对于张之的教诲和提醒,我们记在心里。记得张之给我上的第一课是:体育比赛虽然分胜负,本身没有政治性,但是,从事实况解说和体育新闻报道的人是代表国家电台工作,这本身是有政治性和引导性的。因此,解说员和体育记者、编辑必须抛弃个人的喜好厌恶,服从国家电台的宣传政策、口径和要求。在这个前提下,再充分发挥语言功力，搞好解说和采编工作。其实，张之的这个认识，是经历了深刻教训获得的。

早在1957年，张之转播中国队同印尼队进行世界杯足球赛亚洲预选赛的实况，中国队4比3获胜。编辑部收到四百多封听众来信，大多是表示祝贺的。一封战士的来信说："大家聚精会神听广播，煮熟的饺子坨了都不去吃，最后我们胜利了，广播员以最响亮的声音把胜利的消息传到四面八方。"可是有几位听众的信却批评解说员有大国沙文主义，明确指出，广播员应该冷静、慎重，不能搞纯客观报道，这不利于引导听众通过收听解说增强搞好同外国友谊的意识。听众怎么有这样的批评呢？原来这场比赛中，中国队的一名队员在争抢中撞倒了印尼队员，中国队员跑过去拉起对方，而对方却踢了中国队员一脚，现场观众嘘声四起，张之对这个插曲进行解说，还评论说这是"不道德的行为"。这几封听众来信的批评使张之受到很大震动。

1968年，中央台转播八一队同北京队的男篮比赛实况。由于张之喜欢八一队打法勇猛，作风顽强，投篮准确，又熟悉八一队一些队员的特点，因此在转播中对八一队说得既详细又兴奋，对北京队的介绍轻描淡写一带而过。第二天，台领导找张之传达周总理听了这场篮球赛转播后的意见："解说员在解说中有倾向性，解说要客观公正，不要偏袒某一方。"台领导让张之想一想，为什么会有倾向性，今后如何避免。

张之认真回忆并找到了这次有倾向性解说的原因是自己的政策修养差。他想，体育实况解说是电台广播节目的一部分，要为国家电台负责，不能看见什么说什么，如果不顾导向、不加选择、不客观公正地解说，会引导听众产生偏袒情绪，如果再将个人好恶掺杂在解说里，会偏离电台的要求，使体育解说降低到一般球迷的水平，影响国家电台的威信。

前后两次解说中的不足和教训，使张之增强了国家电台意识，认识了体育比赛解说属于新闻性范畴，第一要特别注意政策性和引导的影响力，第二才是语言技巧，这样解说才符合国家电台的宣传原则，满足听众的要求。经过反复讨论和研究，他提出了在解说中应注意的两种情况：一，只要是中国运动员之间或外国运动员之间的比赛，就要客观公正、不偏不倚；二，有中国运动员同外国运动员之间的比赛，要"客观公正、适度倾向"。"适度倾向"是指对中国运动员在比赛中表现出来的顽强精神或发挥的高超技术，解说时情绪可以活跃些但不能贬低外国运动员，要自始至终保持通过比赛增进友谊的解说基调。

对于怎样掌握体育比赛解说的原则和尺度，中央台和广播局领导也在研究，最后同意上报的解说原则是"客观公正，适度倾向"。这个原则成为张之和中央台几代解说员在解说中的准则。

鞠躬尽瘁　普通一兵

张之在1961年第26届世界乒乓球锦标赛上的解说达到了巅峰。正当他认真总结从1950年1月8日进行的第一场篮球比赛实况解说以来的经验，准备攀登解说新高峰的时候，"文革"开始了，体育界陷入瘫痪，电台也撤销了体育实况解说和《体育节目》，只保留对个别外国队来访进行的极少量的转播，而且解说中不准报比分。没有了体育竞赛也就没有了体育实况解说，张之转做工业编辑和记者工作。1976年唐山大地震，张之一家躲进水泥大管子里避难，由于得不到休息又受雨淋风寒的侵袭，张之先患上了高血压，不久又得了脑血栓，语言功能开始发生障碍。到粉碎"四人帮"后的1980年，中央台的《体育节目》和比赛实况转播又恢复了，张之又回到体育组主持工作。1985年，中国乒乓球队参加第38届世界锦标赛，张之被派去进行转播和采访报道，但是，他只解说了中国的陈新华大战瑞典的瓦尔德内尔最后一局比赛的实况，之后就已经无力再承担长时间的比赛解说了。

张之患了脑血栓，好在以宋世雄为代表的年青一代顶了上来，张之坦然地从解说岗位上退下来让给了后来人。那时，他把自己做过的名震全国的解说事业抛在脑后，像是从来没有过过轰轰烈烈的日子。他和年轻人一样，按时上班提着暖壶去打水，把年轻编辑看作兄弟，一起研究稿子交流情况。张之不摆名人架子，不以老资格自居，尊重小他十多岁的领导，和大家一样，编辑工业通讯稿，回复听众来信，深入工矿企业采访，表现了一个老共产党员的品质和胸怀。

随着电视的迅速发展，张之曾经被中央电视台借过去将近一年，帮助进行电视体育节目的编辑工作。重回中央电台后，他开始思考电视体育实况解说问题。他认为，电视的体育比赛转播比广播有更大的优越性，因为观众从画面上看到了运动员的各种表现，直接感受了比赛现场的气氛。特别是广播对体操、跳水、技巧、花样游泳、射击、自行车等一些项目的转播很困难，电视却不存在这些困难，还能用特技将运动员的动作放大送到观众面前。当然，这也对电视转播解说提出了更高的要求，也就是观众看不到或看不明白的要解说，看得到看得明白的就不说，如果解说了，不仅是多余的，也干扰了观众的观看。因此，解说员的功夫要放在观众从画面上看不到的背景材料和评论上。当时，张之虽然受脑血栓的影响语言出现障碍，但他不顾病况，把精力放在电视转播解说的改革上，同时还进行了探索性的电视解说试验，在为中美篮球赛、中罗足球赛的电视解说中，采取少叙述、画龙点睛式的评论和结合比赛进程为观众提供背景材料等解说方式，这种电视体育转播的解说方式获得了台内外的一致认可和好评。正当张之深入地研究电视体育解说规律的时候，脑栓塞使他完全丧失了语言能力，不得不放弃研究全力与病魔进行搏斗，不得已离开了他热爱并为之奋斗一生的解说岗位。1991年张之正式离休。

1991年2月26日，中央台和中国体育记者协会联合举办了"纪念张之从事体育实况转播40周年"座谈会，时任中央台台长杨正泉、副台长张振东，国家体委宣传司长吾如仪、中国体协执行主席王鼎华、中国奥委会副主席吴重远、体育新闻界负责人王训生，体育界知名人士郑凤荣、年维泗以及张之的得意学生、著名体育解说员宋世雄等100多人出席了座谈会。大家纷纷发言说，张之从1950年1月8日在上海进行新中国成立后第一场体育比赛实况解说开始，直到离休，总共进行了300多场国内外体育比赛的实况解说。40年来，他解放思想，破除迷信，敢于做前人没有做过的事情，敢于在没有路的荒野上踏出一条路来，对解说精益求精、钻研得深些再深些，为新中国的体育解说事业打下了基础。他创造的广播体育解说形式，丰富了广播内容，满足了广大听众的需求，极大地促进了体育事业的发展，受到毛泽东、周恩来、邓小平、贺龙等老一辈革命家的赞扬。张之是改革开放后有业务职称的第一批高级记者，同时获得国务院颁发的突出贡献奖，以及中国广播电视学会的"金话筒奖"和中国体育播音"特殊贡献奖"。当他受到病痛困扰，语言功能出现障碍不能再进行解说工作的时候，愉快地为年轻解说员让路，甘当一个普通编辑，这种不居功、不骄傲、谦虚谨慎、兢兢业业，把一切献给祖国的工作精神是后来人学习的榜样和宝贵的财富。

追忆老师教诲　发扬张之精神

我和中央台老体育组的几位同事一样，是上世纪50年代初收听了张之先生的体育解说后，从认识广播到热爱广播，最终有幸在张之先生的教诲下从事体育报道工作的。

那是1951年，我在沈阳一个工厂工作，有一次偶然从矿石收音机里听到广播员说球，我紧捂耳机听着广播，眼前就像看到篮球比赛似的。这让我很新奇，广播里怎么有人能说球？东打听西打听，原来是辽宁电台转播中央台在天津进行的比赛实况，从此我迷上了广播。过了两年，领导调我做厂工会宣传工作，负责广播站、厂板报、工人篮球队和业余文工团的工作。由于我对广播产生了极大兴趣，把车间里的生产消息和工人中的好人好事写成稿自己到广播站向全厂广播；厂里组织篮球比赛，我大胆地把广播站的话筒拉出来在现场说上一通。通过日积月累，加上经常给电台和报社投稿，又参加了几次省市电台举办的报道员培训班，因而更加热爱广播。1959年我到北京广播学院新闻专业学习，在四年学习毕业和实习后，终于有缘在张之先生领导下的中央台体育组工作。

我在实习和工作期间，目睹了张之先生的热情待人和一丝不苟的工作作风，他和我的第一次谈话至今仍留在耳边。张之先生说："我们宣传了党的方针政策使听众受到鼓舞，这个岗位很光荣，责任也重大，所以不能有差错，特别是不允许出现政策性的差错，如果出了差错会给党和国家的事业造成影响，所以，对待工作要认认真真、踏踏实实。"张之先生又说："我们搞体育报道，不是简单地宣传运动员拿锦标夺冠军，要宣传运动员胜不骄、败不馁的作风，让听众从中得到启发去搞好工作和学习。还有一点要记住，我们报道体育和搞实况解说的目的是动员群众积极锻炼身体、增强体质、建设国家、保卫国家，这是我们的宣传方针。"张之先生还把毛泽东早年间的文章《体育之研究》和毛泽东、刘少奇、周恩来、朱德等老革命家为发展新中国体育事业的题词给我学习，多次提醒我要摆正个人和国家电台的关系，不能在体育报道和实况解说中词不达意、想当然、乱分析，绝不允许把话筒当成表现个人好恶的工具。

张之先生的教诲使我照着他那样，字要写得工整，标点符号要清楚，注意改掉东北口音说好普通话，以"笨鸟先飞"的态度，做好指派的各项工作。同时，学习宋世雄那样不怕苦、不怕累下基层去采访渔民及工人。我们到河北怀来采访民兵活动，跟随北京28中学生军事拉练日行80里。就这样，在张之先生的帮助引导下，我在广播体育宣传岗位上一直干到2002年（其中返聘5年）退休。

我写这篇文章，一是为了纪念张之先生逝世8周年；二是希望张之先生开拓的新中国广播体育比赛实况解说原则、他对工作精益求精的执着以及他解放思想、敢做前人不敢做的事情的创新精神和刻苦钻研的学习精神，能一代一代传承下去。这是他的理想，也是我们这些从事了一生体育报道和体育比赛解说人的殷切希望，更是广大观众和听众的要求。

二、宋世雄

宋世雄是著名体育评论员张之的学生，继张之之后，开启了中国体育解说与评论的一个全新的时代。

宋世雄1939年出生于河北省乐亭县，同年跟随父母来到北京。1960年宋世雄开始从事广播电视体育评论工作，先后转播了1984年洛杉矶奥运会、1988年汉城（首尔）奥运会、1992年巴塞罗那奥运会、1996年亚特兰大奥运会、2000年悉尼奥运会、2004年雅典奥运会和2008年北京奥运会，2000年退休。

除了参加奥运会、亚运会等综合性的体育赛事转播之外，宋世雄还在单项体育赛事的转播方面取得了一定成绩，主要的报道领域有篮球、乒乓球、羽毛球、网球、冰球、田径、游泳、体重、体操、举重、武术等。他于1978年第一次通过卫星转播了在阿根廷举行的第11届世界杯足球赛，此后又相继转播了在西班牙、墨西哥、意大利、美国举行的第12到第15届世界杯足球赛。在排球比赛的解说方面，宋世雄于1981年、1982年、1984年、1985年和1986年报道了中国国家女子排球队获得五连冠时的盛况，给亿万国人留下了深刻的印象。

宋世雄的播音风格高亢、富有激情，充分展现了他渊博的体育知识、扎实的播音功底、精湛的播音技艺和敏捷的临场应变能力。

宋世雄口若悬河的解说给受众带来了真实的现场感和参与感，使受众有身临其境之感。他所开创的体育评论风格在国内外享有盛誉。1995年，宋世雄被美国广播电视体育节目主持人协会评为"最佳国际广播电视体育节目主持人"，他是第一位获此殊荣的中国人。除此之外，宋世雄连续当选第六届、第七届、第八届全国人大代表，担任中央电视台播音指导、中国广播电视节目主持人研究会副会长、中国传媒大学兼职教授。曾获得1995年第二届"全国播音员主持人金话筒奖"评选活动的"特殊贡献奖"。2006年获得"中国电视主持人25年杰出贡献大奖"。

从业40年，宋世雄撰写了《当好体育爱好者的耳目》《我怎样转播体育比赛实况》《在体育比赛实况转播中为什么能解说那么快》等论文，在从事体育赛事解说评论工作的同时，进行了大量的理论研究，为我国体育传播事业的发展做出了突出的贡献。

【附宋世雄文章一篇】

当好体育爱好者的耳目

1979年12月11日下午，在香港伊丽莎白青年馆，我们几个广播、电视记者、导演、技术员正在紧张地忙碌着，第二届亚洲女子排球锦标赛中国队同日本队比赛的实况转播还有半个小时就要开始了。通信卫星的广播线路传来了北京战友们的亲切声音："辛苦了，向你们表示问候。今天收听转播的人很多，预祝转播成功。"响亮的声音，驱散了转播前的紧张；真挚的问候，带来了温暖和力量，仿佛同志们就在自己的身边，千万个听众就在我的眼前。我利用转播前最后一点时间，再背诵一遍运动员的名单、号码，又把两个队的技术、战术特点，双方历年来的比赛成绩，友好交往的生动情景，运动员刻苦训练的感人事迹，以及排球运动知识等资料放在面前。卫星线路传来了广播电台技术员从北京发出的呼叫："还有三十秒，二十秒，十秒，开始！""中央人民广播电台！中央人民广播电台！各位听众，我们是在香港九龙伊丽莎白青年馆向大家播音，转播第二届亚洲女子排球锦标赛，中国女子排球队同日本女子排球队比赛的实况……"

一场紧张的体育转播就这样开始了。

第七章 篮球运动传播的媒介呈现Ⅰ：篮球赛事解说

长期磨炼

体育比赛，瞬息万变，播音员要在快速、多变的情况下，把比赛场上的实况用优美的语言，迅速、准确而生动地转播给观众、听众，这是一项过硬的基本功。这个基本功，需要在漫长的生活旅程中一点一点地熏陶、培养和磨炼。我从14岁起，就喜爱听体育实况转播。当时，我被老播音员张之同志那轻快流畅、有述有评的播音技巧迷住了，我记录着他广播时的词汇，模仿着他的声调和语气。那时我才是初中二年级的学生，但在足球场上，我已经成了一个"小球迷"。由于少年的好奇心，我把驰骋球场上一些名将的名字记得一清二楚。比赛看得多，连他们的动作也熟悉了。后来，我当了体育播音员。1961年4月，在第二十六届世界乒乓球锦标赛的球场上，我第一次参加播音。在不断的实践中，我学会了不光由高矮胖瘦来识别运动员，而且注意细致地观看每个队员的特殊习惯动作。比如，著名足球运动员容志行跑向角旗罚角球时，习惯用一只手在脸上胡噜一下，像是擦擦汗，又像是叮嘱自己要沉着、冷静。篮球前锋邢伟宁当对方把球投中以后，在篮下经常晃一晃头，把掉下来的头发甩上去，好像是说："怎么让他投进了。"女排主攻手张蓉芳扣了好球总要咬一咬嘴唇，像是自言自语："就这么打"……掌握了这些，即使是在雨天，运动员身上滚了泥巴，或者是在灯光暗淡的夜晚看不清号码，或是在队员密集球门前的一刹那，都能比较准确地认出他（她）是谁。

把队员认出来，还得把他的动作说出来，这就是我们通常说的"记忆加表达"。记忆靠多看，表达靠多练。我喜欢笔头作文，更喜欢口述、演讲和口头作文等活动。尤其是口头作文，它同体育转播一样，是即席的。它促使我思维活动十分紧张。我有时看一幅画，读一首诗，练习做些口头作文。有时又站在街头路口，观望四方。我看看周围的环境，穿梭的车辆、来往的行人，选材、构思，最后通过口语表达出来。这是一种逻辑思维能力的培养，也是一种分析问题能力的训练。

体育播音员把运动员记住了，把场上的情况说清楚了，这还不行。还要说得快。这是对体育转播表达技巧的特殊要求。要想说得快，就必须要熟。在比赛场内边看边说是一种方法。在比赛场外，把平时转播经常使用的术语都背下来，也是一种比较有效的练习手段。一些经常使用的术语，场下倒背如流，场上就能运用自如，就能够熟练而有条理地表达多变的比赛情况。

话一说快了，嘴就容易"拌蒜"，播音员就要在平日里念念"绕口令"，唱唱单弦。也可以根据自己的艺术爱好，选择多种多样的锻炼方法，练习吐字发声，严格掌握轻重缓急、抑扬顿挫。

我喜爱京剧，言菊朋的吐字准确，谭富英的抑扬顿挫，梅兰芳的委婉大方，程砚秋的柔里有刚，裘盛戎的韵味浓郁，这对我掌握转播技巧都很有帮助。从他们精湛的表演艺术中，我明白了什么情况下采用什么声音、什么感情、什么语调。比如裘盛戎在《赵氏孤儿》中演唱的那段汉调"我魏绛闻此言，如梦方醒。却原来这内中还有隐情……"裘盛戎在唱到"隐情"二字时，故意拉慢，加重语气，成功地表达了事物的复杂变化，听了耐人寻味。后来我把裘盛戎那种演唱变化幅度比较大的技巧，用在我们转播的解说上，在足球转播中说到"射门！球——进了"或讲到"三比零"时，都采用了放慢节奏、烘托气势的方法。

做运动员的忠实朋友

要把体育实况转播好，它要求体育播音员长期徘徊在运动场上，生活在体育健儿之列，做运动员的忠实朋友。1978年，在曼谷举行的第八届亚运会上，电视通过卫星向全国转播了中国、日本女子排球比赛实况。为了准备这场转播，我同中国女子排球队的姑娘们朝夕相处，我看她们练球，找她们谈心，知道了谁是恬静文雅的队员，哪个又是幽默执拗的选手。但仅仅了解简单的人物性格还不够，广大听众、观众更需要的是有血有肉、鲜活生动的人物形象。要做到这一点，播音员必须熟悉运动员的心理脉搏，不但要访问她们，要记、要看，而且还要细心地观察她们的生活。在我同运动员们朝夕相处的一段日子里，一次，一个激动人心的场面使我落了泪。

那是在中、日女排比赛前的一天下午，在中国运动员房间里，队员们正抓紧时间进行身体训练和治疗。18岁的郎平为了提高身体机能，增强腿部力量，躺在地毯上，让医生站在她的腿上踩来踩去。郎平疼得掉下眼泪，咬破了嘴唇，但她没有喊叫一声。一分钟、两分钟、三分钟……她坚持着，顽强地坚持着。她知道"疼"和"苦"是提高身体素质、攀登高峰的必经之路。我问她："这时候，你在想些什么？"她果断地告诉我："敢打、敢拼，还得敢赢。"一种埋藏在感情深处的东西，终于被眼前生动的事件触发了。这是多么可敬的小将啊！从她们身上不正可以看出新中国运动员刚毅而稳重的气质、机敏而豪爽的个性吗？我在转播中向听众、观众介绍说："亲爱的听众，当你看到了运动员的精彩表演，可曾想到，她们是付出了多少代价啊！年轻的小将郎平为了提高身体机能，让医生站在她的腿上，她流着泪，忍着疼，不喊一声……她这样对我说：'我是个新队员，我要接受严格的考验，接受最艰苦的训练，绝不能被困难吓倒。'"讲到这，我再也抑制不住内心的激动，我的声音是颤抖的、真挚的，几乎是一个字一个字从嘴里蹦出来的。

我懂得了什么叫"用汗水换取胜利"，也看清了谁是可爱的人，这就是深入生活的收获，这正是周总理生前讲到的"长期积累，偶然得之"。深入生活，有了深刻的感受，就觉得有话要说，有先进人物要支持。

在实况转播中，选择一些具有特色的题材和独特个性的人物，通过自己的构思，用生动的语言表达出来，才能使人听了之后，像是展读一部文艺作品一样，受到艺术感染。

体育场上的"导游者"

体育，包罗万象，高难技术和新的战术气象万千。一个体育播音员单单知道一点竞赛规则和一般的技术、战术，做古老、陈旧的公式化的报道，是不能满足听众、观众的要求的。它需要播音员具备丰富的体育知识，还要有形象化的表达能力。1978年10月，在中国青年杯足球赛期间，我同上海足球队的教练坐在一节车厢里从南京返回上海，他给我上的那堂生动的"旅途足球课"打开了我新的视野。他告诉我，一讲到足球比赛，人们都会提到中锋精彩的射门、守门轻巧的扑救，而把足球场上重要的传、接球抛在一旁。可是，在一场比赛中，有百分之八十的时间是在传球和接球。运动员把传、接球比喻为足球场上的语言。"足球场上的语言"，说得多么形象啊！的确，在激烈的足球比赛中，队员是没办法用语言表达自己的思维和意识的，那么他们靠什么进行思想交流呢？靠传球、接球。比如，头脑清楚的控制球的队员把球传到了左边，就等于是告诉同队接球的人"快，往左边跑，那里没人防守，从那发起进攻最合适"。以后，我在转播中，介绍运动员打什么位置，有什么特点，报道体育战术，介绍体育项目等等，尽量注意做到形象化。

热情的观众来信告诉我，虽然在电视屏幕上看到了扣人心弦的比赛，但是还希望听到播音员准确而有内容的解说。

1978年，在西半球阿根廷举行的第十一届世界杯足球赛，牵动着亿万体育爱好者的心弦。广播、电视通过通信卫星录制了比赛实况，把这一高水平的足球盛会展示在人们的面前。解说的配制，是6月26日凌晨一点在画面传送的同时在北京一次完成的。因为我们没有到阿根廷比赛现场采访，这给解说工作带来很多困难。为了完成任务，我在解说词配制之前，在有关部门的大力协助下，翻阅了国外的许多报纸、资料，搜集了阿根廷队、荷兰队、意大利队、西德队的名单、号码，每个运动员的身高、年龄、特点和他们的照片，反复地背，细心地记，尽可能把运动员对准、认清、记熟。

我在熟悉每个队员的同时，还比较详细地研究了这几个队的技术、战术特点，分析了各队的实力，掌握他们在历届比赛中的成绩以及世界杯比赛的有趣镜头。有了这些必要的准备，仍不能反映这次盛会的特点。足球迷们还想知道谁夺得桂冠，更想欣赏世界最高水平的足球艺术。这时候，播音员就需要按照群众的脉搏及时回答人们所关心的问题。体育播音员所扮演的角色应该是一位出色的向导，把成千上万的"旅游者"带到欢乐的"足球世界"。

丢掉"糊涂的影子"

体育转播解说是语言的艺术，它要求播音员精密地、准确地、合乎逻辑地使用语言，明明白白地叙述一件事情，清清楚楚地表明一个观点。鲁迅在《二心集》中写道："倘若永远用着胡涂话，即使读的时候，滔滔而下，但归根结蒂所得的还是一个胡涂的影子。"作为一个体育播音员最忌的是说糊涂话，最怕的是给听众、观众留下糊涂的影子。9年前的春节，我在转播乒乓球表演赛实况时，追求"漂亮"的辞藻，使用了"流星""闪电""精湛的球艺"等不符合实际的形容词，把观众引进了迷魂阵。转播的失败，教育了我，绝对不能哗众取宠，矫揉造作，更不能炫弄"学问"，自我陶醉。转播的语言要准确、简练和生动。要做到这一点，必须下一番功夫，阅读大量的古今中外的优秀作品，开阔视野，丰富知识，积累词汇。

20年前，我刚学体育转播时，我的老师张之同志就告诉我，阅读是掌握语言的基础，并给我安排了丰富的阅读课目。确实，阅读可以不断纯化自己的语言，增强对语言的敏感性，提高鉴别和运用语言的能力。我读了《三国演义》中的"温酒斩华雄"就很受启发。这篇短文描写的是各路诸侯联合讨伐董卓取得首次胜利的情景，战斗场面不大，但写得扣人心弦。全篇虽然不到600字，但刻画了不同的人物性格。在读者面前，华雄的骁勇、诸侯的惊恐、敌对双方的阵势、诸侯联军内部错综复杂的矛盾等等，无不历历在目。超群不凡的关羽、精明的政治家曹操、性格爽朗的张飞、满脑子偏见的袁术等，无不栩栩如生。阅读之后，使我感到作者的每句话都经过精心的锤炼，没有浪费片言只语，在运用语言方面足以作为学习的楷模。

口语化，是体育转播语言风格中最突出的特点。用口语描绘出视觉形象，是广播、电视体育播音员的基本功。语言大师老舍在谈到语言风格时，曾经这样说过："我还始终保持我的'俗'与'白'。对于修辞，我总是第一要清楚，而后再说别的。"这是老舍坚持了一生的主张，我想也应该作为我自己一生中实践的指南。老舍用口语来刻画人物、用人物自己的话来表达人物感情的语言艺术，是我们体育播音员应该认真学习的。

集体劳动的结晶

做一个体育播音员需要经验的积累和才能的磨炼，更需要有一颗火热的心和一个冷静的头脑。常年的工作使我养成了一种习惯，一见到运动场上的话筒，就感到兴奋。这就好像是足球运动员见到足球场上绿茵茵的草坪，闻到阵阵清香，游泳运动员看到了碧波荡漾的水面，心里真有一种说不出来的甜美。体育转播的解说并不是一件轻松的工作。不用说事先要做大量的采访准备，转播时思想上又不能有一丝一毫的走神，几个小时不停地说，说得口干舌燥，就是每次晚上转播完了以后，由于神经高度紧张，几个小时之内，是不能入睡的，一闭上眼睛，脑子里就闪现出激烈的比赛场面。是什么力量鼓起我战斗的勇气呢？是祖国的信任，人民的重托。体育转播凝结着我对祖国炽热的心情，连接着我和千万个听众、观众的心。

在广播、电视里和大家见面的是几个播音员，但在我们身旁却有许许多多的导演、编辑、记者和技术员，他们兢兢业业地为转播工作发挥了自己的作用。他们为我提供了大量的技术数据、采访了现场的精彩镜头，我从战友那里得到了充足的"能源"。

当我感到困难的时候，党给了我无微不至的关怀。领导上为体育转播工作提供了各种条件，给我们订阅了内容丰富的国内外报刊、资料，尽量安排播音员深入生活、观摩和学习。

一封封从祖国各地的热情洋溢的来信，鼓舞着我的斗志，增添了我的智慧和力量。是啊，只有靠党、靠集体的力量，才能使自己镇定、安详；只有靠人民的智慧,才能担当起人民的"耳目"。我每次离开运动场上的话筒,就像一个蹩脚的学生离开考场一样,等待着老师弥补自己在生活经验方面的缺陷。人民是我们事业的坚强后盾。

三、孙正平

孙正平,北京人,祖籍吉林省。1951年2月28日出生,1973年考入山西大学体育系,1981年3月调入中央电视台担任体育播音员至今。孙正平是继张之和宋世雄之后的我国第三代体育赛事解说队伍的领军人物,在2008年北京第29届奥运会举行之际,他依托中央电视台体育频道的频道资源优势,联合全国各省市电视台的体育转播力量,组建了我国体育主持人和解说员的专业队伍。

孙正平凭借转播美国职业篮球联赛为广大篮球迷所熟悉,中国篮球名宿钱澄海曾经将孙正平和张卫平这两名著名篮球解说员戏称为"二平",这两人一起搭档15年,以播音员的身份亲历中国篮球的成长过程,是历史的见证者。

自1981年以来,孙正平参加了洛杉矶、汉城(首尔)、巴塞罗那、亚特兰大、悉尼、雅典和北京7届奥运会的赛事转播和报道,他主持的奥运会开幕式和闭幕式气势恢宏、荡气回肠,给广大电视观众留下了深刻的印象,被人们亲切地称为"孙开闭"。此外,孙正平还参加了1982年以来的第9届到第14届亚运会的报道,连续参加了1982年、1986年、1990年、1994年和1998年5届世界杯足球赛的转播工作,是现在中国主持人参与大型赛事解说最多的解说员。除此之外,他还参与转播了足球、篮球、排球、乒乓球、羽毛球、体操、田径、跳水、游泳等项目的体育赛事。

孙正平的解说风格沉稳严谨,成熟大气,充分展现了他扎实的体育知识功底和播音技艺。随着时代的变迁,孙正平在解说和主持的过程中坚持与时俱进,不断完善与改进自己的解说与评论,力求做到让受众满意。《声涯》是孙正平的自传,讲述了他的成长故事,特别是介绍了在1981年进入央视后各种鲜为人知的故事。作为央视最资深的体育播音员,孙正平见证了中国体育界的兴衰成败,尝试着通过自己的文字去记录那段难忘的岁月。

孙正平从业期间,曾获得2008年中国播音主持金话筒奖、2004年和2008

年度中央电视台甲等级双十佳主持人、2010年度中央电视台乙等级双十佳主持人,曾担任中央电视台主任播音员、体育部专题组组长和体育中心播音组组长。

【附关于孙正平的文章一篇】

孙正平成为开幕式解说第一候选人

李樱

"这将是中国历史上最强的电视评论员团队。我们将为亿万观众奉上最精彩的奥运解说。"作为这支"解说国家队"的队长,孙正平说这话时,手上拿着一份历经一年多的选拔、经过各方反复斟酌的北京奥运会解说员和嘉宾顾问的名单。这是中国电视史上第一支为奥运会比赛量身打造的、专人专项负责的解说团队。他们将在第一时间深入到第一现场,承担起奥运赛事报道中解说的任务。历史的重担和机遇落在了这些百里挑一的人选身上,面对北京奥运将创下前所未有的高收视率,这些幸运者在距离北京奥运会还有100多天的时候,就进入了最后的"备战"阶段。

近50人的大名单:央视名嘴+地方主持人+世界冠军

27位央视现役及退役名嘴、6位地方优秀解说播音员、16位世界冠军及权威顾问,组成了这份近50人的大名单。"名单上的近50人,从现在开始到奥运会结束,都将深入到第一线。"听着孙正平的话,再对照名单上的人员,发觉这些人的声音和身影早已频繁出现于"好运北京"以及近来世界大赛的赛场,比如乒乓球世界冠军杨影、游泳奥运冠军钱红、击剑队的常青藤叶冲……是练兵,也是检验;还有像宋世雄老师这样的,以一场世乒赛的精彩解说就足以证明自己宝刀未老;当然,已经在各自的项目领域聚集了极高人气的央视及地方名嘴们、专家顾问们,自然也不会被遗漏,如段暄、金宝成、张卫平等。

"奥运会的第一线",就意味着解说员要进入比赛现场,但即便是东道主,这个名额也是有严格限制的。"有很多优秀解说员没有进入这份名单,但我们尽可能给予更多人参与的机会",孙正平介绍,"由6名地方台解说播音员组成了一支'后备军',一旦赛场出现项目调整或意外情况,他们随时能够支援前方。"孙正平称,这是在圆梦,圆一批体育工作者参与奥运会的梦。

开幕式及28个大项分配:开幕式零失误　热门足篮排至少3人护航

尽管孙正平即将成为奥运会解说的七朝元老,但谈到有可能解说开幕式,他还是激动中透露了一股自信:"开幕式解说和项目解说完全不同,首先要做到的就是零失误,然后用体育的语言展现出一种大气磅礴,一种大国风范。"他认为自己的优势在于,对大局的掌控能力和对政策的把握。能胜任开幕式解说者,除了具备长期的经验,案头工作也必不可少。"所有的环节必须了然于胸,如果东道主的解说比国外的还简单,这不是闹笑话了。"孙正平打趣道。

谈到28个项目的具体分配,孙正平强调:"在中国队冲金夺银、百姓喜闻乐见的项目,我们会投入重兵。"像足、篮、排球这样赛时长又热门的项目,将安排不少于3名的解说员。至于一些冷门、赛时短的项目,由于转播场次有限,人员投入相对较少。

在北京奥运会上,我们的解说员不再像以往那样一人身兼七八个项目,而是全面撒网,被派到各个赛场,一些重点的项目还可能在现场评论席上设演播室,嘉宾、评论员、主持人坐到一起的全新报道形式可能出现,所以绝对不能"空岗"。"大多数解说员主攻2个项目,一些负责冷门项目的解说员可能身兼3个项目",孙正平介绍了"排兵布阵","请宋老师出山解说乒乓球和女排,希望能激起中年以上体育迷的共鸣,何况他是女排五连冠的见证者,当之无愧胜任此职"。不过考虑到宋世雄老师69岁的高龄,只安排他解说这两个项目的部分重要场次。

另外,在国际广播中心(IBC)的后备军团也有自己主攻的项目,一方面要为前方提供资料,另一方面随时待命,为前方出现的各种"空当"补缺。

竞争选拔机制:1年选拔＋17天考验＋赛后评选

这场涉及全国、声势浩大的广播电视解说播音员的选拔历时一年。参选者将把自己最优秀的作品和最擅长的才华展现给专家评委,胜出者被分配到量身定做的项目上,可以说,每个项目上出现的解说员都是该项目的佼佼者。"我们就是要避免以往解说员由于'万金油'的角色而造成的'说不到位'的现象",孙正平信心十足,"比起以往不到一个月的准备时间,现在还有100多天,解说员们集中精力主攻他们原本就驾轻就熟的项目,应该有理由相信他们能出色地完成解说工作"。

第七章　篮球运动传播的媒介呈现Ⅰ：篮球赛事解说

为了北京奥运会的 17 天不留遗憾，为了在解说岗位上不被淘汰，他们已经行动起来了，深入各个运动队，收集项目资料，与嘉宾顾问经常通话，借各种大赛实战，就连宋世雄这样资深的解说员，也丝毫不松懈，他表示："要采访诸如郎平等人，给大家带来更多的独家报道。"据悉，奥运会结束后，还将根据受众的反馈意见，对所有的奥运会解说员进行评选。

【来源：中国知网】

四、韩乔生

作为当代的体育赛事解说员，韩乔生至今仍然活跃在体育赛事报道的一线，现在其主要解说的项目是游泳和拳击。韩乔生出生于 1957 年 10 月 11 日，曾担任北京人民广播电台体育解说员，1984 年至今在中央电视台担任体育播音、主持和评论工作。1987 年广州第六届全国运动会期间第一次作为主持人出现在中央电视台的屏幕上，参与了自 1986 年以来的历届奥运会、亚运会、世界杯足球赛等重大赛事的报道和转播。

韩乔生的主持风格幽默诙谐，在他的解说和报道中，善于旁征博引，为观众提供了与比赛相关的各种信息，力求在对赛事进行转播的同时，向受众介绍相关体育运动项目的人文背景，注重引导受众向更加深远的人文素养和体育精神层面进行关注。

【附韩乔生文章一篇】

伊拉克人民战争的汪洋大海

球被"裁判员"从球门里扑了出来他们都没有气馁，土库曼斯坦队终于葬身于人民战争的汪洋大海之中。

这十多年战乱不断，真的就没怎么消停的伊拉克，这次他们在手中没有任何大规模杀伤性武器的情况下，靠"两把菜刀闹革命"，昨晚以"3 比 2 击败土库曼斯坦队"，出线前景一片光明。

来自于战乱国度的伊拉克球员有着高昂的斗志和充沛的体能。强烈的爱国热情和民族荣誉感驱使着这支球队的每一个人，从而使得整个球队的战斗力远大于十一个一加一。在与同样具有欧洲风格影子的土库曼斯坦队的交锋中，倔强而顽强的伊拉克人把他们的五星级的意志、四星级的体能和三星级的技术完美地结合起来，产生了强大的合力，一轮轮冲击波搅得土队门前风声鹤唳。虽然土队门将也曾经几次手忙脚乱地"用后腿儿把球挡出去"，但他们人人射门，全民皆"攻"，两次利用对方门将防守中前后腿下落的时间差，把球从守门员的前腿儿下方打进去。

在这以后他们也曾因比赛经验不足，而被对方扳成二平，"球又被'裁判员'从球门里扑了出来"，重新放回到中圈里，但他们并不气馁，只见他们掩埋好阵亡的同伴，擦干了身上的血迹，集结兵力发起了新一轮的冲锋，使土库曼斯坦队陷入了一场伊拉克"人民战争"的汪洋大海之中，并终于在最后关键时刻打进致胜一球，取得最后的胜利。

当硝烟逐渐散尽的时候，人们不得不佩服这群来自古巴比伦最后的武士，并有理由相信，他们还将走得更远。

五、杨毅

1977年11月生于北京，毕业于上海体育学院体育新闻系，现任《体坛周报》副总编、篮球部主任，《篮球先锋报》副总编辑，并担任中央电视台篮球解说顾问。杨毅是唯一一个曾经全部亲自报道我国三大中锋王治郅、巴特尔和姚明进入美国职业篮球联赛新闻的记者，也是第一个陪伴姚明在休斯敦开始美国职业篮球联赛征程的记者。

杨毅的篮球采访经历丰富，他采访过三届全运会，分别是1997年上海全国运动会、2001年广东全国运动会和2005年江苏全国运动会；三届夏季奥运会，分别是2000年悉尼奥运会、2004年雅典奥运会和2008年北京奥运会。在2002年盐湖城冬奥会上，他第一次报道冰雪项目，并亲眼见证了我国短道速度滑冰选手大杨扬获得我国冬奥项目首枚金牌。经历四届亚洲锦标赛，分别是1999年福冈亚锦赛、2001年上海亚锦赛、2003年哈尔滨亚锦赛和2005年多哈亚锦赛；两届世界男篮锦标赛，分别是2002年印第安纳世界男篮锦标赛、2006年札幌琦玉世界男篮锦标赛；两届世界女篮锦标赛，分别是2002年江苏世界女篮锦标赛和 2006 年巴西世界女篮锦标赛。2004 年雅典奥运会结束之后，杨毅离开《北京青年报》，与苏群、孟晓琦创建《篮球先锋报》，并担任副总编，成为我国篮球报道领域的著名媒体。现为《体坛周报》篮球编辑，中央电视台特约嘉宾。杨毅是中国最早深入报道美国职业篮球联赛的一个人，他的风格以独到幽默著称。

【附杨毅一篇篮球评论】

小牛封锁鲨鱼奏效 迈阿密走上了"悬崖"

王治郅说得没错。

两天前，在清华体育馆和大郅聊起总决赛。大郅说，在情感上，他更希望热火的那帮老家伙能圆梦，否则机会再错过，恐怕很多人都会遗恨终生。但如果从实力上讲，显然是小牛更强。他说："第一场小牛因为头一次打总决赛，进攻打得那么差，最后还赢了 10 分。诺维茨基 14 投只进了 4 个，如果他 14 投中 8 个，小牛就能赢 20 分。14 中 8，对德克来说太简单了。"第二战，大郅的话果然应验。

诺维茨基并没有重现他在西部半决赛或者决赛中的巅峰状态，但他的手感已经回暖（16 投 8 中 26 分）。诺维茨基的回暖标志着小牛已经适应总决赛的氛围和节奏，结果他们上半场就建立起 16 分优势，最多时领先 27 分，在第四节有所保守和松懈之后，最终赢下 14 分。这是一场在整个下半场都失去了悬念的比赛。

当小牛重新展现出他们灵活多变的进攻时，迈阿密热火在防守上顾此失彼。小牛是整个美国职业篮球联赛最犀利的球队之一，而在技术统计上，他们的助攻数字却是最少的球队之一。原因之一，小牛队在比赛中大量 CALL ISO（采用单挑战术），他们众多球员都有一打一的攻击能力，特别是诺维茨基；原因之二，是小牛队大量采用挡拆战术，但真正"挡"之后"拆开"极少，往往是由持球人直接发起进攻。在这两点原因背后，是小牛大批球员非凡的天赋和运动能力。他们每一个人都可以成为进攻的发起者，同时每一个人也可以成为进攻的终结者。诺维茨基是这支球队的头号球星，但小牛未必每次进攻都需要通过诺维茨基，他们因此在不停地移动中打得活色生香、行云流水。

这一战的"赛点"，早在上半场结束之前就已经出现。哈斯勒姆扣篮追成34比39。在特里罚中1分之后，斯塔克豪斯像巡航制导一样连续命中三个三分球，其中两个来自诺维茨基被夹击下的助攻，第二个是一记打四分成功。斯塔克豪斯连拿10分，迈阿密的防守信心事实上已经被摧毁。第三节开局之后3分钟之内，特里先完成打三分，接着霍华德上演了本场比赛第二次打四分，把比分打成59比40，其实大局已定。热火像所有倒在小牛蹄子前面的对手一样无法限制小牛的进攻，他们始终不能判断小牛的进攻重点何在，在诺维茨基被视作小牛头号球星的时候，小牛却绝不依赖他的存在。

小牛每一个人都可以给热火一刀，不是特里就是斯塔克豪斯，不是霍华德就是哈里斯。他们打得更像一支拥有欧洲特点和质感的球队，团队感和每一个人的发挥结合得天衣无缝。

和小牛相比，两战之后的热火已经失去了他们的进攻节奏。更重要的是，他们的进攻主线完全被识破和锁定。热火不能像小牛那样，在每一点上都发起进攻，他们只有两个发起点，甚至在大多数时刻，他们事实上只有篮下的奥尼尔这一个真正的发起点。热火的理想进攻，需要球在每一次进攻里都经过奥尼尔的大手，然后由"鲨鱼"来越过对方的防守和进行进攻。韦德在战术意义上只是"鲨鱼"的配角，当"鲨鱼"吸引、夹击后分球时，"闪电侠"才开始突破和跳投。

于是，小牛只要卡死"鲨鱼"这一点，热火的进攻就会变成无源之水。小牛有足够的人手可以和"鲨鱼"肉搏（迪奥普、丹皮尔）；他们不断地变换防守策略，用联防和绕前限制"鲨鱼"接球。与此同时，当奥尼尔在两场比赛中罚球16罚2中后，这让小牛对他的犯规坚决而有恃无恐。因此两战之后，奥尼尔一共只得22分，第二战全场只有5次投篮得5分，创下自己在个人季后赛历史上的得分最低纪录。这就是热火和小牛的不同：诺维茨基只是小牛最长的枪，如果他失准，小牛还有别的枪可以得分；奥尼尔就像热火的弹药库，如果"鲨鱼"被扼制，热火必败无疑。

两战一共赢下24分，小牛显然已经找到了对付热火的方法，而以热火的自身特点，想在两天内进行大幅调整相当艰难。第二战对热火的信心和决心将是巨大的挑战，这不再只是第一战板凳球员得分2比24的差距，他们在命中率、篮板球、助攻，在几乎所有的重要环节上全面溃败。在经历了激动人心的东部季后赛之后，迈阿密热火需要他们的主帅神算子莱利再现激励球队的大师风采。

热火0比2落后。按照总决赛2—3—2的赛程，他们的形势极其艰难，除非在迈阿密连赢3场，才能把势头重新夺回。在整个总决赛的历史上，只有活塞在2004年曾经完成过主场三连胜。虽然总决赛才打两场，但热火已经站在了悬崖边上。

第二战最佳球员：诺维茨基

在他职业生涯的第二场美国职业篮球联赛总决赛里，德国超人找回了他的感觉。他还没有像他在西部季后赛里那样令人恐惧，但他用26分、16个篮板和4次助攻完成了极其全面的表演。当热火防守的注意力被吸引到他身上后，他连续策动了斯塔克豪斯决定整场比赛走势的三分球。第四节结束前2分钟，他一记在弧顶的标准诺维茨基式转身跳投，彻底熄灭了迈阿密追赶的火焰。诺维茨基不是在总决赛中第一个率领球队前进的外籍球员，但他是第一个在来到美国职业篮球联赛之前真正没有任何美国篮球背景，却能成为一支总决赛球队领袖的外籍球员。如果比赛一直在他和小牛的步调当中，诺维茨基距离总决赛MVP已经不远。

第二战关键数据：奥尼尔5分

在对小牛这一战之前，奥尼尔整个职业生涯季后赛历史上只有两次得分不满10。第一次在他的职业生涯早期，有一战对爵士只得7分；第二次在2004年季后赛第一轮对火箭第二场，"鲨鱼"被姚明和卡托合力限制，全场只得9分。奥尼尔在整场比赛中只完成了5次投篮，热火的进攻轴心因此被猝然折断。到目前为止，奥尼尔在今年总决赛中最好的一节是第一战的第一节，那一节他不但自己得分，还送出4次助攻，帮助热火拿到迄今为止他们在总决赛里单节最高的31分。但自此之后，小牛"封锁鲨鱼"计划开始启动和奏效，奥尼尔在那之后一共只再送出3次助攻，热火的进攻从此一筹莫展。热火想赢球，奥尼尔必须得到解放，与此同时，他必须改善自己16罚2中的命中率。

第三战调整：韦德

韦德需要打出一场属于他的总决赛，他需要在总决赛里印证自己超级明星的身份和价值。在第一战第一节以7投6中开局之后，韦德在此之后两战当中的一共七节比赛中37次出手只有11次命中,命中率不足30%,第二战中19投只有6中。小牛以天赋超人的霍华德为尖刀敢死队,其他人随时协防和夹击,又以联防为变化,这是韦德在整个季后赛中遇到的最强大的防守。然而一旦奥尼尔在篮下被围困,迈阿密只能把进攻主线和轴心作用寄托在韦德身上。韦德不能再像这一战那样和裁判争论,他需要更耐心地去越过对方的防守,用突破撕开防线,为两翼的队友输送炮弹。他还必须投中一些像他在东部决赛里那样精彩的跳投。

【来源:http://sports.sohu.com/20060612/n243689252.shtml】

六、于嘉

中央电视台体育评论员。2000年3月,就读于原杭州商学院(现为浙江工商大学)外语系二年级的于嘉在可口可乐公司与中央电视台联合举办的全国美国职业篮球联赛解说员大赛中,从一万余名参赛选手中脱颖而出,成为最后的两名优胜者之一,从而代表中央电视台前往美国奥特兰解说于2月13日举行的第49届美国职业篮球联赛全明星赛。于嘉如今已经成长为中央电视台体育频道新生代的主力评论员,他主持的《篮球公园》和《美国职业篮球联赛赛场》等多档节目深受观众的喜爱。他也成为解说员孙正平眼中"后生可畏"的代表,2011年2月,刚刚退休的孙正平谈起于嘉时,无限感慨地说:"于嘉已经成熟,他的解说鲜活生动,甚至在某些方面已经超越了我。"

【附于嘉文章一篇】

姚明夏天努力终得回报　麦蒂作用仍不能忽视

北京时间11月5日休斯敦消息,火箭队在今天的比赛中以107比76战胜了西部卫冕冠军达拉斯小牛。赛后中央电视台著名解说员于嘉就本场比赛进行了点评,内容如下(电话录音整理):

火箭队今天的比赛虽然可能超出了很多人的意料,但是我认为还是很正常的。因为目前的火箭正处在一个磨合期。开车的人都知道,车在磨合期的时

第七章 篮球运动传播的媒介呈现 I：篮球赛事解说

候，有一段时间会各个零部件都非常的好，就会很好开，甚至会超常的好；也有可能有段时间就很慢。火箭就是这样的情况，第一场就很慢，第二场则是很快。

所以说，今天赢了小牛这么多，可以说是不合理，但是合情。之所以说不合理，是因为小牛毕竟是西部劲旅，无论是在人员配备还是战术素养上，上个赛季"小将军"约翰逊的确将这支球队调教得非常好。而爵士队在基里连科等人复出之后是旧貌换新颜，实力很强。这两者谁强谁弱，还真不好说。因此，火箭两场出现这么大的反复，是不合理的。而合情是因为，火箭的当家球星今年的确能力突出，搭配好了，阵容就能发挥很大的威力；搭配不好，就会出现问题，因此有起伏是合情的。

接着说说姚明。姚明今天的表现36分非常的突出，可以说，夏天的苦练得到了回报。我一直都认为，球员在夏天的努力程度将会直接决定在新赛季的前两个月的表现。举个例子，2004年的时候，"小皇帝"詹姆斯和小斯塔德迈尔都入选了梦之队，参加了雅典奥运会。但是他们的表现都不是很好，各自的技术上都有明显的缺点，因此也没能获得太多的上场时间。但是奥运会结束之后的那个夏天，他们都很努力地进行了训练，结果新赛季一开始，就让人感觉状态明显不一样，并且带领球队打出了非常好的成绩。相反，安东尼的那个夏天，由于疲于应付绯闻和丑闻，根本没有时间训练，因此在新赛季开始的时候，他的表现不好直接影响了掘金的战绩。因此，我很赞同科比的每天坚持投篮800球，科比一直就认为在休战期就是要训练。这也是他与奥尼尔的矛盾所在。可能奥尼尔更倾向于在夏天去夏威夷群岛，找个沙滩，躺在椰子树下喝椰子汁，睡觉。但是，奥尼尔与科比在比赛中承担的任务不同，而且，毕竟奥尼尔的年龄也要比科比大得多。

但是现实证明，姚明夏天的训练很有成效。虽然经历了手术，但是他一直没有停止手上的训练。姚明的手感一直很好，再加上他没有荒废训练，今天拿下这么多分，是他应得的。

另外，今天麦蒂虽然只拿下了8分，但是他的存在给了小牛队很大的威胁。特别是他上下两个半场的开头都表现得特别好，打乱了小牛的章法。上个赛季火箭与小牛的交手，麦蒂都没有参加，因此可以说小牛最不确定的就是麦蒂这个点。而且，麦蒂本赛季的策应意识也有所提高，他也明白，想要成为球队的领袖，不是只有自己得分就可以的。

火箭队今天两个角色球员的表现也可圈可点。先说阿尔斯通，他今天的表现完全不像是"街球王"的表现。他的三分、放手、传球，都让人感觉像是一个名牌大学出来的大四的优等生。所有表现中规中矩，证明了他自己也在寻求和球队的融合。一支球队也只有球员之间很好地融合，才能在常规赛中取得50胜的战绩。

而斯奈德则需要继续用这样的表现来证明自己，让自己获得认可。他的突破能力非常的强，今天的发挥很到位。

而且今天火箭是胜在积极的防守，以前总说姚明犯规多，其实姚明犯规是因为外线防守不力，挡不住人。结果对手冲到内线，就很容易引起姚明的犯规。而今天，火箭外线的轮转换位非常快，姚明的犯规明显就少了很多。

因此，总的来说，火箭今天的表现是在情理之中的，现在只能让火箭慢慢地走。我想以后肯定还是会有反复。就像今天维尔斯的上场，两次上场都表现一般，时间也不太长。什么时候，维尔斯有了稳定的上场时间，什么时候他在内线可以和姚明相呼应，火箭的配合就算是磨合好了。到时候，就算是输，也输得有道理。到那时候，也才能证明火箭今夏的引援是成功的。

【来源：http: //sports.sina.com.cn/k/2006-11-05/16232548335.shtml】

七、徐济成

徐济成是山东人，1960年6月17日出生于青岛。1973年，读中学时因为身材较高入选市业余体校参加篮球训练，后加入北京军区青年男子篮球队，做了五年的专业运动员。1982年考入山东大学英语系，1986年毕业后调入新华社体育部担任体育记者。他专职报道篮球，与美国职业篮球联赛结下不解之缘，编著《美国职业篮球联赛五十年》一书。

从1992年开始，徐济成被中央电视台体育中心聘为篮球转播顾问。从事体育报道十余年来，曾参加汉城奥运会、巴塞罗那奥运会、亚特兰大奥运会、悉尼奥运会、雅典奥运会和北京亚运会、广岛亚运会、曼谷亚运会，以及篮球、体操等世界和亚洲综合及单项赛事采访。曾任北京奥组委媒体运行部副部长、北京奥运会主新闻中心常务副主任。现任新华社体育新闻部记者采访室主任、高级记者、中国矿业大学兼职教授。1986年毕业后分配至新华社体育部任体育记者。

担任体育记者18年，徐济成先后采访过篮球、足球、排球、射击、体操、曲棍球、皮划艇、击剑、羽毛球、网球和田径赛事，曾长期关注残疾人轮椅篮球，采访过全国聋人篮球锦标赛。作为著名的篮球评论员，圈内人称其为"大徐"，被誉为体育记者中的"盟主"。他的解说语言朴实却不失生动，在专业化的解说中，善于将枯燥的篮球术语通俗化，将专业的体育解说通过通俗易懂的方式呈现给观众。徐济成的主要文章有《超地狱训练法——韩国女篮训练秘诀大公开》《世界冠军退出国际羽坛》和《奥运男篮苏美争雄》。

【附徐济成文章一篇】

篮球回归团队

71比94，奥兰多魔术0比3不敌常规赛3比1曾击败过的手下败将波士顿凯尔特人。魔术队输给凯尔特人，和太阳队输给洛杉矶湖人有异曲同工之无奈。媒体和球迷已经找到很多输球的理由；此外，季后赛裁判理念和尺度也是重要因素之一。

鼓励篮下肉搏，严判篮下走步，能够远投和善于禁区收缩防守的球队脱颖而出，只会突破扣篮的球星全面受创，只有一个后卫策动进攻的球队难逃覆灭的命运。2010年的NBA季后赛几乎变成欧洲篮球锦标赛和欧洲篮球超级联赛的赛场。

詹姆斯、霍华德、斯塔德迈尔和卡特等球星，以超凡的身体素质在常规赛中所向披靡，但在季后赛屡屡受挫。东部决赛第一战，准备双手扣篮的霍华德，被"狼王"加奈特用双手死死捂住篮球，将已经跳起来的"魔兽"从空中直接摁下来时，裁判在魔术主场震耳欲聋的观众呐喊声中，吹了霍华德走步，而不是加奈特打手犯规。就连电视评论员都高喊："天哪，这是走步？！超级明星！在主场！在季后赛！在东部的决赛！"解说员这句话的意思，反过来理解就是传说中的"超级明星法则"，在季后赛、在分区决赛、在主场，都是受到一定照顾的。他们的突破和篮下投篮一般是神圣不可侵犯的，否则以现在队员的身体素质和力量对抗，正常的投篮几乎都是不可能完成的任务。

"团队进攻"和"混合区域防守"，让凯尔特人队和湖人队这样年龄偏大但经验丰富的球队大有用武之地。2010年的季后赛，地面的位置和面积，比空中的高度和难度更重要。凯尔特人队的普通中锋帕金斯和戴维斯，靠自己结实的体重，连续阻挡了奥尼尔和霍华德的进攻。他们总是抢先一步塞满篮下的油漆区，不给对手任何直线突破攻击篮下的机会，第二战甚至让魔术队的两个后卫四次上篮时撞人犯规。这种欧洲篮球的传家宝，被凯尔特人和湖人演绎到了NBA的最高水平。

观赏性削弱的同时，对抗性和实用性大大提高。赛场不再突破有理、持球有理，任何试图抢断和阻拦他们的防守都要严判的传统被彻底抛弃。当善于突破和单打的詹姆斯以及善于扣篮的霍华德被脱去了特权保护衣，被老江湖们不断将手中的球打掉、切飞，不断地将他们的突破上篮路线堵塞封锁，善于弹跳的霍华德和此前的"小皇帝"詹姆斯以及西部的小斯一样，一脸的茫然和委屈，俨然十年前悉尼奥运会上NBA球星在欧洲对手的严防下无奈只能远投的尴尬场景再现。

在总决赛中，如果两支以30岁老将为主的球队湖人和凯尔特人再度相遇，将是NBA篮球在经历了以超强身体素质为基础的孤胆英雄的年代之后，又一次回归到团队篮球的主流。

八、苏群

苏群是《篮球先锋报》总编辑，采访过多届美国职业篮球联赛总决赛和全明星赛以及奥运会等大型比赛，著名篮球评论员。

1992年起供职于《中国体育报》国际部、球类部。2000年起供职于《体坛周报》篮球部。2004年创办《篮球先锋报》，并担任总编辑。1993年起担任CCTV篮球转播嘉宾和顾问。1996年起现场采访报道美国职业篮球联赛比赛，是国内第一位实地采访美国职业篮球联赛比赛的文字记者。

【附苏群篮球评论类报道一篇】

CBA 天价商战刚开始　运动品牌战将爆发

篮管中心准备与瑞士盈方续约，"年费"超过 3 亿人民币，这颗超大"卫星"的背后，是运动服装品牌之间的残酷竞争，而这场天价商战，不过才刚刚开始。每年3.3亿不是个小数字，是最初650万美元（约3900万人民币）的 8.3 倍。中国的篮球市场规模，是不是在过去七八年间增长了 8.3 倍？这个数字不可考。

安踏是在盈方掌握 CBA 推广权以后，中国运动服装界增长最快的品牌之一，以它们为代表的中国各大运动品牌，心里非常清楚它们那个领域的增长率。现在，形势如潮水一般，把中国的运动品牌推到了商战的潮头，或挑战，或应战，或观望。

天价续约的起始是盈方遭遇中体和上海嘉懿言两家公司的挑战，挑战者报得高，应战者盈方跟得更高。但推广公司敢于报价的心理基础，是中国篮球市场较之7年前的壮大发展。2005年盈方与篮管中心签约时，起点是650万美元，模式是"7+5"，即按照每年15%的增长率，在 7 年后如果盈方能给出 1500 万美元（约9000万人民币），则可以优先续约。从9000万增加到3.3亿，等于暴涨 260%。

曾在央视体育中心当主任的马国力，在北京奥运会后改任瑞士盈方中国区总裁，在他的领导下，CBA 的赞助商增加到 20 家以上。CBA 每年出一本联赛"官方手册"，最后一页印着 22 个商标，分别归入"官方合作伙伴""官方赞助商"和"官方供应商"三大类，里面有做网络电视的，有做照相机的，有做电视机的，还有珠宝、篮球架、白酒、瓷砖、手表和牛仔裤，等等，不一而足。但是这么多家赞助商，其中真正暗藏商战玄机的还是运动服装，"官方合作伙伴"的第一个是安踏，"官方赞助商"的第一个是耐克。这两家背后，则是更多想挤进赞助行列，却因排他性规定，而被挡在大门之外的运动品牌。

这一次盈方和篮管中心合同期满，在续约的关键时刻，运动品牌之间的"星球大战"一触即发。盈方暴涨的"年费"，背后的推动者即是运动品牌之间的商战。在中国这个广大的市场上，运动品牌之间的战争错综复杂，既有国外品牌之间的两强互战，又有国内品牌间的诸侯混战，还有中国品牌对外国品牌的"抗战"。这些商战之中，最惨烈的还是中国品牌之间的内战，因为各品牌之间的地位和等级变动最大。

安踏入主CBA时，这一块是空白，当时的CBA掌门人李元伟吆喝半天，最终是安踏做出了果断的决定。7年后，安踏已成长为领导品牌之一，但其他品牌虎视眈眈，于是天价商战不可避免。赞助CBA，最初每年付出千万人民币，今后可能会达到上亿甚至数亿人民币。这样的战争必然是惨烈的，因为去年下半年，中国运动品牌在全球经济危机的裹挟之下，经历了前所未有的地震与寒冬。在以晋江为核心的运动品牌圈，过去几年犯了一些策略上的错误，各城市中心的步行街，街头是运动鞋，街尾还是运动鞋，门店扩张呈几何级，但同质化严重。经济危机带来的地震，是中国运动品牌"大洗牌"的开始，这次天价商战，则是"大洗牌"的继续，唯有及时调整和正确决策者，方能屹立不倒。

不管商战的结局是什么，CBA的推广资本暴涨260%基本确定，CBA如何用好这笔钱，将在尘埃落定后成为热议话题。3年前，某俱乐部一年的投入才900万元，这个赛季已经涨到3000万元以上。过去每支俱乐部从CBA获得的经费不过百万元，今后可能达到1300万元，对很多俱乐部来说，这都是笔大钱。

但推广资本暴涨的背后，则是更大的商业风险。作为推广商，盈方必然以更高的要求让CBA向完全的职业化过渡，因为这个联赛还不是真正的职业联赛，有太多不完善之处，各种"冰山"随时可能让"泰坦尼克号"沉覆。既然中国的运动品牌要为商战付出惨重的代价，那么这种付出应该值得，盈方能不能借助这一契机，让CBA变成真正强大的职业篮球联赛？

第八章 篮球运动传播的媒介呈现Ⅱ：电视新闻报道

第一节 传播媒介的发展与符号系统的更新

一、媒介融合与符号系统的更新

目前 NBA 和 CBA 的直播不但可以通过电视观看，而且通过扫描 CCTV 微信二维码可进入移动客户端，进行移动观看和移动互动，并且每场比赛都有互动话题，如 2015-2-26 火箭对阵快船的比赛，评论员就给出了互动话题：火箭不胜快船症结何在？科技的进步让媒介走向融合，也加速了篮球传播过程中符号的更新。

1983 年，麻省理工学院的一位教授 Ithiel de Sola Pool 较早提出了这一概念。他认为媒介功能会呈现出一体化的趋势。1997 年，罗杰·菲德勒在他的《媒体变形记》中指出，未来媒介发展可能是共同演进和共同生存的。如今流行的"媒体新闻采集"可以看作一波"媒体融合"的展现。2014 年 8 月 18 日，中央发布了《关于推动传统媒体和新媒体融合发展的指导意见》。习近平强调推动传统媒体与新媒体融合发展，要遵循新闻传播规律和新媒体的发展规律，强化互联网思维，坚持传统媒体与新兴媒体优势互补、一并发展。

符号的审美价值在媒介与体育文本的联系中有特别的价值，并且在传播中增值。这是因为体育媒介最重要的对象是在特定语境下运动中的身体审美，包括健康的外貌、精湛的技术、顽强的斗志这些信息符号。还因为它们在信息秩序中的核心角色，它们当然是新闻媒介中体育的主要角色。媒介体育文本，既有前所未有的在本土和全球语境中"无所不在地流动于这些符号和空间的"能力，又有着高水平的"符号价值"，并且还能与"信息和传播结构"（Lash&Urry，1994：6）产生无孔不入的亲密联系，几乎是传播中符号的完美原型，承载着极高的符号价值。这些具有审美情趣的文本有效地利用了体育符号和体育符号之间的互动，赋予体育新闻报道新的意义。[①]

篮球运动的传播的符号系统随着信息技术手段的更新而在发生着日新月异的变化，从传统媒介到新媒介的发展过程中，篮球运动的符号系统也在语言符号和非语言符号的基础之上发生着演变，特别是电视在篮球新闻报道中。由于数字化技术的发展，篮球的符号系统还包括专门符号和功能符号、解析式符号和数位式符号、在现符号和现场符号、通俗符号和精致符号、标识性符号和象征性符号等等。传统媒体与新媒体的互动与融合产生了新的媒体形式——全媒体，全时在线，即时传输，动静结合，深浅互补，交互联动，实时终端，成为全媒体时代对新闻报道的呈现形式。而对CBA 20年技术数据的海量积累，使我们可以全程数字化精确定位和比对朱芳雨在CBA的传奇。大数据技术的应用，对今天的传媒业形成巨大的冲击，主要体现在对新闻传播生产的方式以及媒介运行的机制产生影响，具体表现形式体现在以下四个方面：第一，大数据技术日益渗透到新闻生产的各个环节，尤其是核心环节；第二，在大数据技术重树新闻质量标杆方面意义重大；第三，大数据技术能随时与受众产生互动，及时反馈信息，不断提升受众反馈的价值；第四，大数据技术能够综合、全面、及时地收集信息，能及时了解事物过去、现在及未来发展的趋势，拓展用户分析广度与深度。

二、新闻报道中的文本与应用的符号

文本（Text）是某些特定要素（符号Sign）组合的结果，它呈现和生产意义，该意义受系统规则（符码Code）所管辖。文本的定义曾一度特指文字形式，而现在通常是用来描述和分析范围更加广泛的视觉、音乐以及其他文本形式。[②]

---

① （英）大卫·罗著；吕鹏 译.体育、文化与媒介：不羁的三位一体[M].北京：清华大学出版社，2013.

② （英）大卫·罗著；吕鹏 译.体育、文化与媒介：不羁的三位一体[M].北京：清华大学出版社，2013.

（一）语言符号和非语言符号

语言符号：口语文字：对闵鹿蕾和巩晓彬的采访；数字符号：本段篮球新闻文本多次运用数字符号来展开新闻过程。

非语言符号：视觉性的，包括动态的，如詹姆斯抛镁粉；静态的，如新闻开始时的图片。听觉性的，包括类语言（如跟现场观众的欢呼）、其他（如现场观众的掌声和喇叭声及鼓声等）。

（二）专门符号与功能符号

专门符号没有实用价值，如在播新闻过程中篮球技战术语言的运用。

功能符号有实用价值，如当篮球场上裁判员鸣哨时，只有理解"鸣哨"这一信号所含意义的人，才能够做出"停止比赛"的反应。"鸣哨"在这里是一种特定的篮球符号，指代的就是"停止比赛"这一信息。只有发令者（传者）和运动员（受者）共同享有"鸣哨"这一符号的意义时，"停止比赛"这一信息才会传播给运动员。如果运动员不明白"鸣哨"的意义，他也就不会做出"停止比赛"的反应。

（三）解析式符号和数位式符号

解析式符号是连续的自然的符号，如人生、色彩，如在报道朱芳雨成长经历时从青涩到成熟的篮球人生经历，公牛以红色作为球队的色彩，湖人以黄色作为标志性色彩，凯尔特人队以绿色作为球队的色彩。

数位式符号是间隔的人工符号，如赛场上鼓舞士气的音乐、烘托赛场氛围的啦啦操。

（四）在现符号和现场符号

在现符号指可以独立于所指的事物之外就能代表此事物的，如北京鸭Ducks指代首钢男篮。

现场符号指只能在现场才能指涉的，如赛场上的记分牌所指的比分和计时器所指的比赛时间。

（五）通俗符号和精致符号

通俗符号指的是词汇少、句子简单、口语化、现场感强、重复、易预测、显示社会关系的符号，是共同的文化经验的符号。如教练员在场上叫喊防守、防守、防守，进攻、进攻、进攻。

精致符号指的是词汇多、句子结构复杂、文字化、象征性、抽象、难预测、表达个人意愿、通过正规教育和训练获得的符号。如教练员对着战术板，大段运用技战术术语给队员讲解战术安排。

（六）标识性符号与象征性符号

标识性符号是代表某种物体或可识对象（能指）的特征符号，更是图像、标志和象征的东西。如 NBA 和 CBA 标识就是中美职业篮球联赛的标识性符号。

象征性符号又包括特定的语言、口号，特定的视觉形象和歌曲。特定的语言、口号，如北京主场上出现的"北京必胜""北京队加油"；特定的视觉形象和歌曲，如赛场上出现的各个球队的吉祥物、播放的鼓舞士气的歌曲等。

三、篮球新闻的互动符号

①视觉标识符号：CBA、NBA 与语言符号互动。

②语言符号与非语言符号：队员之间，队员与教练之间通过语言和肢体语言进行的信息交流。

③视觉图像与语言符号的互动：在提到 CBA 的赛事时画面上出现的 CBA 的 Logo。

④商标符号与人名符号的互动：M 符号代表马布里的名字的缩写，也指代马布里旗下的商标品牌。

⑤解析式符号和数位式符号，如色彩与音乐的互动。

⑥肢体语言符号与服饰的互动，如王治郅的便装和落寞的眼神。

⑦服装、表情、语言符号的互动：对罗斯的描述画面中的罗斯身着便装，表情黯然，通过服装和表情符号我们就会感觉到情况不妙，这也与新闻中随后讲到的"有伤依然无法上场"相符合，产生出服装、表情、语言符号的互动。

⑧胜与负悬念的互动：江苏主场迎战山西队。

⑨肢体语言符号与功能符号的互动，如詹姆斯抛镁粉。

⑩球员之间的互动：国王队的考辛斯和马刺队的吉诺·比利，亲兄弟的口水仗，快船队的教练与队员。

第八章 篮球运动传播的媒介呈现Ⅱ：电视新闻报道

第二节 从电视新闻看篮球符号的互动传播

以 2014 年 11 月 16 日央视体育频道《体育新闻》栏目中的篮球新闻为例①。

一、CBA 篮球新闻解析与点评

北京男篮主场做好自己 山东青岛单外援迎战（互动符号：北京与山东）

CBA 常规赛第七轮今晚将坐镇主场迎接与山东队的一场恶战，尽管球风硬朗的山东队过早地遭受到了伤病的困扰，但北京队所关注的只是比赛本身。客场输给广厦后北京队加强了防守，上一场对阵吉林，他们让得分王——雄斯只得到 24 分。面对同样强大的山东队，北京队同样要严防死守，开战以来数据不算漂亮的马布里也在慢慢找回状态，作为队中灵魂人物的他也是对手的重点看护对象。不过山东队阵中目前的伤兵对于教练的排兵布阵影响不大。（画面切换到北京队主教练闵鹿蕾："这个我不太关心，把我们自己做好，准备山东队最强的阵容。"）山东队今天只进行训练，上午对媒体开放。队内近况不算乐观，开赛六轮拉布里查已经先后爆发伤病，只能以单外援应战，好在今年山东队储备工作做得很好。（画面切换到山东队主教练巩晓彬："就是说我们好的话年轻队员能顶得上来。从前面看，包括主力队员的受伤对球队有些影响，比赛当中应该说国内球员也做得不错。"）

点评：在播新闻的同时电视屏幕上打出了 CBA 的标志符号，形成视觉标识符号与语言符号的互动。在提到北京队所关注的只是比赛本身时，画面切换到北京队主场练习场面，镜头掠过莫里斯和孙悦，最后切换到马布里身上，实现了视觉图像符号与语言符号的互动，同时展现了马布里的标志性符号 M。M 符号是马布里的简称，也是马布里名下一家专业的篮球运动鞋品牌的缩写。马布里说："我开创这个品牌的最初想法，是为所有热爱篮球的人创造一双能够负担得起的球鞋。"马布里通过头上的纹饰展示自己优秀推销员的一面："我在保证质量的同时，把球鞋的价格控制在了一个很低的范围内。"马布里通过在

---

① CCTV5：2014 年 11 月 16 日体育新闻．央视网．

自己的脑袋上文了一个自己产品的商标 M，再加上他在赛场上的惊艳表现向人们展示出个人价值和商业价值精妙的组合。

在主教练方面，对闵鹿蕾和巩晓彬的采访形成映衬，北京队主教练闵鹿蕾说："这个我不太关心，把我们自己做好，准备山东队最强的阵容。"与新闻标题"北京队做好自己"形成互动。山东队主教练巩晓彬说："就是说我们好的话年轻队员能顶得上来。从前面看，包括主力队员的受伤对球队有些影响，比赛当中应该说国内球员也做得不错。"巩晓彬的采访与前面"好在今年山东队储备工作做得很好"形成了主持人观点与主教练观点的契合与映衬。

CBA 常规赛第七轮全面打响，身穿白色球衣的八一队对阵广东佛山，对期待着触底反弹的八一队。八一上来打得很有气势，周羽晨连续几记强攻，张博两记三分进账，首节八一队拿下了 34 分。随后佛山队使出了双外援发球，但是八一队勉力支撑，随后佛山队防守更加强硬，克拉夫索夫率队打出了一波 14 比 6，将比分追至 63 平。最后一节，双方多次战平，八一队前场缺少外援，但是也力争将进攻端的个人主义发挥出来。可惜的是，最后功亏一篑。八一队最终是 93∶98 吞下了七连败的苦果。

点评：本节新闻点出八一身着白色球衣，因为白色和红色球衣代表国家篮球比赛服的颜色，通过球衣颜色符号的反衬，映射出这支缔造中国篮球辉煌的军旅球队的没落。通过周羽晨、张博这两位八一队的小将与对手双外援的互动，显示此消彼长，暗示八一队将吞下七连败的苦果。最后一节，镜头对准了八一队的助理教练兼队员王治郅，虽然新闻没有交代王治郅是否上场，但从王治郅身穿棉夹克和无奈低头的身体肢体语言来看，他没有上场，并且对场上的局面无可奈何。从本节新闻开始，虽然提及八一一直领先，但新闻编辑已经对八一队有一种无可奈何花落去的感伤，通过八一队球衣的颜色符号和王治郅的肢体语言符号以及八一两员小将与对方双外援的反衬与互动，印证了本节新闻的基调。

而另外一场比赛是由身穿白色球衣的江苏坐镇主场迎战山西队，比赛开始前江苏队以两胜四负的战绩略逊于山西队的四胜两负的战绩，上半场比赛山西队就开始对江苏进行三分球的洗礼，上半场记录统计显示，山西队三分球 12 投 8 中，盖帽、篮板、助攻也都是远远高于对手，64∶57 山西领先进入下半场。移边再战江苏队开始利用快攻频频外线得分，常林这记三分非常提振士气。江苏的逆转之路也由此开启，最终江苏 106∶99 战胜山西队。

点评：本节新闻又提到白色球衣，似乎预示着这场比赛江苏会步八一队的后尘。而从两队的战绩来看，观众似乎感觉到江苏队的不妙。从上半场山西队的强势表现来看，似乎更预示了比赛的结果。篮球是一项需要整体配合、更需要英雄的集体项目，快攻加上常林的三分远投预示着江苏不但有三分还能打快攻，在进攻端占据了上风，看到这里，观众该佩服江苏的绝地反击和编导及主播的良苦用心了。本来一场平淡无奇的比赛，通过新闻背景的渲染和事实的选择，让观众产生了悬念。在没有大腕参与的比赛中，常林的三分球成为了最耀眼的符号。而本段新闻体现出通过对比赛背景的铺垫来产生悬念，实现编导和观众的互动、胜与负悬念的互动，为平淡的新闻增色不少。

二、NBA 篮球新闻解析与点评

单节九记三分创纪录　骑士轻松四连胜（关键符号：单节创纪录的九记三分球）

昨天的詹姆斯带领球队在第四节逆转 19 分战胜凯尔特人，而今天主场面对鹰队，詹姆斯和他的队友早早便奠定胜局，并且在第一节便创造了一个 NBA 纪录。骑士开局不顺，有人对詹姆斯又开始了质疑，不过最近几场，他们开始慢慢走上了正轨。今天主场面对鹰队，詹姆斯带领球队在首节便创造了历史。本场比赛，骑士前 11 个三分全中，而首节更是 9 投 9 中，其中，詹姆斯三投三中，而他的手感也传染给了队友，无论马里昂、勒弗还是哈里斯都是张手就中，哈里斯更是投中了一记压轴三分。骑士三分球九投九中，这也创造了 NBA 单节三分全中的纪录。而比赛上半场骑士共命中了 13 记三分，这也追平了历史纪录。全场骑士三分球 31 投 19 中，还创造了球队新的历史纪录，之前骑士的纪录是单场 17 个三分。如果说上半场，骑士在詹姆斯的带领下上演了三分雨，那么下半场詹姆斯则开始了攻击内线。在詹姆斯的连续冲击下，骑士将比分越拉越大。打得兴起的詹姆斯还不忘给球迷上演一记追身的大火锅，全场比赛，詹姆斯只打了三节便砍下 32 分、7 次助攻和 6 个篮板，骑士也在主场 127∶94 取得大胜。

点评：提及詹姆斯，电视画面展示了詹姆斯标志性的动作符号"抛镁粉"，显示出与观众的互动，展现出詹姆斯在骑士的影响力和号召力。赛前镁粉的仪式是从乔丹时代开始的,但是当时的球员没有这么张扬,不会向天空扬镁粉,詹姆斯只是向前辈学习。目前,赛前抛镁粉已成为詹姆斯的标志动作,象征着皇帝无与伦比的霸气,还可以带动球迷气氛,现在已经成为詹姆斯的象征符号。本节新闻的英雄是詹姆斯,他是美职篮当下最炙手可热的明星,所以本节新闻的符号就是詹姆斯。首先他带领球队取得了四连胜,创造了单场球队三分球的纪录。下半场又展现了詹姆斯无所不能的内线攻击力,这也符合观众对詹姆斯的关注度,让观众感受到了詹姆斯的霸气和在NBA赛场上的皇帝本色。并且新闻背景交代得非常清晰,詹姆斯,轻松四连胜,19个三分球,大火锅成为本节新闻的串联符号,新闻中与观众的互动更是本节新闻的亮点。

国王队上一场比赛最后0.3秒被灰熊队绝杀输掉比赛,这让全队上下都感到非常失望。今天面对马刺队他们没有重蹈覆辙,将胜利保持到了最后。国王这场比赛表现最出色的是考辛斯,他在内线的威力让马刺没有什么办法。而马刺这边表现最出色的是吉诺·比利,他不仅在第一节就制造了考辛斯的个人第二次犯规,让考神不得不早早地下场休息,更是在第三节用自己的肘狠狠地给了考辛斯一击,虽然是无意的,但考神的眼角还是见血了。不过,这样的伤口显然没有影响到考神,他之后便单打邓肯成功,并且上演的是双手暴扣,全场比赛他得到了最高的25分和10个篮板。最后二十几秒,国王只领先三分,最后时刻,吉诺·比利和考神又对上了,而这次获胜的依然是吉诺·比利。他在考神面前打三分成功,让马刺依然保留翻盘的机会,但最后一击吉诺·比利三分不中,马刺也最终三分惜败国王,结束了三连胜。

点评:新闻一开始就提到国王队上一场比赛最后0.3秒被灰熊队绝杀输掉比赛,这让全队上下都感到非常失望。正应了中国那句老话:哀兵必胜!同时为本节新闻定下了基调。本节新闻的符号是国王队的考辛斯和马刺队的吉诺·比利,虽然考神麻烦不断,但依然保持着哀兵必胜的坚定信念,通过与吉诺·比利之间被肘击眼角、被打三分和第一节两次被造犯规等细节的互动,更加展现出考神非凡的毅力和以"暴扣"展现出的求胜的决心。

休息了四天,快船队缓过劲来了,他们今天120比107大胜太阳,愣是打了对手一个42比20。对于快船来说这仿佛创造纪录的夜晚,创纪录的主角有传出好球的保罗,也有打出空中接力的小乔丹。先来说说这个小乔丹,本场,他的盖帽次数是7次,但是主教练里弗斯感觉他盖了30个帽。再来看看保罗、

第八章 篮球运动传播的媒介呈现Ⅱ：电视新闻报道

格里芬和小乔丹这次流畅的三角进攻，小乔丹得到12分，此外还有18个篮板。小乔丹是历史上打出这个成绩的第3人。替补出场的格林为太阳队贡献不小，第二节他的三分帮助球队反超了比分，上半场双方战成54平。第三节一开始，保罗就连续命中三分，比赛他得到9次助攻、5个篮板，刷新了个人赛季单场夺分纪录。格里芬也不示弱，他贡献了19分、8个篮板。快船本场6人得分上双，第三节打出22分的分差，最终以120比107取胜。

点评：本节新闻主要通过明星球员的互动来进行篮球运动传播，主角当数快船队的保罗和小乔丹，画面从保罗和小乔丹空中接力的画面开始，令人赏心悦目。他们互动的对手是太阳队的替补格林，互动符号更是突出了快船队的空中接力、7次盖帽、三角进攻和6人上双。快船队的优异表现让主教练里弗斯忘乎所以，产生信息交流上的幻觉，把小乔丹的7次盖帽升华为30个。呵呵，休息了四天就是不一样，连球员与教练的互动都充满了浪漫主义的味道。快船是真缓过劲来了！

开拓者队今天主场迎战网队，比赛还没有开始，分别效力于两支球队的洛佩斯兄弟就打起了口水仗，口水仗的起因是哪支球队中谁更帅一些，我们还是边看比赛边说说这个事。哥哥布鲁克·洛佩斯效力于网队，弟弟罗宾·洛佩斯效力于开拓者队，首先，罗宾表示哥哥更担心的不是打篮球而是长相，因为他不是两兄弟之间最帅的那个，结果，布鲁克反击说弟弟是个傻瓜，在以后两个人吵得像个小孩子，罗宾更是搬出了妈妈当救兵。场外的争斗先不去说它，回到本场比赛不管罗宾是不是更帅，他的球队的确打得更帅。皮拉德拿下了28分、14次助攻，开拓者队最终以97比87战胜了网队，取得四连胜，而网队遭受了三连败。

点评：本节新闻的亮点是新闻的视角发生了变化，正应了中国那句老话：上场亲兄弟，打仗父子兵，让本来没有我们熟悉明星的新闻有了中国味道。本节新闻的亮点不是篮球场上在打仗，而是两位亲兄弟的口水仗。唉，毕竟新闻还要有个结果，所以嘛，回到本场比赛不管罗宾是不是更帅，他的球队的确打得更帅。这又应了中国那句老话：胜则王侯败者寇嘛！所以，本节新闻是互动符号亲兄弟的口水仗，把NBA的新闻搞成中国特色，也算中国文化与美国篮球文化的互动吧。

罗斯有伤依然无法上场，公牛主场迎来了步行者的挑战，步行者前三节略占上风，以 69 比 65 领先。第四节步行者火力全开，克莱斯命中三分之后步行者拉开了比分，克莱斯、斯科拉和希尔得到了 28 分，步行者最终以 99 比 90 获胜。好，下面一起来欣赏，全球合作伙伴"匹克"为我们带来的精彩 5 加球。

点评：画面中的罗斯身着便装，表情黯然，通过服装和表情符号我们就能感觉到情况不妙，这也与新闻中随后讲到的"有伤依然无法上场"相符合，产生出服装、表情、语言符号的互动。新闻背景：公牛 1 号德里克·罗斯（Derrick Rose），1988 年 10 月 4 日出生于美国伊利诺伊州芝加哥（Chicago, Illinois），美国职业篮球运动员，有"风城玫瑰""芝加哥玫瑰"等别称，司职控球后卫，效力于 NBA 芝加哥公牛队。2008 年 NBA 选秀，德里克·罗斯以状元秀的身份被芝加哥公牛队选中。2008-09 赛季，获得 NBA 年度最佳新秀称号；2010-11 赛季，23 岁的罗斯获得 NBA 常规赛最有价值球员称号，成为历史上获得最有价值球员称号最年轻的球员。①

第三节　符号互动视角下篮球报道的全媒体

一、全媒体的界定与特征

全媒体指媒介信息传播采用文字、声音、影像、动画、网页等多种媒体表现手段（多媒体），利用广播、电视、音像、电影、出版、报纸、杂志、网站等不同媒介形态（业务融合），通过融合的广电网络、电信网络以及互联网络进行传播（三网融合），最终实现用户以电视、电脑、手机等多种终端均可完成信息的融合接收（三屏合一），实现任何人、任何时间、任何地点、以任何终端获得任何想要的信息（5W）。

全媒体具有以下几个特点：动静结合，深浅互补，全时在线，即时传输，实时终端，交互联动。

全媒体并不排斥传统媒体的单一表现形式，而且在整合运用各媒体表现形式的同时仍然很看重传统媒体的单一表现形式，并视单一表现形式为全媒体中

---

① 罗斯：最年轻 MPA 练成记 .NBA 中国网 .2014-11-25.

第八章 篮球运动传播的媒介呈现Ⅱ：电视新闻报道

"全"的重要组成部分。

全媒体体现的不是"跨媒体"时代的媒体间的简单连接，而是全方位融合——网络媒体与传统媒体乃至通信的全面互动、网络媒体之间的全面互补、网络媒体的自身的全面互融，总之全媒体的覆盖面最全、技术手段最全、媒体载体最全、受众传播面最全。

全媒体超越"跨媒体"的也就是在于其用更经济的眼光来看待媒体间的综合运用，以求投入最小——传播最优——效果最大。

2014年11月27日，中央电视台体育频道《体育世界》栏目报道了朱芳雨成为CBA历史上的首位万分先生，从此，在CBA的历史上留下了首个10 000分的符号，600场10 000分，朱芳雨创造的纪录——10 000分，这个数字立刻在媒体界形成了"蝴蝶效应"。在传统媒体与新媒体不断融合的当今，电视、网络和手机终端都以全媒体的形式全方位、多视角深度报道了这一新闻，通过媒体的渲染，开创CBA历史上的10 000分逐渐成为一个传奇符号。

央视《体育世界》采用全媒体的报道形式，运用现场报道、新闻背景、现场采访、观众互动、体坛酷评等多种新闻形式和大量的数据对比，全方位报道了朱芳雨突破10 000分大关。搜狐锐体育出品了特刊纪念"朱8"和10 000分梦想成真。央视采用了全媒体的手法，对报纸杂志、电视、网络进行了融合，并充分发挥网络与受众互动的优势，当天就有3263名网友参与了网上互动，275名网友发表了留言。2014年11月18日在百度搜索上有相关新闻611篇，相关网页5 060 000个，各大门户网站争相报道这个事件。

10 000分见证了朱芳雨从16岁到31岁的职业生涯，见证了CBA 20年的历史，见证了广东王朝的辉煌。虽然在当天的比赛中，广东负于辽宁，但央视毫不掩饰喜悦给出报道的主题：朱芳雨的CBA，万分精彩；北京电视台报道的主题比较客观：朱芳雨成为"万分先生"，辽宁豪取11连胜；腾讯体育报道的主题体现出门户网站的信息量的优势：CBA 20年诞生10 000分先生，朱芳雨成就活的传奇；搜狐体育的锐体育更是开辟了特刊——2014年人物志：10 000分先生朱芳雨，以全媒体的形式进行了报道；香港《大公报》的题目是：CBA历史上首个万分先生诞生，朱芳雨加冕历史得分王；网易体育的报道则充满着期待——朱芳雨：一万分是生涯的见证，得分纪录会延续下去；而凤凰网的报道略带感伤：第一馆亮相，万分遗憾；中国青年网的报道还带着疑问：朱芳雨的 10 000 分与王朝坍塌，易建联真能带领广东队再次夺冠？

10 000 分作为一个 CBA 的符号得到了广泛的传播，而它的缔造者朱芳雨更是成为媒体关注的焦点。央视《体育世界》专门开辟专栏对此事进行了报道，同时央视网进行了同步的直播。本文从全媒体、大数据的视角对 10000 分这个符号进行传播学解读。

二、CCTV5《体育世界》见证朱芳雨 10 000 分全媒体实例文本分析（信息来源：CNTV《体育世界》，2014.11.27）[①]

朱芳雨，万分惊喜

（电视画面：在雄壮的进行曲的伴奏下，播放朱芳雨不同时期的三分投篮的精彩画面，让我们想起朱8的另一个标志性符号：三分雨。这时画面打出文字：朱芳雨，万分惊喜）

（主播）我们先来关注篮球方面的消息，CBA 联赛昨天第十一轮争霸，有一场比赛绝对是值得写进赛季珍藏档案的，那就是广东和辽宁一直打到加时的那场对决。获胜的辽宁已经是十一连胜，刷新了历史最佳的开局纪录。而输球的广东也拥有了新的纪录，因为球队的朱芳雨成为了 CBA 历史上第一个得分破万的球员。第四节比赛还剩不到四分钟，场上比分 95 平，刚刚命中一记三分的朱芳雨，果断出手，皮球划出一道美丽的弧线命中。这是朱芳雨本场比赛的第七粒三分球，此时他 CBA 职业生涯的总得分正好来到一万分。

（采访朱芳雨）"一万分拿到了的那一刻并没有太多的感觉，因为那时候比赛比较紧张，那一刻想的就是拿到纪录的比赛一定要赢，就这样想"。

（主播）尽管最后广东还是没能取胜，但谁也不会忘记这个夜晚，谁也不会忘记这场标记朱芳雨名字的比赛。因为这场比赛是朱芳雨第 600 次踏上 CBA 的赛场，是历史上第一个达到这个数字的球员，更因为这场比赛中朱芳雨将自己的得分刷新到了一万零七分，也是到目前为止 CBA 得分中唯一一个得分过万的选手。15 年的职业生涯，600 场比赛，10 007 的得分，1374 记三分球，31 岁的朱芳雨在中国职业男篮的数据表上都写在了第一位，从 16 岁到 31 岁，朱芳雨的面孔和球技从青涩到成熟，在一点一点地蜕变，细数着纪录

[①] CCTV5《体育世界》：朱芳雨，万分精彩 .2014.11.27.

第八章 篮球运动传播的媒介呈现Ⅱ：电视新闻报道

一分分地累积，那几乎就是那些年广东队或者CBA的历史。1999到2000赛季，16岁的朱芳雨第一次走进CBA，只是那时候的他多数时间都是坐在板凳上度过的（画面穿越时空让我们看到了16岁青涩的朱芳雨和他那充满渴望的眼神，让观众心中顿时涌起一股热流），赛季场均虽然只有2.1分和1.2个篮板，但经过一个赛季的适应，这个手感好的少年成为广东队的得分利器。他的三分球越来越准，他的得分越来越多，朱芳雨和他的广东队一起成长着，一起走向CBA的荣誉中心。

（画面以纪实的形式回顾了朱芳雨与广东宏远一起成长，一起征战CBA）从01到02赛季开始，朱芳雨的场均得分逐渐到了20分以上，广东队也从03年的亚军开始，在随后的10多年间里，斩获了8次的联赛冠军。在广东队的辉煌荣誉中，朱芳雨拿到过两次常规赛、四次总决赛最有价值球员称号，13次入选全明星，更值得称道的是他在一场场比赛、一次次出手中，刷新了一个又一个纪录。2002到03赛季，广东主场迎战北京，朱芳雨全场砍下42分，创造了自己职业生涯的单场纪录；2001年12月30日，广东客场迎战浙江稠州银行的比赛，朱芳雨投进了自己第1096个三分球，自此超越李楠成为CBA历史上三分球数最多的球员；2012年1月1日，广东主场大胜江苏，朱芳雨在第二节刚刚开始时命中三分，总得分达到了8339，超越了刘玉栋保持的8337分的CBA总得分纪录。

（采访朱芳雨：时间2012年1月1日）"刘玉栋是我非常尊敬的老大哥，就是他教我很多东西，能够超越他也是对我的一种鼓励，希望我以后能有更好的表现"。

（主播）之后并没有等太久，2013年1月1日，朱芳雨在对阵青岛的比赛结束前中投命中，让自己职业生涯得分达到了9000分，成为当时中职篮历史上第一个达到这个里程的球员。

（采访朱芳雨）"这个纪录不断地延续也好，10 000分都是很有可能实现的，但朝这个目标去努力吧。也希望在这支球队能取得更多胜利、取得更多冠军的前提下，能够去完成新纪录的诞生"。

（主播）694天的等待，再又一个1月1日之前，朱芳雨已经实现了得分破万。这个纪录当然会继续，因为新赛季的比赛才刚刚开始，朱芳雨脚下还有更长的路，朱芳雨的纪录还有更多改写的机会。

（采访朱芳雨）"队友也在祝贺我这个纪录。这个纪录会继续下去"。

朱芳雨把自己的总得分刷新到了 10 007 分，开始成为 CBA 历史上第一个万分先生。在所有现有球员当中，王治郅一共拿下了 9676 分，排在朱芳雨之后。然后是刘炜拿到了 8293 分，唐正东拿到 8252 分排在第四，这个得分也算不错。王仕鹏 7275 分。

（画面同步打出：朱芳雨：10 007 分，王治郅：9676 分，刘炜：8293 分，唐正东：8252，王仕鹏：7275 分）

600 场 10 000 分朱芳雨成为了 CBA 历史上第一个万分先生，打开今天的"体坛酷评"听听球迷们怎么评价这个万分先生。

球迷一哥说："我觉得朱芳雨是中国最稳定的投手，他必将成为中国最伟大的球员之一，如果中国有名人堂的话，必然有他的一席之地。"

球迷唐爷们儿说："朱芳雨配得上这个荣誉，他的实力很强，广东这么多年能夺冠，他的功劳非常的大，功不可没。"

球迷贵阳小猪说："朱芳雨还是不错的，相信那个分数还会继续上涨。我也相信他的这个分数不会永远都是他，就算是第一，相信后面还会有更多的超越者。"

球迷豆腐说："一万分对于朱芳雨来说不是终点而是起点，作为中国最优秀的篮球选手，朱芳雨帮助中国队取得了许多优异的成绩，希望朱芳雨以后再接再厉。"

球迷东来东往说："首先祝贺朱芳雨成为 CBA 的首位万分先生，希望他能在 CBA 继续书写传奇。"

（画面同步播出球迷的微信语音）

第四节　符号互动视角下篮球报道的大数据

数字符号对于篮球运动的传播越来越具有非凡的意义和价值。数据一直是 NBA、CBA 篮球运动报道的重要信息，也是一个评价运动员的重要符号，在 NBA、CBA 篮球运动直播过程中被广泛地运用。

2014 年，国务院下发了《关于加快发展体育产业的意见》，其中提到坚持改革创新，体育企业作为高新技术企业可以给予减免税收的特殊优惠。因此，

第八章 篮球运动传播的媒介呈现Ⅱ：电视新闻报道

CBA联赛不但要提高观赏水平，更应该在科技创新中勇往直前，融入更多的科技成果。

一、大数据的界定与分析

（一）大数据的界定

美国在上世纪50年代，就有媒体利用大型计算机对政府提供的数据库的信息进行分析，以发现和分析新闻事实。[①]"大数据"（Big Data）这一概念，首先是指信息或数据量的巨大。[②]大数据业界通常会将其归纳为四个特性，即体量、多样性、速度和价值。综合来看，大数据意味着巨大的数据量、多样化的数据源以及对数据的快速的处理。

（二）大数据在篮球运动传播中的功能

第一，大数据技术渗透到新闻生产的核心环节。

在大数据及相关技术的影响下，人们获取数据的渠道变得更加便利，过去只有受过专业训练的人才能承担的体育新闻报道工作，开始通过计算机来进行数据的萃取和分析。Narrative联合创始人兼首席技术官（CTO）克里斯蒂安·哈蒙德认为："未来机器生成的新闻将占到媒体新闻的90%，并且在未来5年之内，这样的新闻有可能获得普利策新闻奖。"[③]目前，NBA和CBA的大数据库的建设更加完备，更具前瞻性和预见性，所实现的价值也更加多样化。

第二，大数据技术重树篮球新闻质量标杆。

目前，在CBA和NBA的电视直播过程中，数据是受众获取信息的重要渠道，球星的数据以及数据对比，伴随着比赛各项基础数据的展现，让球迷更加直观和深层次地了解篮球运动，传播效果更加显著。现在大数据不仅在某种程度上比解说嘉宾的个别角度、个别层面的观察更为有效，通过大数据分析关于某一事物的走向比个别专家的分析也更为令人信服。在2014—2015季后赛，广东与北京的半决赛，媒体广泛借助大数据技术来对两队进行重大趋势的预测与分析，让新闻的深度和广度大大提升，并且预测的准确程度可能得到有效

---

① 卜卫.计算机辅助新闻报道：信息时代记者培训的重要课程[J].新闻与传播研究，1998（1）.
② 郑重.大数据时代我们如何做分析[EB/OL].http://bizsoft.veskv.corn\377\30424377.shtml.
③ 中涛.连线杂志：未来新闻90%以上将为电脑化新闻[EB\OL].http://tech.qq.com/a\20120503/000271.httn.

提升，对社会的影响力和被关注度得到提升，对提升篮球运动的传播效果大有裨益。

第三，大数据技术进一步提升受众反馈的价值。

媒体内容的受众反馈，也是以大规模数据的形式体现的。媒体对朱芳雨万分先生的报道产生了较大的反响。2014—2015全明星投票中，朱8携带万分先生的美名，在前两周得票遥遥领先。通过对这些数据的展示，可以使受众的意见、态度得到更充分的呈现，受众就是通过投票的数据来表达对万分先生的喜爱。大数据技术使受众反馈直接转化为民意，在NBA和CBA全明星赛中，所有的选手都是通过球迷的投票产生。这将使媒体在反映与传达民意方面的功能进一步增强，实现与球迷更多的良性互动。在NBA和CBA官网，球迷可以根据自己的喜好了解球队、球星技术数据以及其他球队和球星的技术对比与分析，满足不同层次人群的需求。

第四，大数据助推趋势预测和数据驱动型深度新闻报道。

以往关于篮球的报道更多的是就事论事。如今，在漫长的NBA和CBA赛季，媒体通过利用大数据技术，把更多的注意力放在对球队和球员未来趋势的预测上，那么，新闻报道就会达到更高层面，来实现媒体价值的重塑。在朱芳雨的报道中，通过数据分析，会得出一些前瞻性的预见，大大提升了预测的可信度和报道的多层面。

第五，大数据时代的信息图表呈现出数据和文本信息的形象化和可视化。

信息图表的出现，让人们更加清晰直观地看到数据的对比和分析，使得媒体进入到一个"读图时代"。"读图时代"主要是通过信息的视觉化再加工，形成视觉图形，更好地向观众传达、解释甚至解读信息。对于媒体来说，信息的视觉化再加工需要了解受众的诉求并通过图表准确地表达，这需要一种全新的思维方式与操作能力，这需要媒体从业者具备较高的素质和一个较长的完善过程。"读图时代"在NBA和CBA的三大媒体报道中以大数据为基础的图表和图表对比比比皆是。通过信息图表呈现球员场上数据、提示比赛的看点与互动话题、图解比赛的过程，通过球队之间的胜负对比梳理进程、揭示对比关系，或通过图表展现情状、整合内容，或通过数据对比表达对球队、球员场上表现的意见，分析解读球队和球员的走向等。这样，受众能够更全面地了解比赛的进程、球队的未来走向、球员的表现、球迷的诉求和舆论的导向，在全社会形成良性的互动,提升大众对篮球运动的认知水平,使球迷更加的专业、球队更加的有社会责任感、球星更加的敬业和自律,营造良好的舆论环境和发展途径,从而推动篮球运动的发展与传播。

(三)大数据与 NBA 和 CBA 的传播

朱芳雨突破 10 000 分大关,让人们对篮球数据的兴趣大大提升。随着大数据时代的到来,篮球数据对科技的依赖越来越突出,人们渴望越来越多的 CBA 篮球明星拥有 NBA 球员一样华丽的数据,拥有像乔丹、科比这样优秀的篮球巨星。朱芳雨的 10 000 分数据是一个跨越,具有非凡的意义和价值,将有力地推动 CBA 篮球联赛数据现代化进程,让我们看到更多、更真实、更便捷的数字符号,加深我们对篮球运动传播的理解。

NBA 对于数据的重视体现着职业联赛的服务意识。无论是全球商业化推广还是"造星"运动,比赛本身才是主打产品,而数据则将赛场上运动员的激烈对抗、飞身暴扣等比赛内容具象化,通过具有美学价值的精美图像为产品增添附加值。在 NBA 赛场,詹姆斯、哈登、水花兄弟等大腕的对决、由名目繁多的历史纪录积累下来的复仇之战,洛杉矶同城德比等噱头为比赛增添看点,让漫长的赛季更像一部高潮迭起的连续剧,让观众欲罢不能;分门别类的球队、球员技术统计数据,更加具有科研价值,通过数据的分析比对,教练员能够设计出更具针对性的训练方案和更具挑战性的战术安排,让比赛的比分更加接近,竞争更加紧张激烈,更能抓住观众的眼球。和公牛王朝乔丹的两次三连冠、科比单场的 81 分一样,球员在不断地积累各种技术数据,通过比对的技术数据层出不穷,大牌球星们通过不断的技术数据的超越被一步步推上庞大数据堆砌起的"神坛",为媒体和球迷所传颂。作为成熟的职业联赛,美职篮提供精准的统计数据是其更加职业化的一个重要标志,也是体现球员职业价值的一个标尺。

在 NBA,大数据也在悄然改变着人们传统的思维模式。大数据已经成为美职篮普遍使用的数据分析方式,也成为教练员制订训练计划、安排运动员训练的重要依据。休斯敦火箭队总经理莫雷,以精算师著称,他倡导的数据分析体系在 NBA 受到越来越多的球队的青睐,这些球队开始依靠数据去分析技战术和建立打法风格,而不是仅仅依靠教练员传统的理念。的确翔实、全面、专业的 NBA 篮球数据分析系统,无疑能为球队提供一种认识自己和分析对手技战术的重要途径，并且具有较强的操作性。

NBA官网于2013年引入新的数据分析平台（SAP HANA），该数据分析平台能支持数以万计的美职篮数据的实时查询，以及各种数据组合对比。同时其球的速度、球员控球时间以及运动员之间的距离等非传统的数据也将通过球馆安装的体感追踪系统，对所有通过6个摄像头的篮球和球员进行追踪，并有专门的软件进行记录和分析，这些数据将更新NBA的技术统计单。

NBA的实践表明，职业体育作为现代生活的重要组成部分，科技正融入到职业体育中来并改变着我们的生活。对统计数据的重视，其实是为球迷提供一个准确的服务，体现出职业体育对球迷的尊重。为避免技术台手动滞后可能产生的争议，NBA裁判员通过随身携带的PTS系统，能够接收裁判员的哨声实现自动停表。在科技高度发展的今天，CBA进行包括数据统计在内的赛场服务工作，并非技术层面的问题，而是我们在其中体现出的职业体育的态度和对花钱消费球迷的尊重。

CBA发展20年，在数据积累方面是做得不够的。[①] 看一看NBA的数据吧，简直是无以复加的细致。比如乔丹，他的每一场比赛都有精确的记录，而每一个时间节点也不被忽略。1997年12月30日，他创造了连续778场单场得分上双的纪录，超越了贾巴尔成为联盟第一人。在芝加哥公牛队与森林狼队的比赛中，乔丹获得38分，连续778场得分上双。当然他得分上双的纪录还在延续，达到866场，时间从1996年3月25日到2011年12月26日，长达15年9个月，在如此长的时间里保持两位数得分，恐怕在世界篮球圈都难寻第二人。在乔丹职业生涯中，共参加1264场比赛，其中1249场得分上双，只有区区15场是例外。2003年4月乔丹还创造一项NBA纪录，在他40岁的时候，单场得分超过40分。在NBA得分上40分连续场次最多的球员是张伯伦，1961年12月30日，他创造了连续14场得分过40的纪录，当天费城勇士队迎来了波士顿凯尔特人队，虽然勇士队以110比116负于凯尔特人队，但张伯伦创造了令后人难以企及的连续单场过40分的纪录，成为那场比赛最耀眼的明星。前一天在与湖人的比赛中，他创造了连续7场得分上50的纪录，这两大数据在美职篮历史上至今无人能敌。张伯伦创造的惊人数据远不止这些，在

---

① 手工作坊难撑CBA大数据.人民日报，2013-12-21：15：03：11.

1961 至 1962 赛季，张伯伦出场的 80 场常规赛中，场均得分 50.4 分，篮板球 25.6 个，其中，场均 50.4 的得分被认为是最难超越的纪录。

大 O 罗伯特森一共拿到 181 次三双，这是一个和张伯伦单场 100 分的纪录一样让人连超越念头都没有的神话。在上世纪 60 年代，他就是篮球之神，每年 3 万多的年薪，却打出了单赛季场均三双数据。张伯伦说，有人说乔丹、约翰逊是最伟大的球员，我认为是大 O，可惜，他没有生在一个好的年代。但他得到了另外的补偿。他的经典动作做成了奖杯，每年 NCAA 那个最好的球员获得奥斯卡罗伯特森奖，时间老人就是用这种方式看着世间的人事沧桑。中国 CBA 联赛球员单场得分纪录是由孙军保持的，2000 年 12 月 17 日，在 CBA 联赛第九轮吉林队与济南部队的比赛中，吉林队队长孙军独得 70 分，大大超越了巴特尔单场 51 分的纪录。这也创造了国内球员的最高得分，至今没人打破。2010 年山东黄金队的艾米特创造了单场 71 分的纪录，随后浙江稠州银行的杜比以单场 75 分创造了新高。

二、以 CBA 数据库对朱芳雨 10 000 分进行大数据实例分析

（信息来源：CBA 官网、搜狐、新浪、网易）

694 天前的 2013 年 1 月 1 日，在广东队客战青岛队时，朱芳雨成为 CBA 史上首位得到 9000 分的球员。当时面对记者，朱 8 说出了他心中的梦想——得分破万。如今，"三分雨"终于梦想成真。3 年半前的 2011 年 3 月 9 日，当朱 8 成为 CBA 史上第 3 位得到 8000 分的球员时，或许连他自己都没有想到，现在的他缔造了中国职业篮球的历史。

99-00 赛季迎来 CBA 首秀——时光荏苒，岁月如梭。朱 8 还记得刚出道之时，他身披的是广东队的 16 号球衣，00-01 赛季改穿 13 号，从 01-02 赛季起，朱芳雨才真正披上 8 号。16 年光阴，朱 8 是广东王朝（10 年 8 冠）的奠基者。他从一个喜欢扣篮的生猛少年变成了如今以中远距离投篮为主要得分手段的老将。从南方的东莞到北方的长春，从西边的新疆到东边的宁波，都留下了朱芳雨百战不殆的身影。

近两年，朱 8 的竞技状态呈现下滑趋势。12-13 赛季场均 12.8 分，13-14 赛季场均 11.5 分。而在经历今夏场外风波后，朱芳雨在 14-15 赛季焕发职业生涯第二春。前 11 轮，朱 8 场均贡献 18.4 分，是这一季广东队内仅次于易建

联的国内第二号杀器。从第 4 轮到第 11 轮，8 场比赛朱芳雨共计投中 44 个三分，场均 5.5 个。

事实是前 11 轮，朱 8 命中的三分总数和场均三分都位列国内球员之首。此役投中 8 记三分得到 34 分，是朱芳雨继 2012 年 2 月 12 日之后，2 年半以来首次单场砍下至少 30 分！第四节结束前 3 分 37 秒命中此役个人第 7 记三分，朱芳雨左手指天，这是他今晚第 27 分，正好 10 000 分，现场 DJ 呼喊道："祝贺朱芳雨，第 10 000 分！"之后的暂停期间，朱芳雨左手戴上了白色的护臂，上面写着"10000+"。

在将迎来 32 周岁生日之际，朱 8 获得过所有 CBA 的重要荣誉，堪称中国职业篮球历史第一人。而除了位列 CBA 历史总得分榜首位之外，"三分雨"还是 CBA 历史三分王，以及出战场次最多之人。朱 8 还有另一项数据位列 CBA 历史第 3 位——抢断；而篮板和助攻，朱 8 都跻身历史 TOP15。从数据方面来看，朱芳雨无愧 CBA 历史第一人。万分对于朱芳雨来说，是又一个全新的开始，雨还会一直下下去！

朱芳雨万分进程：

10 000 分——2014 年 11 月 26 日

9000 分——2013 年 1 月 1 日

8000 分——2011 年 3 月 9 日

朱芳雨的职业生涯之最

10 007 分，朱芳雨在 CBA 历史总得分榜上高居首位。排在榜单第 2 位的是今年转型为助教兼球员的王治郅，大郅本赛季只打了 1 场球，目前他的总得分是 9676 分。需要提及的是，朱 8 和大郅是 CBA 史上仅有的 2 位总得分至少是 9000 分的球员。

2014 年 11 月 26 日，朱 8 不仅得分破万，而且 CBA 出战场次达到 600 场！朱芳雨成为 CBA 史上唯一一位出场达到 600 场之人。排在第 2 位的是朱 8 的队友王仕鹏，截止到目前，王 7 一共在 CBA 征战 592 场。也就是说，他肯定将在本赛季成为 CBA 史上第 2 位步入"600 场俱乐部"的球员。

除了得分和出战场次领跑 CBA 之外，朱芳雨还是 CBA 史上命中三分个数最多之人。截止到目前，朱 8 一共投进 1374 个三分。CBA 史上一共只有 3 人投进至少 1000 个三分，已经退役的李楠（1095 个）位列第 3 位，王仕鹏排

第八章 篮球运动传播的媒介呈现Ⅱ：电视新闻报道

在 NO.2；不过王 7 距离朱芳雨还有一定距离，他命中的三分个数是 1113 个。

是的，朱芳雨是 CBA 史上首位至少 3 项数据统计位列首位之人。根据统计，朱芳雨的抢断总数在 CBA 历史总抢断榜上位列 NO.3。截止到目前，朱 8 共计送出 994 次抢断，距离 1000 次抢断仅差 6 次。CBA 历史上，一共只有 2 名球员的总抢断数至少是 1000 次。排在首位的是江苏队的胡雪峰（1540 次），目前在四川队打球的吕晓明以 1023 次位列第 2 位。

CBA 历史助攻榜 TOP15 也有朱芳雨的名字，由此可见，朱 8 非常全面。截至目前，朱芳雨共计送出 1024 次助攻。在广东队历史助攻榜上，朱 8 排在第 3 位，仅次于李群（1508 次）和王仕鹏（1236 次）。现役 CBA 球员，朱芳雨排在第 7 位，仅次于吕晓明、胡雪峰、刘炜、张庆鹏、王仕鹏和杨鸣。在 CBA 历史助攻榜上，朱芳雨位列 NO.14。

还有就是，朱 8 目前一共抢下 2625 个篮板，位列 CBA 历史篮板榜第 11 位。排在朱 8 之前的现役 CBA 球员分别是唐正东、王治郅、张凯、莫科、易建联和李晓旭。另一方面，朱芳雨的 212 个盖帽排在 CBA 历史总盖帽榜第 21 位。

即将 32 岁的朱芳雨仍是广东队的主将。显然，他所缔造的纪录仍在延续……

以下是朱芳雨各项数据在 CBA 历史上的排名：

得分（10 007 分）——第 1

出战场次（600 场）——第 1

三分（1374 个）——第 1

抢断（994 次）——第 3

篮板（2625 个）——第 11

助攻（1024 次）——第 14

盖帽（212 个）——第 21

备注：截至北京时间 11 月 26 日

朱芳雨的职业生涯

朱芳雨的职业生涯辉煌，随广东队八次夺取总冠军。作为广东队的核心球员，朱芳雨两度夺取 MVP（2007/2008、2011/2012）和三次 FMVP（2007/2008、2008/2009、2009/2010），荣誉上堪称 CBA 二十年来第一人。本轮同辽宁之战，朱芳雨砍下 34 分，个人总得分超过一万分，也成为 CBA 史上首位总得分超过一万分的球员。

朱芳雨还随男篮征战过三届奥运会，其中2004年雅典奥运会和2008年北京奥运会，助男篮闯入奥运会八强；朱芳雨还随男篮征战2002世锦赛和2006世锦赛。亚洲级别比赛里，朱芳雨帮助男篮夺取三次亚锦赛冠军（2003、2005、2011）和2枚亚运会金牌（2006、2010）。长期以来，朱芳雨皆是广东阵中和中国男篮不可或缺的绝对主力。

个人纪录

从99-00赛季代表广东队征战CBA以来，朱芳雨一共拿到了2次常规赛MVP、4次总决赛MVP，是CBA史上获个人荣誉最多的球员；同时连续13次入选全明星阵容，更是其他球员难以企及的高度。

99-00赛季，稚嫩的朱芳雨大部分时间都在板凳上度过，赛季场均只有2.1分和1.2个篮板。01-02赛季，朱芳雨的数据开始飙升，这个赛季场均得到23.8分、6.7个篮板；和辽宁队的比赛，朱芳雨单场命中9个3分球，直到今天这仍是他的个人单场纪录。

03-04赛季开始，朱芳雨同广东队开创了8年7冠的王朝。这个赛季，朱芳雨同杜锋合力率领广东拿下队史首个总冠军。在04年的全明星赛中，朱芳雨还夺得了个人的首个3分大赛冠军。04-05赛季，广东队奇迹般地战胜了江苏，总决赛的第5战，广东队一度落后16分，但是朱芳雨的3分球连续命中，帮助广东逆袭成功。这个赛季，朱芳雨的数据上升到26.4分、3.8个篮板和1.8次助攻，第一次荣获总决赛的MVP。

05年全明星的3分球大赛，朱芳雨以25分强势蝉联，这一夺冠的得分纪录至今无人能破。不过05-06以及06-07，受伤病的影响，朱芳雨的状态稍显低迷。07-08赛季，从伤病中走出来的朱芳雨迎来职业生涯的第二春，这个赛季，朱芳雨场均得到20.5分、5篮板、2.5助攻，总决赛更是场均爆砍29.2分，夺得了常规赛MVP和总决赛MVP两项个人荣誉。

08-09赛季，总决赛中，朱芳雨场均22.2分，第三次摘走总决赛MVP，成为CBA史上第一人。09-10赛季，朱芳雨总决赛场均得到18.8分和4.2个篮板，第五战更是贡献了29分，帮助广东队4：1击败新疆成功卫冕，连续三个赛季获得总决赛MVP，也是历史上第四次荣膺总决赛的MVP。

2011-2012赛季，朱8第6次在其CBA职业生涯当选常规赛MVP，这在

CBA 的历史上是空前的。

除了 6 次荣膺"最佳球员"的称号外,从 01-02 赛季开始,朱芳雨连续 13 次入选全明星阵容,号称"全明星之王"。09 年,朱芳雨获得 257 064 票,四轮票选均以独占鳌头的强劲优势首次成为本次全明星投票的票王。尽管 13 次入选全明星阵容,但是朱芳雨却从未在全明星赛上成为最有价值球员。截至 12 月 7 日,2015 年 CBA 全明星赛首发票选第二轮投票结果揭晓,总共有 554 226 名网友参与投票,广东队前锋朱芳雨以 258 540 票连续第二周当选票王。

小 结

电视新闻能够以更加直观的效果吸引受众的关注,通过语言、服饰、表情、肢体语言和屏幕字幕、Logo、统计数据、特写镜头、慢镜头回放、镜头的时空交互、新闻人物的现场采访,专家的点评等一系列语言符号和非语言符号进行互动交流,引起观众的共鸣,产生立体的,多维度的传播效果。

在篮球新闻中,通常以 CBA 和 NBA 为报道重点,新闻重点突出,详略得当,信息量大,更重要的是通过一个个吸引眼球的语言符号和非语言符号以及语言符号与非语言符号的互动使整个新闻成为一个整体,把篮球的传播讲得有滋有味,充满了义化气息,并且队名与人名也形成了互动——北京战山东,闵鹿蕾与巩晓彬心态的互动;八一战佛山,周羽、周博这两位八一队的小将与佛山双外援的实力互动;江苏战山西,江苏的常琳的三分球引爆了双方球员的战术对抗互动;骑士对老鹰,詹姆斯与队友马里昂、勒弗、哈里斯的投篮手感互动;国王对马刺,考辛斯与吉诺·比利的个人能力互动;开拓者队对网队,分别效力于两支球队的洛佩斯兄弟口水仗比帅互动;公牛队对开拓者队,罗斯与克莱斯、斯科拉和希尔的实力互动。值得一提的是罗斯虽然没有上场,但依然与开拓者队的克莱斯、斯科拉和希尔形成了互动,一方面说明了罗斯因伤缺阵对公牛队实力的影响,印证了中国那句老话,三个臭皮匠,顶个诸葛亮,暗示了公牛主场失利的原因;另一方面是电视镜头的时空交互使没有上场的罗斯与对手的上场队员实现了互动,显示出电视媒体在新闻传播中的超强传播效果。

通过文本分析和逻辑分析的方法就央视《体育新闻》栏目的新闻从符号互动视角对篮球新闻播出的过程和效果进行了解读，但电视传播的过程和效果依然有本文所不能提及的地方。在央视体育频道各档体育新闻栏目中有早晨的《体育晨报》栏目、中午的《体坛快讯》栏目、下午的《体育新闻》栏目以及晚间的《体育世界》栏目，这些栏目都是全方位、多视角地报道篮球运动的新闻，当然主要以CBA和NBA的篮球新闻为主。建议后续的研究者能够从不同的视角来解读新闻，为篮球运动的传播开辟更加广阔的视野。

《万分精彩》这段新闻采用CCTV5数字电视平台与网络CNTV数字平台同步播出，在整个新闻中采用新闻报道、新闻背景回顾、现场采访、过往采访插入、体坛酷评等形式，形成了电视与网络的互动，新闻报道与当事人、球迷手机微信的互动。同时，央视手机客户端和CNTV同步进行了报道和开展了广泛的球迷互动，形成了网络、智能手机和数字电视媒体的全方位、全媒体报道。同时，大数据对本次报道提供了有力的支撑，一些预见性的、前瞻性的报道随之出现，展现出新闻报道的勃勃生机以及篮球运动传播的广阔前景。

关于朱芳雨CBA 10 000分，我们从大数据和全媒体的视角进行了解读，从中我们可以看出，在大数据和全媒体时代，体育新闻在篮球运动传播方面的深度和广度不断加强，跨越时空，整合大数据，使新闻报道的信度和效度更加明显。同时借助全媒体的参与和大数据的支撑，朱芳雨在CBA赛场上成为首位万分先生的报道在社会上引起了强烈的轰动，在网络、智能手机和数字电视这三个全媒体终端引起了互动传播。目前，NBA和CBA赛事犹如一场大戏在神州大地上上演，成为广大球迷茶余饭后热议的话题，人们通过对朱芳雨CBA 10 000分的热议，使个体更好地融入社会活动中，形成良性的互动，对推动篮球运动的传播和和谐社会的构建意义重大。

在全媒体大数据时代，中国篮球的传播开启了新的纪元。但是，我们必须清醒地看到，我国篮球职业联赛虽然在全媒体报道的技术方面能够满足篮球运动传播的需求，但是如何提高联赛质量和如何对联赛进行包装却是CBA提升篮球运动传播水平的关键；同时联赛水平的高低和赛场氛围的优劣更彰显出篮球运动在我国传播的广度和深度。在大数据的建设方面还存在着一定的不足和漏洞，这直接影响了篮球运动传播的效果，加强联赛数据库建设和进行计算机

第八章 篮球运动传播的媒介呈现Ⅱ：电视新闻报道

技术融合与研发是大数据时代对 CBA 数据库更精确、更全面的必然要求，同时也是篮球运动传播过程中对篮球大数据的要求。朱芳雨成为 CBA 万分先生通过全媒体、大数据的报道与解读，使我们对 CBA 更好的发展前景充满期待。数据也是联赛的核心价值所在，这必将为篮球运动在我国的传播和我国篮球走向世界提供更多的文化积淀。

第九章　NBA 与 CBA 的符号互动关系

第一节　NBA 与 CBA 是篮球符号系统的品牌

　　NBA 和 CBA 都是一个符号，也是一个品牌，NBA 和 CBA 同属篮球符号系统。NBA 具有的顽强生命力源于对篮球市场的准确定位，更是顺应时代的潮流，契合经济发展的脉络，对传播效果的孜孜以求，对项目管理的科学合理，对人才培养的系统和完善，对技战术素养的精益求精，还融合了现代文明成果、精神追求，成为一种体育文化产品，带动了整个体育文化产业的发展和篮球运动的全球化传播。目前，我国积极推动的体育文化产业的发展为 CBA 的发展提供了契机。篮球文化产业的发展与篮球运动的影响力和传播力密不可分，打造 CBA 品牌关键看我们为 CBA 这个符号系统注入多少发展和前行的动力。

　　NBA 和 CBA 的发展与消费时代的来临密不可分。美国的消费时代始于上世纪 60 年代，也是 NBA 起步阶段，而中国的消费时代开始于上世纪 90 年代，正好也与 CBA 的发展相吻合。正如美国的经济发展依赖中国的消费市场一样，美国的篮球同样依赖中国的消费市场，毕竟中国拥有全球最大的篮球受众群体，具有巨大的消费潜力和市场需求。CBA 发展的 20 年也是 NBA 在中国广泛传播的 20 年，篮球运动的发展与传播源于篮球运动自身的不断改革和完善的内在动力，也源于拥有巨大受众群体的篮球消费市场推动的外在动因。如何发挥这两个双动力引擎的作用，这是 NBA 和 CBA 在发展和传播过程中共同面临的问题，而是否能够满足受众的需求在市场经济条件下关乎运动项目的生存和发展。作为世界上排名第一和第二的经济体，中美篮球职业联赛在篮球运动的发展与传播过程中也将扮演重要的角色，中美两国篮球通过 NBA 和 CBA 的互动，取长补短，同样能够为篮球运动的发展和传播增添活力。NBA 就特别重视中国这个篮球市场的开发，如 NBA 的季前赛有了中国赛区；2015 年，NBA 在中国春节期间推出了 NBA 特别节目，标识也打上了中国元素；姚明效力过的休斯敦火箭队更是穿上了中文标识的球衣来吸引中国球迷的关注。当然 NBA 作为成熟的职业联赛同样为 CBA 的发展提供借鉴。CBA 在与 NBA 的互动中既要正视差距与不足，迎头赶上，同样也要充分发挥市场潜力大、受众人群多的优势，打造好 CBA 这个中国篮球职业联赛的品牌，为篮球运动的发展和传播"蓄力"和"放飞梦想"。

1949 年，美国篮球组织 BAA 和 NBL 合并为全美篮球协会（简称 NBA）。NBA 的发展对篮球运动的传播功不可没。首先，对规则的修改紧紧抓牢了现场观众和电视观众的目光，是 NBA 逐步走向强大的关键；其次，球队的壮大使 NBA 逐渐占领美国职业篮球市场，形成庞大的篮球产业链，成为全球最具影响力的品牌赛事。目前 NBA 共有 30 支球队。

从 1954 年起，NBA 开始实行 24 秒制。1970 年，NBA 联盟正式分为东西二区。美国哥伦比亚广播公司于 1973 年以 27 000 万美元买下 NBA 播映权，合同为期 3 年，但由于当时实况转播的条件还不具备，所以只能进行录播。在 NBA 全球战略的推动下，目前，NBA 的联赛的直播在全球进行推广。

1976 年，美国篮球协会（ABA）被 NBA 兼并，从此，确立了 NBA 在美国篮球业的垄断地位。

1979 年起，NBA 开始在联赛中实行 3 分远投制度。为了提高比赛的观赏性，缩小球队之间的差距，同年推行每年一度的"NBA 新秀选拔制度"。

1988 年，夏洛特黄蜂队和迈阿密热火队加入 NBA。

2004 年，夏洛特山猫队加入，NBA 球队达到 30 支。

1995 年 CBA 主客场联赛开赛。18 年来联赛取得了较大的发展。1995—1996 赛季，参赛队伍 12 支，总比赛场次 154 场，现场观众 45 万人次，电视转播 296 小时；03-04 赛季，CBA 电视转播的国内覆盖率达到 100%，单场比赛的电视转播率是 220%，一共有 16 家电视台转播 CBA，其中直播 362 场次、录播 361 场次、播出集锦 336 场次。到 2012—2013 赛季，参赛队增至 17 支（2013—1014 赛季 18 支），总比赛场次增至 296 场，现场观众增至 131.7 万人，电视转播增至 3429 个小时，电视观众也由 2005—2006 赛季的 3.15 亿增至 7.19 亿人次，商业价值名列前茅，社会关注度持续增长，品牌价值快速提升。2007

年华通明略公司所做的中国体育赛事调查中，CBA 联赛已成为我国各项体育赛事中认知、喜爱和关注度排名第一的赛事。目前，CBA 已经拥有 20 支球队。CBA 联赛培养出众多的篮球明星，培养了热爱篮球运动的青少年球迷，推动了篮球运动的普及与提高。①

目前 CBA 已经成为中国体坛最具影响力的联赛，得到境内还有境外媒体空前的关注。CBA 商业化运作已经进入成熟期，电视转播的场次、观赛人数逐年增加，具有很高的商业价值和品牌影响力。

从篮球运动传播的角度来看，对 NBA 和 CBA 的职业化水平、品牌形象、运营、管理和制度等多种因素进行比较分析，可以揭示出中职篮和美职篮互动交流和碰撞中存在的问题和差距，展现出篮球运动作为全球最具影响力的运动项目在不断发展和壮大过程中的市场潜力和广阔的发展空间以及 CBA 发展的美好愿景。

第二节　NBA 与 CBA 联赛职业化水平的差距

李元伟指出，三大球的提高要解决的三个关键问题是指导思想、管理体制、人才体系。并且三大球与其他项目相比具有以下三个不同：投入大、周期长、金牌少、影响大；对球星群体和领袖人物的高度依赖；对社会和市场的高度依赖。篮球运动的发展和传播具体讲有历史的、民族的和传统的因素，欧美人特别喜欢三大球；有人种、民族性格和文化性格方面的因素，加索尔身高 218cm，臂展比姚明长；有项目特点的因素，欧美人对篮球的趣味性、健身性非常重视，群众基础雄厚；有管理体制方面的因素，因为体制是项目生存的土壤；有社会化、市场化水平的因素；有俱乐部对人才体系依赖的因素。杨桦也强调了篮球运动的发展与传播与地域性文化具有密切相关性。"准确性"原则是篮球运动的核心价值所在，并确立此项目发展的方向。有过留美经历的池建更是看到了解决我国竞技体育基础薄弱的关键就是要有一套培养优秀青少年运动员的体制，借鉴西方发达国家的经验就是体育要与教育有机地结合。目前

---

① 信兰成：《深化 CBA 联赛改革，积极探索符合国情的管办分离的体制机制》。2014 年全国体育局长会议上的讲话。

第九章 NBA 与 CBA 的符号互动关系

的大学生篮球联赛就是很好的范例，而美国的大学生篮球联赛为 NBA 的发展提供了巨大的人才储备。随着 NBA 季前赛在中国赛区的举行，我们有更多的机会审视双方参与篮球运动的管理者、教练员、球员和裁判员的水平，探讨 NBA 和 CBA 在篮球运动传播中所展现出的职业精神和职业道德。

在 NBA 的管理者中，大卫·斯特恩无疑是美职篮管理层最耀眼的符号象征。如今这一代的 NBA 球迷们基本上都浸染在斯特恩所打造的篮球王国当中，自从 1984 年他担任 NBA 总裁以来，打造了诸如乔丹、奥拉朱旺、奥尼尔、科比、詹姆斯等跨时代的超级巨星，同时也将 NBA 的运作推向巅峰，成为全世界最受欢迎的篮球联盟之一。不过正如 NBA 历史上古往今来的各个巨星也终究会落幕一般，斯特恩在 2014 年 2 月 1 日正式与亚当·萧华完成总裁位置的交接，正式退出 NBA 的舞台。斯特恩把联盟变成了全世界最成功的商业体育联盟。从最初的帮助 NBA 摆脱"黄、赌、毒"的形象，打造球星战略，到 NBA 扩军，组建梦之队，再到处理劳资纠纷，推动 NBA 全球化，斯特恩的功绩将永远被这个联盟的每一个人所铭记。大卫·斯特恩正式进入奈·史密斯篮球名人堂。鉴于他在推广篮球运动上的突出贡献，斯特恩未经提名直接入选。2014 年，我们应该铭记这个 71 岁的老人。

CBA 中国篮球掌门人、篮管中心主任信兰成认为，与 NBA 相比，CBA 存在管办不分、产权不明、俱乐部的主题功能未能体现、人员缺乏等问题。据了解，NBA 美国总部有 900 多名工作人员，NBA 中国公司有 100 人，而 CBA 联赛管理层只有几名工作人员，俱乐部管理制度滞后。CBA 俱乐部是以双轨制形式起步的，形式不一，与严格意义上的职业俱乐部还有差距。赛场文明的改善还有很长的路要走。由于社会环境、运营管理经验不足等方面原因，目前的 CBA 职业联赛与真正意义上的职业联赛还有很大差距。同时，信兰成也谈到了 CBA 今后的发展方向，首先在 CBA 联赛中积极推进管办分离，CBA 职业联赛的体制机制应符合中国国情。第二是在深化联赛机制创新上做文章。

在 NBA 教练中，多达 1/3 的主教练都曾是 NBA 的控球后卫。NBA 球队对教练的要求其实非常明确：你必须有大学篮球级别以上的球员经历，大学毕业时，你最好直接到 NBA 打球或者成为助理教练，也可以去欧洲发展。数据显示大多数 NBA 教练相互之间并没有那么大的差别，这并不奇怪，毕竟教练候选人的来路非常狭窄。在 CBA 大多数教练员同样有大学学历，如郭士强和崔万军，等等。

菲尔－杰克逊，"禅师"，毫无疑问他已经是NBA历史上最伟大的主教练了，他执教生涯总共取得1155胜、485负的战绩，胜率高达70.4%；而在季后赛取得225胜、99负的成绩，胜率也达到了69.4%，无论是常规赛还是季后赛，他的胜率都是联盟第一位（范围限定在执教两个赛季以上）。"禅师"执教生涯20年的时间里就有11次夺得总冠军，是NBA历史上取得冠军数量最多的教练，分别缔造过90年代的公牛王朝，以及21世纪第一个十年的湖人王朝。尼克斯在2014年3月聘请"重出江湖"的菲尔－杰克逊出任球队主席。仅仅三个月之后的休赛期，"禅师"便正式聘请德里克·费舍尔作为新任主帅，"老鱼"费舍尔得到一份5年2500万美元的合同，这使得费舍尔成为了当今NBA年薪前五位的主教练。"禅师"与费舍尔联袂执掌尼克斯，号称将会重新启用当年名震江湖的"三角进攻"战术，另外加上"甜瓜"安东尼的续约，尼克斯队新赛季充满信心。帕特－莱利第一次开始拿起教鞭时，是在湖人同时拥有了"魔术师"和"天勾"这两大巨星的时代，但是他很好地将这两名球星融合在一起。在执教的菜鸟赛季里就带领湖人夺冠，这是NBA历史上极为罕见的。莱利执教生涯1210胜、694负，胜率高达63.6%，在教练胜场榜上排名第四。季后赛取得171胜、111负的成绩，夺得过9次赛区冠军，5次带领球队夺冠。拉里·布朗，老布朗，以其严格的管理和顽强的防守理念而著称，他的执教生涯是从1972-73赛季开始的，当时还是在ABA联盟的卡莱罗纳美洲狮队执教。老布朗执教生涯取得1098胜、904负的战绩，胜率为54.8%，季后赛则为100胜、93负，三次带领球队夺得赛区冠军，其中包括2001年带领艾弗森所在的76人夺得东部冠军，而在2004年他带领平民球队活塞击败湖人豪华的F4组合夺得总冠军更是让人津津乐道。

在CBA，教练执掌中军大帐，一名主帅的性格对于球队风格有着莫大的影响。在充满中国特色的CBA联赛，很多教练的职责不仅仅是带领球队那么简单，带领青训、挑选外援乃至球队的整个运作他们都会参与其中。他们大多是直接从运动员走上教练员岗位，没有像NBA教练那样进行过严格的选拔，但CBA的残酷与激烈也造就了中国的教练员队伍。

蒋兴权，74岁的蒋指导可谓CBA的一面旗帜，他在70年代就是辽宁队的主教练。他以带队严格著称，训练极其刻苦。严师出高徒，在他的带领下，涌现出西热力江、杨鸣、丁锦辉这样的人才。蒋指导说一不二，不过铁血的做法经常会招惹矛盾，从当年和辽宁老板吵架然后辞职，接着传出和巴特尔之间的隔阂两人分道扬镳。如今入主佛山，他扬言要带领球队冲击季后赛，期待他化腐朽为神奇的能力。在 CBA 里，最有脾气、个性的非李春江莫属了，"上腿论"一度把他抛向了风口浪尖，面对媒体，他从来不会隐瞒自己的真实想法，经常会蹦出脏字。不过在球队输球的时候，他也曾豪迈地对球员说：输球我扛着！即便饱受争议，他依旧是 CBA 联赛历史上最成功的教练，八年七冠是他最好的标签。曾经有人用刘备来形容闵鹿蕾，刘备在军事造诣上远远不如曹操，但是他却能人尽其才、物尽其用，把人心凝聚在一起是闵鹿蕾最大的本领。当年战胜广东夺冠后，闵鹿蕾春风得意地表示："此生无憾。"上赛季输给山东队，他也是压力最大的一个，把所有的责备和质疑都揽在了自己身上。在北京队，他有足够的话语权，被队员称为"老大"的他，继续带领北京前行。2006 年 6 月 8 日，运动员作为主力控卫的郭士强正式出任辽宁男篮主教练，开始了他教练员的职业生涯。07-08 赛季的 CBA 职业联赛常规赛结束后排名第 4。在季后赛中力克老牌劲旅八一、江苏后，时隔 9 年后重返 CBA 总决赛，并与广东胜利会师。2013 年 11 月 14 日，辽宁男篮更换主教练，郭士强上任接替吴庆龙，在郭士强执教期间，辽宁队取得了 14 胜、7 负的骄人战绩，并以第七名的身份成功杀入 CBA 季后赛。2014—2015 赛季，辽宁队更是以一波 17 连胜的战绩获得了半赛季半程冠军。拥有国家队执教经历的郭士强，务实能干，具有出色的临场指挥才能。他提出的口号就是"靠防守赢球！"看看今年辽宁队的比赛，我们可以看到一支朝气蓬勃的辽宁队，特别是第四节场均 32.3 的得分率更是使辽宁队多次绝处逢生。

在 NBA 和 CBA 由于联赛的时间有较大的重叠，球员之间的互动是非常频繁的，中国的运动员王治郅、姚明、巴特尔和易建联都有过 CBA 和 NBA 经历，而美职篮越来越多的运动员也同样登陆 CBA 赛场。由于互动交流，我们也可以从中解读中美职业联赛球员的水平。从走出去到请进来的过程中我们见证了 CBA 与 NBA 在互动的发展过程中为篮球运动的传播不断地注入活力。

CBA 和 NBA 的差距是全方位的，差距是多种原因造成的，既有主观因素，也有客观因素。但 CBA 与 NBA 的差距到底有多大呢？我列举了 4 位来 CBA 打球的 NBA 球员，同时还有 4 名到 NBA 打球的 CBA 球员，把他们在

CBA 和 NBA 的数据做个对比，分析一下技术数据之间的差距。

表 9-1 CBA 球员与 NBA 球员互动技术数据对照表

姓名（国籍）	NBA 数据				CBA 数据			
	场均	篮板	助攻	得分率	场均	篮板	助攻	得分率
斯蒂夫·马布里（美）	19.3	3.0	7.6	43.3%	22.8	5.9	9.5	53.9%
莫里斯·泰勒（美）	11	4.6	6.4	46.6%	18.1	6.8	9	53.3%
斯威夫特（美）	8.4	4.6	3	47.3%	22	11.8	5	61.9%
斯马什·帕克（美）	9	2.4	2.9	42.6%	17.0	4.7	4.9	60.5%
姚明	19.1	9.3		52.5%	31.4	19		72.1%
王治郅	4.4	1.3		41.7%	26.3	11.7		60.7%
易建联	9.6	5.8		40.2%	24.9	11.5		58.7%
巴特尔	3.4	2.5		39.1%	28.1	10.4	3.6	58.6%

注：CBA 的数据是到 CBA 的第一年场均数（数据来源：CBA、NBA 官网）

从上面的数据我们可以看出，差距是全方位的。但我们从中可以看出中职篮和美职篮发展过程中，通过不断的交流和互动，逐渐缩小双方之间的差距，我们的联赛在训练方式、方法及青少年的培养和市场运作等方面的问题，关键是体制的问题。

NBA 训练强度和比赛强度都非常大，非常重视有针对性的体能和技战术训练。进入 NBA 的姚明和易建联通过训练和比赛的磨炼，他们无论从外形还是技战术方面都有了明显的变化。

在市场运作方面，NBA 各个球队都有专业的运营团队进行运营。在 CBA，合作商如李宁公司是和篮协合作。在人才储备方面，在 NBA，大学每年都会向 NBA 输送很多优秀球员，实际上不光是大学、中学，甚至街头篮球都有很多篮球天才。而我们人才来源只有青训方面，比较单一，我们期待着中国的大学生篮球联赛能像美国的大学生联赛一样为中国职业篮球的发展输送人才，注入活力。

在 CBA 有时裁判会成为场上的主角。在 NBA，如果裁判公正地执法，而且认为自己的判罚是正确的，那么向他的判罚提出质疑的人首先会吃到一个"T"，一个技术犯规。如果你还是喋喋不休，那么裁判会直接把你罚出场外。如果赛后，你还对裁判有什么议论，那么你将面临两场以上的停赛。在 CBA 我们的联赛体系还在初期，很多制度方面的建设有待完善，如在 2014—2015 赛季篮协才刚刚成立独立的裁判委员会。

在 NBA 做裁判首先是资格选拔的严格。大卫·斯特恩先生曾豪言：NBA 官员（包括裁判）是四大职业联盟中最好的。美国的篮球裁判只有在球场上执法过 6 年才有机会获 NBA 执法资格。NBA 裁判委员会每年从成千上万的候选人中遴选出 2~3 人获得裁判资格。另外，一旦 NBA 锁定某位裁判员为预备人才，他们一般都要跟踪 4 至 6 年，在具体考察过其"实战能力"后，只有被一致认可者才能升入 NBA。NBA 的资深裁判乔·克劳福德回忆说："每一次的吹罚都会被记录和评级，每一天我们都要花好几个小时来看比赛录像带。"另外 NBA 对裁判的体型和体能都有严格规定。所以 NBA 比赛才会好看，因为裁判们很辛苦。

第三节　NBA 和 CBA 联赛品牌形象构建上的差距

篮球运动又被誉为世界第一运动，早在 1936 年柏林奥运会上，男子篮球就被列为奥运会比赛项目。在冷战时期的慕尼黑奥运会上的"黑色三秒钟"更是成为冷战时期美苏争霸的正面战场。而作为篮球运动发祥地的美国，其职业联赛的水平和观赏性远远高于世界锦标赛，1992 年巴塞罗那奥运会开始，美职篮的大牌明星首次进入奥林匹克赛场，其精湛的篮球技艺令世界球迷如痴如狂，那届奥运会美国男篮汇集了飞人乔丹、魔术师约翰逊、大鸟伯德等一大批 NBA 大牌球星，被冠名以"梦之队"。成功的联赛促进本国篮球运动水平的发展成为共识。CBA 的发展也应运而生，在借鉴了美职篮先进的赛制和运营模式的同时，人们更是看到了篮球职业化改革后的美好前景。对篮球市场的开发，促进了篮球的广泛的参与性和娱乐性，4 节比赛的职业联赛为篮球运动的市场开发、广告运营提供了更加广阔的空间。

篮球运动是我国传统的优势项目，在亚洲和世界具有广泛的影响力，涌现出穆铁柱、郑海霞等中国篮球标志性的人物。中国女篮在1984年洛杉矶奥运会上就获得了银牌，中国男篮在2004年和2008年奥运会上2次进入前八名，特别是1995\1996赛季开始的中国篮球职业联赛，极大地推动了篮球在我国的发展与传播。电视转播对场地设施提出了更高的要求，场地、灯光照明更加符合国际化标准，目前北京的五棵松篮球馆和广东东莞市篮球中心体育馆成为"国内一流，标准一流"的现代化体育场馆。央视为满足观众的欣赏需求在电视转播的机位上做出了明确的规定：常规赛一般是8个电视机位，季后赛增加到10个至12个。由于我国CBA的影响力的不断扩大，不但在国内培养出一大批体育明星，同时也吸引了美职篮的大牌明星，像马布里、麦克格雷迪等叱咤NBA的风云人物先后登陆中国的CBA赛场，为我国篮球运动的发展和国际影响力的提高注入了活力。但在品牌的形象构建方面双方还存在差距。

NBA是全球范围内明星汇聚起来的一个篮球组织，它囊括了各国的顶尖高手，NBA现在已经达到职业篮球选手的最高目标，而CBA目前还达不到NBA那样从全球范围内选秀参加比赛。美国把一个国内篮球组织发展成如此巨大的国际化体育组织，一个重要的原因是经济基础雄厚。一个篮球体育馆上千万，甚至上亿，一方面反映出NBA对在篮球方面投入的重视，另一方面也是美职篮拥有众多的球迷，并且有经济条件去享受这项体育盛事。NBA经过多年的发展，比CBA更具有观赏性，对抗更激烈。

在球馆方面，如火箭队的丰田球馆、热火队的美航中心球馆、纽约尼克斯队的麦迪逊花园球馆等都是我们熟悉的球馆，球馆一流的设施和与观众无限接近的距离，让我们充分感受到篮球带给我们的魅力。火箭、公牛和热火队的鲜红的球场设计，湖人的黄色，马刺的深蓝等这些色彩符号都带给我们视觉冲击。2013—2014CBA总决赛北京主场从首钢篮球馆移到了举办2008年奥运会篮球比赛的万事达中心，那火爆的场面加上北京队获得总冠军，让人仿佛置身于NBA赛场。的确，CBA篮球馆大大地影响到了观赏性。看CBA直播和NBA直播可以一眼就看出感觉上的巨大差异，这与体育馆布局和容量等有很大的关系。

从队服、队名来看CBA的队名达不到取悦观众的效果，还有以集团的名称所起的队名。队标的设计也很一般。目前 CBA 的各队队服是由 CBA 官方提供的统一样式，虽然打上了球队的队徽和队名，但总体感觉没有 NBA 的队服有个性。在 NBA 个性化的队服加上球星的号码是非常具有商业价值的，公牛 1 号和 23 号球衣、火箭 3 号和 6 号球衣、火箭 11 号球衣等都是球迷争相购买的商品，具有很高的品牌价值。为了取悦中国观众，2015 年春节期间火箭队的队服上以汉字书写队名。

第四节　NBA 与 CBA 媒体运营模式上的差异

NBA 是公司制的运营模式，是高度市场化和商业化的运营模式。CBA 借鉴 NBA 成功运营的经验，结合中国特色，实行以俱乐部为主题、以中国篮协为主导的中国篮球职业联赛的运营模式。而 CBA 的传播模式是以央视为主导的电视直播与评论，是以多媒体互动为主题的互动传播模式。以中国篮协为主导的 CBA 联赛为中国篮球的推广提供了组织保证，为篮球运动在国家层面的传播奠定了基础。高水平的联赛吸引更多的观众走进赛场，大众媒体的参与必将吸引更多的眼球，关注度的提升无疑提升了影响力，以市场为导向的中国篮球职业联赛，俱乐部投入的增加势必提高联赛的水平，关注度的提高会为联赛带来高回报，这种良性的互动为中国篮球的推广与传播提供了组织保障和市场空间。

一、借助 NBA 的成功经验，CBA 进入快速发展期

NBA 在体育市场上面，比中国早走了 50 年，有很成熟的经验值得我们借鉴。CBA 就是向 NBA 学习出来的。[①]2005—2006 赛季开始的中国篮球职业联赛正处于中国经济高速发展的时期，而 NBA 在世界范围的广泛影响与传播为 CBA 的发展与传播提供了成功范例。以央视为主流媒体的报道和现场直播有力地提升了 CBA 的影响力，大众传播产生了两个效应：一个是眼球经济效应。眼球经济也称注意力经济，是指关注率能够创造价值。注意力经济随着大众传播迅速发展，成为当今的一大亮点；同时眼球经济在 CBA 赛场也发挥

---

① 马国力.CBA 难复制 NBA 模式　转播权决定发展前景［J］.东方早报，2011-04-19.

着巨大的作用，电视台对比赛的转播一个很大的因素就是根据球迷的关注度，新闻媒体对比赛的报道也迎合观众的关注度的诉求。另一个是时间经济效应，在 NBA 赛场上，队员上场时间是与其薪水密切相关的，这种现象在 CBA 赛场上也有突出的体现，在北京金隅作为主力控卫的马布里场均上场时间是 35 分钟，这与他 35 000 万的年薪密切相关。事实证明，马布里的加盟对北京金隅队来说也是物有所值，在 2011—2012 赛季，马布里率领北京金隅男篮 17 年后再次获得冠军，开创了 CBA 的历史，成为继八一、上海、广东后第四支获得 CBA 冠军的球队。在电视直播方面，2011—2012 赛季在常规赛的比赛中，央视只转播了 5 场北京金隅队的比赛，而在夺冠后的 2012—2013 赛季，央视对北京金隅常规赛直播的场次达到 10 次，翻了一番，由此可见，夺冠后的北京金隅蕴藏着巨大的眼球经济效应，而眼球经济效应换来了北京金隅比赛赛场的火爆和电视转播时间的增多，而大众传媒的广泛参与有力地推动了篮球运动的推广和传播，激励更多的孩子从事篮球运动，吸引更多的资金参与篮球运动的发展。观众来到现场就是要目睹马布里等球星的精彩表现，而他们的上场时间又保证花钱看比赛的观众物有所值，二项效应的叠加换来了球市的火爆、电视直播的广告收入，同时北京金隅俱乐部也以优异的表现获得了巨大的成功，为俱乐部的发展提供了契机。目前，CBA 主赞助商李宁公司为 CBA 赛事提供为期 5 年 20 亿元的商业赞助，为 CBA 的发展提供了物质保障。

二、开放"赛事转播权限制"将为 CBA 带来巨大的市场

2014 年，NBA 将 9 年的转播权卖了 240 亿美元，这份收入提高了近 3 倍，使得联赛的前景更加光明。国外大的国家联赛，转播权费用一般占所有收入的一半以上，而且一般都是长时间的合同，这就给了联赛一个非常稳固的财政支持。而且，任何一个国家的体育产业，其龙头都是大的国家联赛。在我国，这部分收入不超过 5%，因为没有第二个买家。

2015 年是中央电视台体育频道 CCTV-5 开播 20 周年，中国篮球职业化进程也正是伴随着中国体育电视转播的发展不断地壮大。2014 年 10 月 20 日中国新闻网在报道《国务院关于加快发展体育产业　促进体育消费的若干意见》时用的标题为："国务院将全民健身上升为国家战略。"其中提到，除奥运

会、世界杯等综合性重大赛事外的其他国内外各类体育赛事放宽赛事转播权限制，电视台可直接购买或转让。现盈方（中国）公司总裁马国力指出，我认为这意味着将来中国的体育媒体格局可能会有一个巨大的变革。所谓放开限制，就是允许央视之外的播出平台购买赛事转播权，也就意味着将来会有和央视有着相同覆盖能力的播出平台出现，而这又意味着将来中国体育电视市场的有限开放，这个开放对于国内赛事市场是极为重要的。[①] 所谓"赛事转播权限制"实际指的是 2000 年 1 月 24 日的《国家广播电影电视总局关于加强体育比赛电视报道和转播管理工作的通知》。此项规定确立了央视体育赛事转播权的垄断地位。

第五节　CBA 品牌依托联赛管理和制度建设

一、联赛管理和制度建设要接受舆论的监督

"传播贯穿管理全过程，管理就是传播"。[②] 中国篮协 1 月 5 日在北京召开了 2014—2015 赛季 CBA 联赛裁判员工作小结会，会上研究了加强和细化联赛赛场管理的办法，拟建立"黑名单"制度。其目的是减少和杜绝粗野、伤人的非正常篮球动作和严重违反体育道德的行为，加大整肃赛风赛纪的力度，从根本上净化赛场。在联赛中，已经被判罚过夺权犯规或曾被联赛追加纪律处罚的运动员、教练员及球队席人员（以下简称人员）；经常使用伸腿、封眼、挑衅等坏动作、脏动作、伤人动作，用粗俗语言谩骂、指责、侮辱裁判员、记录台工作人员或对手，多次被判违体犯规或技术犯规的人员，应被列入"黑名单"。被列入"黑名单"的人员，将在裁判办公室记录在案，并及时向有关俱乐部通报。在以后的所有比赛中，裁判办公室将提示裁判员把其作为重点进行赛风赛纪管理。一旦再犯，将按照联赛纪律处罚规定的上限进行从严处罚。中国篮协领导在会上对接下来的裁判工作提出了"四严"要求，即严格自律、严格执法、严格管理、严肃赛风赛纪，确保联赛顺利进行。

---

① 马国力.中国的媒体在体育中的位置和作用[J].体育专栏，2014（1）.
② 宋林飞.社会传播学[M].上海：上海人民出版社，1994：6.

在舆论导向方面传递正能量。在传播形式上形成多媒体互动，通过微信、微博、拍客等形式形成互动传播形式。

二、CBA 20 年：从"蓄力"到"放飞梦想"

与成熟的 NBA 相比，只有 20 岁的 CBA 模仿 NBA 的确可以让 CBA 少走弯路，但是 CBA 在学习 NBA 的同时也需要结合中国固有国情和地域文化，开发出属于自己的中国 CBA 文化，只有这样中国职业篮球才能建立属于自己的"中国梦"。CBA 第 20 年的主题由前 3 个赛季的"蓄力"升华为"放飞梦想"，这本身就已经说明了 CBA 的成长，随着重庆队和同曦队两支新军的加入，20 支队伍逐梦起航。

放飞梦想的不只是以"万分先生"朱芳雨为首的老将，还有周琦、邹雨宸、李京龙和阿尔斯兰等 CBA 菜鸟们，他们才是中国篮球的未来。CBA 给了年轻人追逐梦想的舞台。2014—2015 赛季常规赛华南虎广东队凭借创纪录的 26 连胜，夺取队史上第 11 个常规赛冠军。回到最好年代的辽宁队开局取得 17 连胜，刷新队史最佳，常规赛的排名锁定第二，被封为"逆转之王""第四节惹不起"，全明星赛更是有五位球员入选。

NBA 诞生 69 年，如今已是世界上最成功以及知名度最高的职业篮球联赛；而 20 岁的 CBA 还有更大的上升空间。酝酿近两年的管办分离有了实际行动。除了已经设置的裁委会之外，2015—2016 赛季还将新设立财务管理委员会、争议处置委员会以及球员工会。此外，CBA 选秀事宜也将准备着手开始推行。

2014—2015 赛季，官方在外援使用政策上做了微调，规定了末节比赛禁止使用双外援。这一新政的出发点非常明确，就是希望国内球员能够在关键时段获得更多的上场机会。但外援唱"主角戏"的局面，并没有发生改变。与得分数据项相照应，常规赛阶段的篮板榜单、助攻榜单、效率榜单等，也基本是由外援把控。本赛季常规赛的最佳阵容，分别是易建联、布拉切、琼斯、麦克克鲁姆和哈德森。对于国内球员，敢于在同一平台与真正的强者竞争，完成自我提升，把握强者生存的职业联赛规律，不断地提升自身竞技能力，才是在赛场获得"球权"的根本。

由于篮球运动项目、规则的国际化，有利于 CBA 在全球的推广与传播，并被赋予国际化内涵。在 CBA 的报道中，要抓好热点赛事，对比赛进行积极的预热。CBA 的报道要打造更加专业化、国际化的专业团队,扩大我国 CBA 的国际影响力和话语权。

在 CBA 的发展与传播中,更加专业化的团队起到非常关键的作用。在 CBA 的传播过程中,专业的解说员、评论员能有效地对比赛进行回顾和展望,为当前的比赛直播提供专业的解说和评述,让广大受众在欣赏到紧张激烈的比赛的同时还能和主持人及解说嘉宾分享篮球文化的独特魅力,这无疑是带给广大球迷的一个饕餮盛宴。

在 CBA 20 年的发展过程中,涌现出了王治郅、姚明、巴特尔、易建联等一大批 CBA 的篮球明星,成为 CBA 的形象大使,对提高 CBA 的关注度和影响力起到了不可估量的作用;同时他们在 CBA 的表现也得到了 NBA 的关注,他们怀揣梦想先后登陆 NBA 赛场,在传播东方文化、促进中美体育文化交流、扩大 NBA 在中国的影响力等方面都起到了不可替代的作用。目前姚明、王治郅、巴特尔、易建联依然以不同的角色活跃在 CBA 的赛场上,他们的归来带来了 NBA 先进的篮球管理理念和竞赛训练方法,提升了受众的关注度,使 CBA 的传播力逐渐提升,更为重要的是使中美篮球运动在互动中相互促进、共谋发展。

小　结

篮球运动的发展与传播源于篮球运动自身的不断改革和完善的内在动力,也源于拥有巨大受众群体的篮球消费市场的推动。在内部发展和外部需求的双重驱动下,篮球运动的传播得到了空前的发展。CBA 的发展和壮大正映射出中国篮球的美好未来,同样也为中国的青少年提供一个篮球的"中国梦"。篮球作为一个国际化的文化符号在我国通过 CBA 和 WCBA 的职业化形式得到了空前的推广与传播。但是,我们也应当看到,我们对篮球的认识很多还停留在技术的层面,我们对篮球文化的传承和发展还有更加广阔的空间,在篮球运动职业化、篮球运营市场化、篮球传播媒体化的今天,我们在项目的发展上,要顺应时代的潮流,既借鉴国外成功的经验,同时又关注我们篮球市场的需求,更多地融入中国文化的元素,充分发挥传统媒体与新媒体互补与互动的功能,加速我国篮球运动的全方位发展,使我们的篮球联赛成为球迷的饕餮盛宴。

篮球运动传播

体育的娱乐性在 CBA 的赛场上得到了充分的体现，如球员与球迷的互动活动、赛场上的篮球宝贝。值得一提的是更具娱乐性的 CBA 周末，2011—2012 年的 CBA 周末在五棵松篮球中心举行，北京金隅的马布里无疑是令人瞩目的明星，他的运球突破和传球技术令广大球迷如痴如醉。北京金隅男篮已成为北京的城市英雄。CBA 新秀赛、南北明星对抗赛、篮球技巧大赛、三分球大赛、更具刺激的扣篮大赛都是篮球运动娱乐性的体现。在 NBA 赛场涌现出乔丹、卡特、格里芬等众多的扣将，他们高超的扣篮技术给全球观众带来了惊喜。目前，CBA 在娱乐性的开发上也做足了文章，期待着在 CBA 的舞台上给我们带来更多的惊喜。

当前国务院和体育总局密集出台了关于发展体育产业、鼓励体育消费的一系列政策和文件。国务院将全民健身上升为国家战略并放宽赛事转播权限制，这也将改变央视在 NBA 和 CBA 赛事报道中一家独大的现状。由于高清电视和新媒体的加入，将引发赛事转播的竞争和转播费用的提升，为 CBA 的发展注入新的活力。同时电视、新媒体之间的竞争也为广大篮球爱好者提供更加清晰和更加具有震撼力的转播画面。NBA 正是借助与电视媒体的成功融合而成为全球瞩目的体育赛事。今天，中国的篮球符号消费也已成为一种时尚和新常态。

第十章　篮球运动市场化和品牌创新之路

在众多的体育运动中，篮球运动已成为大众最喜欢的项目之一，并且篮球比赛以其激烈的对抗性、竞争性，吸引了越来越多的普通民众的关注与参与。随着CBA的崛起与发展，以及中国篮球明星队员在世界篮球比赛上取得骄人战绩，如姚明、易建联、林书豪等人，都体现出中国的篮球技能与水平正在逐步提升。同时，篮球运动作为一项健身项目，也进一步在中国得到普及，成为中青年运动的首选体育项目。但是，中国篮球市场开发和市场化运作方面也存在着问题，如力度较弱，体制不完善，无法适应当今世界篮球发展的潮流，所以，摆在我们面前一个很艰巨的任务就是——开拓篮球市场化的道路。积极发挥市场在配置篮球资源方面的基础性作用，使得篮球资源得到优化配置，从而实现我国篮球持续、平稳、健康、有序的发展，这才是我国篮球发展的必由之路。

第一节　中国篮球品牌概况

一、中国篮球知名品牌

虽然篮球这项运动起源于国外，但是传入中国的时间已经不短，大抵经历了百年的历史。1895年，篮球运动由美国传入中国天津，经过110年的风风雨雨，它已经成为中国现代体育文化的重要组成部分，而且成为增强人民体质、推动社会进步的重要手段。中国人不仅通过篮球进行了体育锻炼，强健了身心，而且也产生了自己的篮球品牌，包括乔丹——jordan、李宁——lining、匹克——peak、优能火车等。

二、中国篮球运动历史回顾

1895年,美国传教士将篮球游戏引入中国天津,这成为中国篮球运动发展的萌芽。我国的篮球房是上海基督教青年会于1908年建立的,它是国内最早的室内球场,宽30英尺,长70英尺,在当时开展篮球活动、组织比赛和举办篮球训练班等方面,发挥了重要的作用,现存遗址具有较高的历史价值。

我国最早生产篮球的工厂是天津利生体育用品厂,该厂于1919年开始制造篮球,其生产的篮球产品在当时的中国起到了一定的积极作用,对国人的篮球运动贡献较大。1936年,中国首次派队参加奥运会篮球比赛,并加入国际业余篮球联合会。抗日战争胜利后,旧中国篮球运动取得短暂辉煌,中国开始融入世界篮球潮流中。

改革开放为篮球运动的发展开辟了广阔的道路,1992年中国女篮获奥运会亚军,1994年中国男篮进入世锦赛八强,达到了篮球运动传入中国以来的最高水平。1995年,国家体委开始与国际管理集团合作,以篮球竞赛体制改革为突破口,迈出了职业化改革的第一步。随后,中国篮球以NBA为榜样,以篮球职业化、市场化为导向,从竞技篮球和大众篮球两个方面开始了大胆的尝试。

总之,随着篮球在中国的兴起,中国日益成为篮球潜在的巨大消费市场。另外由于NBA在中国的巨大影响力和我国CBA的进一步发展,国人对篮球的关注度不断提升。但是,目前存在一个亟待解决的问题,即各地生产厂家为了争夺市场份额,采用低价竞争,行业的利润空间进一步缩小,阻碍了我国篮球行业的进一步发展。虽然我国的篮球品牌已形成一定规模与知名度,但其在外在包装、广告行销等方面与外国名牌仍有着较大的差距。为解决中国篮球公司市场前景问题,中国的篮球生产厂家需要规模化生产,形成集团化、品牌化;而且国人应当理性选择篮球品牌,不要过分依赖国外品牌,应该对民族工业给以大力支持,这样才能进一步增强我国篮球的世界竞争力。

第二节　篮球的市场运作

一、篮球市场与市场化相关概念

（一）篮球市场

它是篮球运动服务产品实际购买者和潜在购买者的集合，是这种交换关系的总和。它是以篮球竞赛表演为主体，以职业篮球为典范，以营利为目的，以篮球培训、中介等为内容的各种篮球交换关系的集合。根据需求与供给法则，篮球市场在价格和供给量之间存在着同向变动关系。供给和需求形成的篮球市场均衡是通过价格机制这只"看不见的手"来调节的。如果篮球没有占领市场，得不到消费者的认可，职业化也只能是一个空架子。我们应当引进经济杠杆的调节机制和优胜劣汰的竞争机制，为篮球的发展和运动员的成长创造外部条件。

（二）篮球市场化

篮球市场化是篮球商业化的突出表现，其前提是篮球运动员（队）竞技水平的精湛程度比较高。因此，篮球的市场化，必须利用自身的影响，同企业或篮球产品相结合。其实现途径如下：

①提高篮球运动员（队）的精湛技术、本项目的全球影响力及观众的参与程度。

②通过世界大赛，特别是奥运会来推动篮球的市场化已成为国际流行趋势。

③出售电视转播权。

④企业赞助与广告收入。

⑤其他收入（例如：门票收入、发放商务许可证、出让特许证、吸收民间捐款、发售比赛和纪念邮票）。

⑥发行篮球股票、债券、彩票等。

⑦篮球服装、运动器材。

篮球产品目标市场是开发篮球市场的基础，也是篮球市场营销的基础。开发篮球市场，营销运作篮球运动产品，首先要明确它的目标市场是什么，这样才能有针对性。

二、我国篮球市场开发的原因与背景

改革开放以来，我国经济发展迅猛，一直保持着高速的增长势头，而且人均GDP也平稳迅速地增长。因此，随着人们收入水平的提升，其消费水平也不断提升，并且普通民众的消费观念也发生着改变，消费不仅仅限于食品、住房等物质方面，也开始关注健身、休闲等软文化方面，尤其对体育消费的支出比重呈逐年增加的趋势。据有关调查结果显示，受调查者当中有64%的个人年体育用品消费在50元到500元之间，500元以上的占6.7%；对健身器械和体育运动器材的需求也呈上升趋势。因此，中国篮球市场开发具有较大的潜力与较强的消费者购买力。

与此同时，我国篮球市场开发才刚刚起步，有关方面的理论研究较为欠缺，而且篮球管理体制和经营机制很不完善，销售环节缺乏市场观念，难以形成产业链，篮球明星的培养机制也不完善，无法形成一定规模的明星效应。总之，目前存在的一系列问题与我国篮球市场的发展背道而驰，因此有必要对开发我国篮球市场进行比较深入的研究探讨，从而促进我国篮球市场和篮球运动的健康持续发展。

三、我国篮球市场开发的作用和影响

虽然我国篮球市场开发起步较晚，但是还是取得了一定的成果。首先，篮球市场的开发为运动员提供了更多地参加重大比赛的机会，培养了较多的知名篮球明星，如姚明、易建联、林书豪等，他们参加较多的国际联赛，积累了国际比赛的经验，增强了其自身的体育奋斗意志，磨炼了他们的心理素质，为他们在各项赛事上取得更好的成绩打下了基础，做好了准备。而且，随着我国篮球市场开发的经营机制与管理机制的进一步修正与完善，我国篮球市场一定会实现跨越式发展。

同时，我国篮球市场开发也取得了不俗的成绩，比赛中众多年轻有实力的运动员脱颖而出，这增加了国家对优秀人才的储备，发挥了我国人力资源优势，并为我国篮球事业的持续发展奠定了人才资源基础。另外，走篮球市场化道路，发挥市场在资源配置中的基础作用，实行"多劳多得"的竞争机制，这也在一定程度上增加了运动员的收入，提高了他们训练的积极性，稳定了他们的情绪，有效地阻止了优秀篮球人才的外流。

四、我国篮球市场发展的机遇

（一）重大体育盛事的带动作用

2008年北京奥运会的成功申办、举办为我国体育市场乃至篮球市场发展提供了良好的机遇。首先，2008年北京奥运会的成功举办，使得普通民众开始关注体育、参与体育，国人掀起了体育锻炼热潮，其中篮球锻炼以其较强的竞争对抗性，深受中青年民众的青睐，成为他们健身的首选体育项目。其次，国家增加对体育事业的资金投入比重，并且鼓励大力发展体育事业，给予政策支持，这些都为篮球市场化的发展提供了比较宽松的环境，为篮球市场化发展奠定了良好的社会和经济基础。

（二）我国经济体制深化改革为篮球产业的发展提供了良好机遇

篮球市场化发展已成为我国体育事业发展的重要组成部分，作为国民经济新的增长点已经得到了政府和社会的认可。因此，我国经济体制逐步深化改革，三大产业结构重新调整和升级，这些都为篮球产业的发展提供了良好的契机。此外，我国政府目前正在实施积极的财政政策与货币政策，以扩大内需、拉动经济增长为目标，这些都为我国篮球产业的发展提供了有利的条件。

（三）城市化进程推动我国篮球市场化的发展

改革开放以来，我国的城市化水平已经有了大幅度的提升，已从1978年的18%提高到1998年的30.4%，从1999年的30.89%提高到2001年的37.66%。从发展体育产业的角度看，城市化进程将为加快体育产业的发展提供难得的机遇。首先，民众的体育需求在增加。目前我国的体育消费在大中城市表现得比较活跃，占总人口约70%的农村人口几乎没有体育消费。因此，这为篮球市场化发展提供了巨大的潜在消费市场。其次，城市化发展有利于培育和发展体育市场，提升普通民众体育消费水平，进而优化体育消费格局，促进篮球市场化深化发展，为进一步探讨其营利模式与外部发展策略奠定基础。

（四）国内其他职业联赛发展不成熟，为篮球市场的发展提供了机遇

仔细分析研究我国目前的职业联赛，比较成熟的仅有CBA和中超联赛，

其他的职业联赛发展还不成熟,还不能给CBA联赛的发展带来太多的挑战。同时,由于中超联赛自身存在一些问题,使得其他许多消费者把目光转移到篮球市场,这在无形中增加了篮球消费者,扩展了篮球市场的发展空间,这为篮球市场的发展提供了良好机遇。

五、我国篮球市场发展面临的挑战

(一)国际竞争激烈给我国的篮球市场发展带来了挑战

首先,随着我国改革开放的深化,中国逐步形成全方位、立体化的开放格局,并且随着世界经济一体化的趋势,中国积极参与世界竞争,这使得国家之间的竞争日益激烈,而且突出表现在体育事业上,如CBA的冠名权、推广权和75%的场地广告权等就被国际管理集团获得。

其次,外资注入加大国内体育企业的分层,部分企业由于经营不善被淘汰,有的企业抓住机遇而加快发展。因此,我国体育企业正在形成金字塔式的新格局结构。加之,我国体育企业(如体育中介公司、职业联赛)都处于刚刚起步的阶段,规模较小,发展还相当不成熟。因此,在国外知名篮球品牌的冲击下,我国的篮球市场发展将会面临严峻的挑战,可能造成体育两极分化,不利于我国篮球产业的发展,并且给我国的篮球市场发展带来挑战。

(二)国外高水平的篮球联赛给我国的篮球市场发展带来了挑战

首先,同国外的许多职业联赛相比,我国的CBA联赛起步较晚,组织机构松散、不健全,产品质量有待进一步提升,产品宣传力度不够,市场开拓空间不足以及回报率较低,这些都严重阻碍了CBA联赛的发展,同时降低了人们对篮球的关注的程度。

其次,近些年来,一些国外商业性质的篮球竞技比赛,如皇马、曼联等俱乐部商业比赛,吸引了众多企业、媒体和国人的关注,抢夺了一大部分篮球市场份额,这为我们开拓和发展篮球市场带来了限制。

(三)国内其他职业联赛及娱乐休闲市场的发展给我国篮球市场发展带来挑战

首先,1992年我国足球率先进入职业化联赛后,现已有篮球、排球、乒乓球、围棋等多个项目推行职业化联赛,他们都在积极拓展业务,开拓潜在消费市场,抢夺体育市场份额。因此,在体育市场中,他们彼此之间的竞争日趋激烈，这无疑给篮球市场化发展带来了巨大的压力。

其次，随着人们生活和消费水平的提高，娱乐休闲市场吸引了更多的消费者，文化消费越来越得到国人的喜爱。例如，我国电影业蓬勃发展，其票房有逐步增加的趋势。娱乐休闲方式的转变也在一定程度上分流了不少潜在的消费人群。

六、开发篮球市场和发展篮球运动的对策措施

（一）完善篮球管理体制和经营机制

引进国内外健全的篮球市场开发的管理体制和经营机制，并结合篮球俱乐部自身的实际情况，建立一套适合自身发展的体制，从而为我国篮球市场开发"保驾护航"。另外，人才在篮球市场开发中占据着举足轻重的地位，我们应高度重视人才资源的开发和利用，培养一批懂经营、会技术的通才，这就需要体育院校重视人才培养，为国家源源不断地输送人才。同时，应该建立健全人才引进机制，引进国外具有篮球市场经营管理经验的人才，为我国篮球市场发展"增砖添瓦"，发挥其积极促进作用。

（二）以门票收入为突破口，增加篮球市场收入

美国的NBA，把门票收入视为一项重要的系统工程，认为它直接关系和体现俱乐部的市场开发能力。在门票销售方面，俱乐部不惜人力、物力、财力寻求一切机会宣传自己，使广大的球迷能够与自己的俱乐部同呼吸、共命运。但是，由于我国篮球市场开发还处于起步阶段，对其经营模式不甚了解，加之我国长期计划经济体制的影响，我国篮球市场销售途径较窄、实际收入不高，尤其是门票收入，往往入不敷出。因此，我们应该借鉴国外优秀的销售经验，建立完善的销售模式，尤其是以门票收入为突破口，提升篮球比赛有效的上座率，增加篮球市场收入。另外，我们也应该加大对媒体转播费、赞助与广告、商务开发等方面的投入比重，以全面提升篮球市场的经济收入，增强其抵御篮球市场风险的能力。

（三）充分发挥球星的明星效应

在国外，NBA球星的明星光环随处可见，并且还带有可观的经济收入。例如，1995年3月，"飞人"乔丹复出NBA的消息传出后，由他担任广告代言人的5家公司的股票价猛涨，其股票市场价值在5天之内增值23亿美元。

在十几年前，NBA 在美国国内还算是"小买卖"，而今天已发展成为美国收入最高的职业体育"大生意"。其总裁大卫·斯特恩把"球星的作用"列为NBA 成功占有市场的要素之一。

但是，在我国国内，CBA 发展较为缓慢，明星球员较少，加之球迷对 CBA 球队缺乏了解，很难发挥球星的光环优势。因此，我们应该全方位地提高球员的知名度，形成"追星族"，借以提高与球星有关的篮球产品的知名度。体育（篮球）用品公司则可利用"明星效应"来销售自己的产品，以体促销，以销促体。

（四）细分篮球市场及其产品

新世纪我国经济仍将保持较快增长的势头，从 2000 年到 2020 年平均潜在增长速度可达 7.3% 左右，GDP 总量则仅次于美国而居世界第二位，为我国篮球产业的发展打下比较坚实的经济基础。

虽然，我国经济的发展为篮球市场发展提供了良好的国内背景，但是，我国篮球市场发展成效与国外篮球市场开发存在着一定的差距，尤其表现在篮球市场细分环节。因此，我国篮球市场发展应该细分篮球市场，包括球员的年龄、性别、职业、习惯等方面。通过细分篮球市场，我们可以全面深入地发展我国篮球事业，并且可以取得较高的知名度与美誉度。同时，我们还应该以市场需求为导向，深入调研，开发出适合不同层次的锻炼者的篮球用品。

（五）充分发挥媒体的宣传作用

在现代信息社会中，媒体发挥着巨大的作用，其影响力不可小觑。尤其大众传媒，以电视与网络为代表，不仅可以增加篮球赛事以及产品的知名度，扩大观众数量，而且还可以通过媒体转播获得巨额的广告收入。所以从职业篮球长远发展的角度来讲，应充分发挥大众媒体的宣传作用，扩大影响力与增加实际收入。总之，在篮球媒体市场经营中，篮球组织、篮球明星、赞助企业、传统媒体（如电视台等）、新兴网络媒体、广告客户及其代理商均能从中受益。

第三节 中国篮球市场开发的代表——创新中的东莞

东莞是全国最著名的"篮球城市"，城市定位明确，而且东莞正在利用这一优势，实现从经济到文化再到产业的飞跃。其篮球市场化水准较高，经验较为丰富,可以进行全国推广,进而加速我国篮球市场化发展的步伐,同时也可以为东莞自身营造良好的文化氛围和发展平台。

一、东莞篮球在国内的地位和影响

东莞是全国篮球职业化进程中的样板城市,是当今中国篮球的风向标和大本营,更是全国所有"篮球城市"中知名度、美誉度最高的城市。

竞技方面,这里诞生了"中国第一家民营篮球俱乐部和球队",而且今天东莞拥有宏远、新世纪、广东女篮、长安柏宁、香港新丽宝5家俱乐部,并且这些俱乐部的球队,都处于全国各自级别中的领先地位。群体方面,东莞业余篮球有着悠久的历史传承,现在全市有26 000多个篮球场馆,其中室内馆就超过300个。这里不仅有"草根CBA"的市三级联赛,而且南城、大朗、中堂及许多镇街也有自己的一至三级联赛。篮球运动已经成为城市生活的常态,并成为东莞城市文化最为独特的亮丽风景。

二、东莞"篮球主题"城市的良好经验借鉴

首先,东莞在篮球领域拥有最具主导优势的资源,并成功将文化资源变为经济优势。其次,东莞注重弘扬篮球文化,进一步提升篮球城市价值与品牌影响力。再次,东莞打出一条"以篮球为龙头,以东莞为基地,以文化为标高",与国际接轨的高起点快速发展之路。最后,在发展篮球市场化的道路上,东莞应该积极发挥政府宏观调控的作用,将市场无形的手与政府有形的手相结合,从而实现篮球市场规范、有序、健康的发展。

三、东莞篮球未来的发展方向和目标——建中国首个为篮球文化公园

中国(东莞)篮球文化公园,是国内第一个以篮球为主题的文化公园,并且其定位明确,使得东莞成为中国篮球的文化标志,并且形成大产业形态,为东莞日后发展提供更大的平台和视野。它将以篮球文化为主题,以竞技为品牌,以经济为内容,贴有明显的东莞标签,为增加其知名度与美誉度做出较大贡献。同时,东莞篮球在全国的话语权(也许是定价权)将进一步增加。作为改革开放的前沿城市,东莞对于促进中国篮球的改革发展,无疑都会有着巨大

的现实意义和深远的历史意义。

　　所以，在积极开拓篮球市场化道路的过程中，我们应该从东莞篮球城市的发展模式中学习宝贵经验，从而实现"大"篮球市场的发展规模与效益。总之，我国的篮球市场开发最好能与城市建设、文化相互搭配，相互融合，并且做到相互影响，相互指引，将篮球文化与市场融入到老百姓的生活的方方面面，这样才能实现"中国式篮球市场"的开发与利用的目标。

跋

  篮球运动是一个符号系统。NBA 和 CBA 同属篮球运动的符号系统。篮球运动符号的互动在微观和宏观层面展开。篮球运动微观层面的传播是群体层面的传播，即篮球运动项目本身的传播。篮球运动宏观层面的传播是基于历史、文化、媒介的视角下的传播过程，主要是由大众媒体参与的传播。

  NBA 符号系统对篮球运动传播的解释力和驱动力体现在后工业时代的来临和人们生活水平的提高。人们的消费既重视物的消费也注重符号的消费。伴随着篮球与电视媒体的融合不断发展壮大，篮球的影响力与传播力也不断扩大。而电视媒体的推波助澜，使 NBA 的品牌价值不断提升。NBA 与媒体的互动形成了独特的文化奇观。它所形成的篮球强势文化符号，编织成 NBA 符号系统，形成了覆盖体育、媒体和商业的传播网络。在这一过程中，NBA 品牌得到了广泛的身份认同，并伴随着美国的文化和价值观使篮球运动在全球得到了广泛的传播。

  伴随着篮球全球化的传播，中国的篮球运动得到了空前的发展，CBA 也逐渐成为中国篮球的标志性符号。CBA 职业联赛经过 20 年的发展，在与 NBA 的互动中其品牌价值、联赛水平、竞赛管理、媒体运营等方面都在不断提升，也成为逐步得到媒体和大众的认同、中国最具影响力的职业联赛品牌。

  中美篮球符号，展现出两国的文化内涵和精神追求及文化印记，从中可以窥视到美国篮球文化的个性与张扬、创新与传承、执着与坚守，同时能够感受中国篮球文化的探索与追求、坚韧与顽强、质朴与粗犷。正是通过一个个篮球符号的积累，篮球运动也在一步步走向大众，并得到广泛的发展与传播。

  电视新闻能够以更加直观的效果吸引受众的关注，通过一系列语言符号和非语言符号进行互动交流，引起观众的共鸣，产生立体的、多维度的传播效果。在媒体融合的大背景下，篮球运动的传播呈现出全媒体和大数据的报道形式。这使体育新闻在篮球运动传播方面的深度和广度不断加强，跨越时空，整合大数据，篮球新闻报道信度和效度更加明显。

本书以符号的特殊性和符号互动为切入点展开对篮球运动传播的研究。通过对篮球运动微观层面和宏观层面传播过程的界定，期待为众多的运动项目在群体传播和大众传播方面的研究提供一种研究范式，以更宽广的视角关注在运动项目传播过程中传播者和受众的诉求。

中美经典篮球符号不是篮球发展的全部，比如飞人乔丹、小巨人姚明，他们分别代表 NBA 和 CBA 的最有价值的球员，他们也是中美两个最耀眼的篮球符号。姚明有征战 NBA 的历史，使中美篮球有了亲密的接触和交流。同时，中美篮球互动，也开启了以篮球为纽带的两国文化的交流与传播。符号不是简单的人和事，而是在传递着一种信息，展现篮球传播过程中的魅力，汇聚成一种精神，给我们热爱篮球运动的理由。在我们回顾"乒乓精神""女排精神"的今天，我们的篮球精神又在哪里呢？作为中国篮球血脉的八一男篮能否重生值得期待，因为中国篮球需要更多的符号来支撑。同时作为"三大球"项目，中国体育体现的"中国精神"需要篮球的加入。

NBA 取得成功有其深刻的文化背景和社会背景。篮球运动作为一项集体项目，本身形成的符号系统的互动有利于篮球运动的传播，特别是在以符号消费为主导的后工业时代，NBA 在营销方面与电视媒体进行融合产生了巨大的商业成功和 NBA 品牌效应，成为造星工厂。在篮球运动的传播方面，NBA 和 CBA 无疑是最具代表性的符号，也是媒体传播篮球运动的品牌。符号互动有利于运动项目的传播、身份的认同和文化的认同。运动、媒体与文化的融合对篮球运动的传播具有解释力和驱动力，更有利于作为中国篮球发展符号的 CBA 符号系统的更新。本研究在此方面还比较薄弱，是后续研究要重点加强的。

本书就央视《体育新闻》栏目的新闻从符号互动视角对篮球新闻播出的过程和效果进行了解读，但电视传播的过程和效果依然有本文所不能包括的地方。在央视体育频道各档体育新闻栏目中有早晨的《体育晨报》栏目、中午的《体坛快讯》栏目、下午的《体育新闻》栏目以及晚间的《体育世界》，这些栏目都是全方位、多视角地报道篮球运动的新闻，当然主要以 CBA 和 NBA 的篮球新闻为主。建议后续的研究者能够从不同的视角来解读新闻，为篮球运动的传播开辟更加广阔的视野。

当前国务院和体育总局密集出台了关于发展体育产业、鼓励体育消费的一系列政策和文件，国务院已将全民健身上升为国家战略并放宽赛事转播权限制——这也将改变央视在 NBA 和 CBA 赛事报道中一家独大的现状。具有众多观众的 NBA 和 CBA，作为一种体育文化产品，它们的发展应契合社会政治经济和文化发展的潮流和趋势；反过来作为未来中国经济发展的拉动力的主要引擎，体育产业也会促进社会政治经济和文化的发展及变革。由于高清电视和新媒体的加入，将引发赛事转播的竞争和转播费用的提升，而电视、新媒体之间的竞争也将为广大篮球爱好者提供更加清晰和更加具有震撼力的转播画面。NBA 正是借助与电视媒体的成功融合而成为全球瞩目的体育赛事。在中国经济高速发展的今天，符号消费将成为一种时尚和新常态。中国的篮球运动会顺势而上，CBA 的比赛将更加精彩，我们期待中国篮球美好的明天，期待篮球运动在全球更加广泛的传播。